改訂版
日本書紀の裏側
~そこは原色の古代史~

諸岡　実

目　次

まえがき　～筋読み～ *5*

序　　章　捜査対象「日本書紀」～テーマと概略～ *6*

第 1 章　在位の復元 ～年表作成～ *12*

　　　　　復元・裏付け資料の意義と注釈 *12*

　　　　　資料1～5 *15*

　　　　　第1　復元在位年表（1）*20*

　　　　　第2　復元在位年表（2）*22*

　　　　　第3　17代の平均在位 *23*

　　　　　第4　日本書紀在位年表（1）（2）*24*

第 2 章　年齢の復元 ～親子関係の可能性～ *30*

　　　　　資料6～11 *31*

　　　　　第1　日本書紀崩御年齢（1）*37*

　　　　　第2　日本書紀崩御年齢（2）*37*

　　　　　第3　後世の天皇年齢 *37*

　　　　　第4　上古天皇の親子関係 *38*

　　　　　第5　古事記崩御年齢（1）（2）*38*

第 3 章　事例の検討 ～改ざんの痕跡～ *41*

　　　　　注釈 *41*

　　　　　資料12～16 *42*

　　　　　第1　神武東征 *55*

　　　　　第2　神武年表 *58*

　　　　　第3　景行天皇の九州平定 *59*

　　　　　第4　小碓皇子の熊襲討伐・東国平定 *61*

　　　　　第5　神功皇后の邪馬台国討伐 *64*

第 4 章　記録の対照 ～論より証拠～ *68*

　　　　　資料17～20 *69*

　　　　　第1　中韓の記録（1）*75*

　　　　　第2　中韓の記録（2）*75*

　　　　　第3　日中韓朝年表 *79*

　　　　　第4　外国との戦争記録 *83*

第 5 章　捜査的な視点 ～行動理解の公式～ *92*

　　　　　第1　ウソの免疫 *92*

　　　　　第2　人の行動原則 *92*

　　　　　第3　時系列表 *93*

　　　　　第4　筋読み *93*

　　　　　第5　裏付け証拠 *93*

　　　　　第6　事実の向こうにある真相 *94*

目　次

第 6 章　上古通史　〜王・大王の大業〜 *95*

第 7 章　事件史 *103*

　　　　神武 *103*　　綏靖 *106*　　安寧 *106*　　懿徳 *107*

　　　　孝昭 *107*　　孝安 *107*　　孝霊 *108*　　孝元 *108*

　　　　開化 *108*　　崇神 *108*　　垂仁 *110*　　景行 *110*

　　　　成務 *111*　　仲哀 *112*　　神功 *114*　　応神 *115*

　　　　仁徳 *117*　　履中 *119*　　反正 *119*　　允恭 *119*

　　　　安康 *119*　　雄略 *120*　　清寧 *120*　　飯豊 *120*

　　　　顕宗 *121*　　仁賢 *121*　　武烈 *122*　　継体 *122*

　　　　安閑 *123*　　宣化 *123*　　欽明〜推古 *123*

第 8 章　古事記と日本書紀の関係 *124*

　　　　第1　中間報告書 *124*

　　　　第2　古事記「序」 *125*

　　　　第3　国史編さんの進捗状況 *127*

第 9 章　神話 *129*

　　　　第1　神代より古い縄文時代 *129*

　　　　第2　高天原と葦原中国 *130*

　　　　第3　兄と弟 *131*

　　　　第4　国譲り *132*

　　　　第5　神武天皇の出自 *133*

第10章　邪馬台国　〜論争の起源と決着〜 *143*

　　　　第1　邪馬台国の所在地 *143*

　　　　第2　古代の国境 *151*

第11章　付記　〜歴史観〜 *156*

　　　　第1　大王・重臣・文人の歴史観（7〜8世紀） *156*

　　　　第2　天皇・重臣・学者の歴史観（19〜20世紀） *157*

比較年表 *159*

文人の1260年干支カレンダー *160*

参考文献 *178*

あとがき　〜弱者成長の記録〜 *180*

【解説】　〜記紀「早わかり集」〜 *181*

　解説1 そもそも論 *182*

　解説2 文人の 1260 年干支カレンダー "原案" *188*

　解説3 ヤマト王権の主要系図 *205*

　解説4 原色の日本古代史年表 *211*

資　料　目　次

項目	復元・裏付け資料	地図	コラム
第1章	01 復元在位年表（1）*15* 02 復元在位年表（2）*16* 03 17代の平均在位 *17* 04 日本書紀在位年表（1）*18* 05 日本書紀在位年表（2）*19*		01 国史編さんの詔 *28* 02 百済王の在位 *29*
第2章	06 日本書紀年齢（1）*31* 07 日本書紀年齢（2）*32* 08 後世の天皇年齢 *33* 09 上古天皇の親子関係 *34* 10 古事記年齢（1）*35* 11 古事記年齢（2）*36*		03 「復元」系図 *40*
第3章	12 神武東征 *42〜44* 13 神武年表 *47* 14 景行天皇の九州平定 *48〜49* 15 小碓皇子の討伐 *51〜52* 16 神功皇后の邪馬台国討伐 *53*	地図1・2 　　*45〜46* 地図3 *50* 地図4 *54*	04 在位早見表 *67*
第4章	17 中韓記録（1）*69* 18 中韓記録（2）*70* 19 日中韓朝年表 *71* 20 外国との戦争記録 *72*		05 日中外交記録（ヤマト）*73* 06 日韓の人質記録 *74*
第6章			07 王・大王の大業 *99* 08 日本書紀の天皇評価（1）*101* 09 日本書紀の天皇評価（2）*102*
第9章		地図5 *142*	10 難民と移民の時代 *138* 11 春秋・戦国の亡国史 *139* 12 半島・列島の住人 *140* 13 日本書紀の歴史と神話 *141*
第10章		地図6 *148*	14 日中国交（初期）*149* 15 二王の時代 *153* 16 それからの邪馬台国 *154* 17 巫女から女帝へ *155*

まえがき　～筋読み～

　日本の文献史学は「漢文・国文」に精通した学者・研究者を中心に発展してきた。だから、歴史学の拠点が大学の「文学部」にあるのは当然の流れである。一方で、政治学・法律学・経済学などの実学でも「歴史研究」は重要視される。だが、日本書紀の研究を政治学部や法学部、経済学部の先生方がやったという話は聞かない。その担い手は、文学者と相場が決まっているようだ。そもそも「文学」とは、言語で表現された「芸術」である。小説や戯曲、詩歌がその筆頭だ。「情感」を最も大切にする点は音楽・美術と変わらない。従って、文献史学に「偏り」が生じても何の不思議もない。芸術の探究者たちは素朴な古事記を"文学作品"のように愛した。しかし、８世紀の歴史教科書・日本書紀に対しては冷淡だった。そして、字面どおりの「解説」に終始した。すると、その解説を聞いた人々は、日本書紀大好き派と大嫌い派に分かれる。さらに現在では、無関心派が主流を占める。

　ところで、あらゆる国や民族で「政治と宗教」の指導者・思想家が、自分たちの立場に沿うよう「古来の伝承」を書き変えて「歴史教科書」を作ってきた。共産主義者は、原始時代には完全な平等社会が存在していたなどとまるで見てきたように主張した。わが国では、古事記・上巻にわざわざ併記された「序文」の中で「歴史の改ざん」が蔓延したことを嘆いたが、ウソの大王年齢を遠慮なく書き入れた。所詮は「人間がやること」である。だが、その反面で『事実を知りたい、探求したい』というのも人間である。

　中韓にあって日本にないもの。古代史の「西暦年表」がそれである。８世紀に編さんされた「国史」はあるが、最長在位を１０２年、最高年齢を１４０歳と記す。さらに、中国の史書に何度も登場する邪馬台国は名前すらない。手元に、宇治谷孟著「日本書紀全現代語訳」があった。これなら現場捜査の視点で読める。そして、古代の人々をじっくり取調べることもできる。のっけから余りに馬鹿げているから脈がある。全部ウソなら、もっと上手くやる。これは現場の勘。ウソと分かるウソをつく人の意図を探る。そこに人を騙す意図などない。必ず何か"事情"がある。また、分かり易いウソは"裏"を返せばホントが出る。ヤマトの歴史を長大に装うため古い１７代の在位だけ大幅に水増しした。そして、このウソに尤もらしい理屈を並べようと讖緯（しんい）説、辛酉（しんゆう）革命説を持ち出し『神武元年から推古８年までは、１２６０年になる』と大まじめに主張した。その上で、仁徳天皇までの在位を５倍に改ざんし、年齢は２倍して在位の長さに整合させた。

　今、日本書紀の古い在位を５分の１に戻して「古来の伝承在位」を復元した。そして、中韓の西暦年表と対比できる「日本の西暦年表」を作成した。次に、年齢を２分の１に戻して在位年数分遡る。すると、先帝と新帝の「年齢差」から「親子関係」が否定されることもある。復元した在位と年齢を端緒にして、古代の「事件」を追った。

　元々小さな国だった「ヤマト」は、西暦１８２年の建国。３５５年に北九州の雄「邪馬台国」を平定し列島を統一すると、時を移さず韓半島へ侵攻を開始した。だが、その前後には成務天皇と反正天皇の半島での手痛い敗北もあった。なお、ヤマトタケルの子、仲哀天皇は暗殺された。戦いの女神・神功皇后は妃でも応神天皇の母でもない。応神天皇は敗軍の将・成務天皇の皇子。生前は"女帝"だった神功皇后と飯豊青皇女は、８世紀になって共に「皇位」を剥奪された。しかし、国史編さんに携わった文人の懸命な復活折衝により、神功皇后は天皇身分を伴わない"摂政在位"（みなす皇位）を認められた。

～ 5 ～

序　章　捜査対象「日本書紀」～テーマと概略～

～　テーマ　～

> Ⅰ　日本書紀は「古代の伝承」を改ざんした記録である。
> 　　しかし、伝承は復元できる。建国の年表も蘇る。
> Ⅱ　復元された古代の伝承は「近現代を映し出す鏡」だった。
> 　　歴史は繰り返された。
> Ⅲ　繰り返された「失敗の歴史」を再び繰り返してはならない。
> 　　日本書紀は「警告」する。

～　概　略　①　～

　本書の内容は「2つの仮説」を出発点にしている。

　○　日本書紀が記した最も古い17代の「在位年数」は、古来の伝承を5倍に

　○　その「崩御年齢」は、同じく2倍に

水増しされたという仮説である。在位と年齢の水増しは「8世紀の国策」として断行された。さらに、古来の伝承の中には内容まで改ざんされ、あるいは意図的に消去されたものまである。

　ところで古代史が趣味、歴史が好きという人々の反対側に、日本書紀を読みうんざりして途中でやめた人、日本の古代史に全く興味がない人、日本史をはじめ歴史そのものが好きになれない人々も少なからずいるはずだ。程度に差はあるとしても、この拒絶反応はなぜ起こるのか。原因があるはずだ。その1つをあげれば『歴史書＝歴史事実』ではないからである。そのことが、内外の歴史教科書を含め歴史書に対する不信感・嫌悪感を生み、さらに歴史アレルギーまで引き起こす。

　江戸時代の古代史ブームの中で、古事記はその素朴さ故に高評価を受けた。しかし、日本書紀はというと今1つだったようである。人は、他人から「誘導・洗脳」の働き掛けを受ければ「不快」に感じる。他人に自分の心までコントロールされたくない、自由でありたいからだ。それは当然の反応である。歴史書なるものを読んで『何かがおかしい』と感じる人の方が、自由で健全な心の持ち主なのかもしれない。同様に「歴史認識」という個人の主観に基づき謝罪と補償を永遠に要求するような姿勢に対して、そもそも「歴史事実」はどうだったのか疑問を持つのは当然である。ましてや事実確認はするなと言うのなら疑問は嫌悪に変わる。人は、事実を突きつけて他人に反省を求める。そうしなければ、公正な判定により自分の主張が認められることはないからだ。声の大きさや袖の下で決まるのは、無法地帯での話だ。ただし、歴史認識がひとたび「国策」に掲げられると、多くの無責任で熱狂的な支持を集めることになる。これは他国の話ではない。80年前の日本は、その点どうだったのか。

　日本人ならこの国の歴史がとても長いことは分かっている。しかし、この国の始まりとなるとはっきりしない。この国はいつ・誰によって「建国」されたのか。それは「西暦何年」だったのか。かつてこの疑問に対する具体的な答えが出された。曰く、西暦1940

年は皇紀２６００年にあたる。そもそも神武天皇が日本を建国したのは、紀元前６６０年だったと。その計算の根拠は「日本書紀」に求められた。ところが、それから８０年以上経た今、この説を信じる人はほとんどいない。そんな説があったことすら忘れ去られつつある。そして再び、日本人は「建国年」の話をしなくなった。日本国が今こうして存在している以上建国の時代は必ずあったはずだ。自分や家族の誕生日を気に掛ける人は結構多いのだが、建国年には関心がないのだろうか。否、そうではないはずだ。８０年前、国策の建国年に踊らされたという、国民としては思い出したくもない不快な経験をしたからだろう。しかも、その国策たるや８世紀の大昔に作り上げられた"お古"だったのである。

　はるか１３００年の昔、西暦７２０年に日本人は日本書紀という「国史」を編さんした。天皇の大号令のもと、多くの人々が長い年月多大な労力を費やして完成させた。そして、それは現代に伝わる。そもそも、この古代の歴史書全３０巻は漢文で書かれ、それを手にとれる人は極めて少なかった。しかし今日、優れた「現代語訳」が「一般読者向け」に出版され、一部の専門家・研究者だけの書物ではなくなった。多くの読者と同様に筆者も

　　　講談社学術文庫　宇治谷孟著「日本書紀（上・下）全現代語訳」

を手にした１人である。そして、そこに記された「事件」を読んだとき、現代の事件現場と同じ匂いがすることに驚かされた。これは作者が頭で考え机の上で書いたストーリーではない。様々な現場で起きた犯罪、関係した人々、社会の現実などを捜査した経験からそう言える。そうならば、控えめに記された「上古の事件」を捜査的視点でリアルに再現してみたくなる。そのためには、日本書紀を覆う「８世紀の国策」というヴェールを取り払い「古代の伝承」の数々を本来の姿に「復元」しなければならない。この復元作業の手掛かりが上記「宇治谷本」である。理想は日本書紀「原文」を読むことだが、８世紀に漢文で記された文書を原文で読める人などそうそういない。そうなると、丹念に平易に長年月厭わずに３０巻の全文を現代語訳した宇治谷本が、復元作業の主たるフィールドになる。

　讖緯（しんい）説・辛酉（しんゆう）革命説の計算上、神武元年～推古８年までの期間は、１２６０年になるという"理論的根拠"が、８世紀の文人から示された。そして神武天皇～仁徳天皇までの「在位年数」が、均等に５倍水増しされた。それに合わせ、その「崩御年齢」も２倍に水増しされた。国家の見栄のため伝承された建国年を紀元前６６０年に改ざんしたのである。この日本書紀の真っ赤なウソである水増し年を本来の伝承年に復元すると、日本の建国年は"西暦１８２年"になる。

　古事記とは大きく異なり、日本書紀は天皇の事績の中に必ず「年月日」を載せ、国家の正式な歴史書としての体裁を整えた。かつ、在位が途切れた「空位の年」も分かるようにした。そして、建国以来連綿と続く国の歴史を記録した「正史」だと胸を張った。そうであれば、水増しされた在位年数を５分の１に復元し、空位年を合わせれば『古代から伝承された年表』が蘇るはずだ。次に、西暦年が分かっている推古帝の在位年から遡り、神武元年まで西暦年を付す。なお、西暦と中国皇帝暦は「暦」としての正確さから両者は対応する。西暦によって「中国年表」さらに中国皇帝暦を用いた「韓国年表」とも比較できる。

　とくに「外国との戦争」は、その記録が双方の国に残っていてもよいはずだ。なぜなら、双方ともに重大かつ忘れがたい歴史だからだ。日韓が戦争すれば、その記録は日本にも韓国にも残される可能性は大きい。そうであれば、復元した伝承年表を三国史記や好太王碑文と対照することで「在位５倍説」の信用性を具体的・客観的に検証できるはずだ。

また、2分の1に復元した天皇の崩御年齢から、復元した在位年数を遡れば、客観的な即位時の「年齢」が判明する。上古の時代は先帝崩御の翌年に即位するのが通例だったから、先帝と新帝の「年齢差」が判明する。そこから“親子関係”が完全否定され、日本書紀が隠した事実が浮かび上がってくることもある。

　それらを踏まえて、日本書紀が記録した様々な「事件」を捜査的視点で分析すれば、生々しい人間関係が姿を現す。なぜならば、登場人物たちを取り巻く「状況」から彼らの「立場」が分かる。立場から「動機」を探る。動機から彼らがとった「行動」を説明する。動機は人の心の中にあり、外から見る事は出来ない。しかし、動機は人の立場から生じる。立場は外から見える。立場を決定する状況も外から見える。在位年数5倍・崩御年齢2倍の「水増し説」に基づき、日本書紀が記録した上古の事件を「立場論」で読むと、

○　景行天皇は、九州平定の最終局面で「邪馬台国」を討つことなく勇気ある撤退をした。
○　成務天皇と反正天皇は「8世紀の歴史裁判」で、敗戦の全責任を負わされた。
○　青年仲哀天皇は暗殺された。そして、従軍巫女が1日限りの皇后に仕立て上げられた。
○　武内宿禰と神功皇后は、邪馬台国を討伐すると余勢を駆って九州の大兵団を弁辰地方に進駐させることに成功した。おりしも災害復興中の新羅は、戦わずして承認した。
○　反仲哀派は、半島侵出を空前の大戦果だと宣伝し「官軍」として半島から凱旋した。情勢が逆転したのを見極めた上で、仲哀派を徹底的に掃討しヤマト王権を掌握した。
○　成務天皇の皇子を女帝の太子に据え、応神天皇擁立を果たす。
○　しかし、ヤマト王権は底なしの「陰謀」に染まった。以後、王家の人々は自分たちの血で血を洗う「暗黒の100年」を迎えることになった。
○　国史編さん者は、検証を徹底し飯豊青皇女は「女帝」だったという結論に達した。
　　しかし、同じく独身の元正女帝は日本書紀完成を目前にして承認を断固拒否した。編さん事業の最終コーナーで激震が走り、文人の完璧な計算に「5年」の狂いが生じた。
などという「筋書き」が次々に浮び上がってくる。

　さらに日本書紀は、正史（編年体の記録集）の本質から大きく外れ「建国神話」のみならず「国内統一戦争」と「半島への侵攻」をも“神々の戦い”とする脚色を施した。のみならず、現代の重臣もこの「脚本」が大いに気に入った。そして、歴史は繰り返された。しかも敗北の時代が遠ざかれば、新しい世代の重臣が『国家の“威信”を取り戻そう』というスローガンを掲げ「見直し論」を提起するところまで全く同じ展開になる。

　　統一戦争　～　半島侵攻　～　白村江の大海戦　～　国史編さん見直し論　敗戦から57年・舎人親王

　　戊辰戦争　～　大陸侵攻　～　第二次世界大戦　～　憲法9条見直し論　敗戦から70年・安倍首相

～　概　略　②　～
　はじめは、捜査的な視点から日本書紀の様々な事件を新解釈してみたいと考えていた。しかし、古来の伝承を復元する作業を進めるに従って「日本書紀の伝承」だけでなく「日本書紀の編さん」にも目が向くようになる。なぜなら、日本書紀に登場する人々の歴史を復元することは、日本書紀を編さんした人々の歴史をも復元することだと気づかされたからである。そこには執筆を担当した文人、彼らを指揮した重臣、編さん事業を命じ尻を叩きときに大権を発動した大王の存在があり、それぞれには立場の違いがあった。日本書紀

の"矛盾点や暗号"の謎は、そこから生まれたものだった。さらに、「古代史は近現代を映し出す鏡」だということに気づかされる。古代日本人の成長と失敗の記録は、今を現在進行形で生きる私たち日本人に宛てた「警告の書」でもあったからだ。

壬申の乱を勝ち抜いた天武天皇の目には、自分の死後皇子たちがどんな行動に出るのかはっきり見えていた。だから何とかしてそれを防ぐ手立てはないものかと考え抜いた。その具体策の1つが国史編さん計画だった。先人の時代に起きた悲惨な事件や過ちを隠さず伝え、人生経験の浅い皇子たちに自重するよう遺言したかった。だから、雄略紀「太悪天皇」や武烈紀「悪事の数々」など大王にも容赦ない批判を浴びせた。つまり当初イメージされていた国史は、次世代の後継者たちに伝えるべき「帝王学」のテキストだった。重臣・文人らは、偉大な大王の遺志を継ごうと一体となって国史編さん（史料収集・検証・保存）に取り組んだ。

しかし、人も時代も移り変わる。後世、この国家的大プロジェクトを引き継ぎ完成させた重臣のトップは、偉大な父王の「遺志」よりも、現在の「国策」に沿う国史編さんに舵を切った。文人たちが長い年月積み上げてきた編さん事業は、こうして彼らの想像を遥かに超える「変質」を迫られた。しかも、それは急ピッチで行われた。

ところで、今回捜査的視点で犯罪ならぬ"日本書紀の裏側"を掘り起してみた。そして、歴史嫌いを自認する人、とくに日本史、それも古代史に全く興味が湧かない人に本書を読んで欲しいと思うようになった。同じものが見る角度を変えれば、違ったものに見えてくることだってある。「過去の事実」を歴史と呼び発掘する作業は、犯罪の捜査と似ている。ほとんど何も手掛かりがないような事件もある。そんなとき捜査はどう進められるのか。先ずは、偏見や先入観を排して、客観的・合理的に事件を見つめてみる。そのために、目の前の『素朴な疑問』に着目する。この場合の"素朴な"とは、目の前に在るけれど景色に溶け込み"見落とされ易い"という意味である。偏見や先入観に洗脳されると「見落とされる事実」や「見落とされる人物」がいとも簡単に生み出されてしまう。次に"仮説"を立てる。ただし、仮説はあくまで事実や真相を突き止める"手段"に過ぎない。仮説は「信じるため」ではなく「見つけるため」にある。突破口を探すための手段・方法である。そのため、馬に喰わせるほど「仮説と検証」を繰り返す。

さらには『物証』という決定打が求められる。例えば、本書の１８２年神武天皇が即位し「１９６年崩御した」という仮説であれば、それを科学的（合理的かつ客観的）測定結果によって裏づける必要がある。

・2世紀末から3世紀初めに新様式の前方後円墳が突如大和地方だけに出現する。
・この時代の奈良古墳と薩摩半島双方から出土した人骨のＤＮＡが特徴点で符合する。
などは、現代科学なら１８００年の時空を一気に超えて証明することもありうる。今後『考古学』のウエイトがいよいよ増すだろう。それは丁度、捜査に対応する鑑識・鑑定と同じである。両輪揃っての古代史学となる。つまり、歴史学は国文学・漢文学から理化学的研究まで求められる。さらに政治学も登場する。歴史を創った人々も歴史を記録した人々も、政治的状況や立場に置かれていたからだ。また、行動分析には心理学も登場する。

その一方、歴史学は天文学のように眺めれば誰でも馴染める。ただし、誰にも解けない「真理」を探究する世界のようでもある。謎に満ち奥深い世界が広がっている。

おかしな年齢と在位年数

代	天皇諡号	崩御年齢	在位年数	死因	代	天皇諡号	崩御年齢	在位年数	死因
	A　古い17代					B　続く17代			
1	神武	127	76		17	履中	70	6	病死
2	綏靖	84	33	病死	18	反正	記載なし	5	
3	安寧	57	38		空位1年				
4	懿徳	77	34		19	允恭	若干	42	
空位1年					20	安康	記載なし	3	暗殺
5	孝昭	113	83		21	雄略	記載なし	23	病死
6	孝安	137	102		22	清寧	若干	5	
7	孝霊	128	76		23	顕宗	記載なし	3	
8	孝元	116	57		24	仁賢	記載なし	11	
9	開化	111	60		25	武烈	57	8	
10	崇神	120	68		26	継体	82	25	病死
11	垂仁	140	99		27	安閑	70	2	
12	景行	106	60		28	宣化	73	4	
13	成務	107	60		29	欽明	若干	32	病死
空位1年					30	敏達	記載なし	14	病死
14	仲哀	52	9	急死	31	用明	記載なし	2	病死
摂政	神功皇后	100	69		32	崇峻	記載なし	5	暗殺
15	応神	110	41		33	推古	75	36	病死
空位2年									
16	仁徳	記載なし	87						
A　平均		**105**歳	**62**年		B　平均		71歳	13年	

※　Aの平均在位年数は、Bの約5倍（62:13）である。

※　Aの平均寿命105歳は、異常すぎる。Bは、年齢不祥が多すぎる。記録が残る6人の平均年齢は、古代としては長寿である。

※　なぜか、Aの仁徳天皇とBの反正天皇以降10人の年齢記録がない。武烈天皇の年齢記録は継体紀にある。後世、貴族社会の権勢がかげると正史の中で日本紀だけが日本書紀という "風変りな名称" に変えられた。一条天皇・道長・紫式部が生きた時代には起きなかった現象である。だが、昭和になるとおかしな在位年数は「皇紀」と呼ばれ尊厳を取り戻した。そして、無条件降伏と同時にその尊厳は消えうせた。『歴史は繰り返す』という。そこには必ず "わけ" があるはずだ。

原色の古代史(略)年表　　※ 在位5倍説・飯豊在位5年説で"伝承年代"を復元。

西暦	日本書紀を復元した記録		中・韓・朝の記録
1世紀	[即位年]		14 倭人新羅侵入 57 後漢が奴国王に金印
2世紀	182 **神武** 197 綏靖	182 奈良に"小さな国"ヤマトを建国	107 倭国王帥升が後漢へ生口を献上 173 卑弥乎の使者が新羅を訪問
3世紀	204 安寧 212 懿徳 220 孝昭 237 孝安 257 孝霊 272 孝元 283 開化 295 **崇神**	219 空位1年 (欠史8代がヤマトを大きな国にした) ～大きな国ヤマトの歴史～ 296 遠国教化の詔・四道将軍を派遣した	238 魏は卑弥呼を親魏倭王とし金印授与 266 西晋に倭人が朝貢した(以後途絶) ～中国正史から日本記録が消えた～ 300 新羅が倭国(ヤマト)と国交を結ぶ
4世紀	309 垂仁 329 景行 341 **成務** 354 仲哀 356 神功 370 応神 380 仁徳 397 履中	307 ヤマトに任那国が朝貢 332 邪馬台国を除く九州を平定 346 金城で敗北した　353 空位1年 355 邪馬台国を平定、第1次新羅侵攻 365 第2次新羅侵攻(弁辰7国平定) 373 新羅が恭順　378～9 空位2年 390 第3次新羅侵攻(大部隊で進発した) ～百済・新羅・加羅を平定～	312 新羅が倭国へ花嫁を送った 345 国交断絶 346 金城で倭兵を撃退 350 新羅で巨大洪水 356 新羅王死亡 364 新羅へ直進する倭兵を奇襲し撃退 391 この年から、倭が半島に進駐を開始 397 百済、402 新羅が倭へ人質を送った
5世紀	403 **反正** 409 允恭 451 安康 454 雄略 477 清寧 482 **飯豊** 487 顕宗 490 仁賢	404 帯方界で大敗した　408 空位1年 ～高句麗軍に敗れ中国に接近～ 450 相次ぐ遣使⇒451 宋に2度朝見? 461 と 465 宋へ遣使 467 宋の使者来日 477 遣使⇒478 朝見、残留⇒479 斉建国 482～486　飯豊天皇は5年在位した	404 高句麗領内に侵攻した倭軍を潰敗 413 倭の 讃 421 讃～(珍) 443 済 が入貢 451 済 に叙授(済の死後世子 興 が入貢) 462 興 に叙授(興の死後弟 武 が立つ) 478 武 に宋が叙授、479 斉も重ねて叙授 ※ ヤマトは冊封国の外交名を不規則使用 　した?「亡き兄王」に追贈するため、允恭 　外交は3つ雄略外交は2つを名乗った。
6世紀	501 武烈 509 継体 534 安閑 536 宣化 540 欽明 572 敏達 586 用明 588 崇峻 593 推古	501 遣使出発⇒ 502 梁に到着・朝見 (註) 移動は片道1年。使者を送った 　　 国の記録と使者を受入れた国の 　　 記録は当然1年ズレた。しかも、 　　 命がけの航海だった。 　　 (今では旅客機で片道5時間?) 599 遣使出発⇒ 600 朝見⇒ 601 帰国	502 梁は、武 を征討将軍と号させた ※ 清寧外交は「亡き父王」に国際名誉称号 　を追贈するため「武」の名で遣使。武烈外 　交は偉大な「亡き祖父王」の外交名を襲名 　して遣使。東晋×讃、宋×讃珍済興武、 　斉×武、梁×武。中国側は、ヤマトの外 　交名不規則使用を疑わなかったようだ。 ※ 7世紀に唐がヤマト外交を疑った。 600 ヤマトの使者が隋に朝見した

第1章　在位の復元　〜年表作成〜

〜復元・裏付け資料（資料1〜20）の意義〜

　『メッキに過ぎない』というセリフがある。人が立派さを装っても中身が伴っていなければ、批判の言葉として用いられる。逆に“純金に銅メッキするようなもの”というセリフは聞かない。そんな場合『台なしにする』というだろう。几帳面で記憶力も確かな古代の日本人が代々伝えてきた伝承は、漢文で記録すればより正確に保存できる。8世紀の時代に古来の伝承をそのまま記録していれば、1300年経った後までも原形を保ち、古代史研究の基本史料とされていただろう。しかし、伝承にナンセンスなメッキが施された結果「日本国最高位の文化遺産」になったはずの史書は、歴史学者・研究者のみならず国民からまともに評価されていない。「奇書」扱いされる状況にある。そうであるならば、このメッキを何としても剥がさねばならない。ここに挙げた20の復元・裏付け資料は、

　　○　「日本書紀のウソ」を客観的に証明する
　　○　「日本書紀の矛盾点や不自然な点」を具体的に指摘する

ための資料である。その反面、

　　○　「本来の伝承」を復元する
　　○　「日本書紀の本当」を検証する

資料でもある。日本書紀は8世紀に作られた歴史書。それを編さんしたのは「人」である。

　　○　人は、ウソをつく。ただし、ウソばかりつかない。
　　○　人は、本当のことを話す。ただし、本当のことばかり話さない。

そのことを日常の取引きや交渉等を通じてよく心得ている人もいれば、疎い人もいる。芸術家は情感の世界を拡げ、文学者は空想の世界を膨らませる。江戸時代以来、国文学では観念と情感の世界を重んじてきた。しかし、経済人や法律家は現実世界を凝視してきた。だから、人の嘘と本当を見分ける「経験と技術」に関しては、人が語る“話の世界”を一心に見つめる人よりも、語っている「人や現場」を見ることに専念する人の方が勝っているのではないか。『日本書紀は虚構である』として、その全てを頭から否定するような姿勢は感心しない。また、古事記の“文学性”を誉める一方で、日本書紀を侮る傾向があるのはどうしたものか。日本書紀は、2020年に「編さんから1300年」の節目を迎えた。そして戦後80年を過ぎた今だから、日本書紀の「真価」に気付いてもよいのではないか。これが、1300年前のウソをはっきりさせ、上古の伝承を復元するため「20の復元・裏付け資料」を作成した動機である。

　もちろん復元したとしても、日本書紀は古代人の「伝承記録」である。代々に渡る「伝聞」を記録した文書に他ならない。「神さま」の書などではない。古代日本の「歴史」そのものではない。正しい表現を用いれば、古代日本の歴史を探求する手掛かりとなる「超一級史料」である。それをどのように活用するかは、後世の人々に任されてきた。ある時は「ご神託全集」に祭り上げられた。ある時からは「虚構物語全集」に貶められた。しかし、日本書紀はその何れでもない。それ以上でもなければ、それ以下でもない。

　ところで、古代の歴史は現代を映し出す「鏡」となる。まして、日中韓関係の歴史においてはなおさらそう言えるだろう。幼少期や青年期のエピソードが、その人の本質を端的

に言い表すことがある。複雑な人間関係や多彩な処世術もなく、見た目シンプルだからよく分かる。国の歴史でも同じことが言えるだろう。古代は国の仕組みが、現代よりずっとシンプルだったのだから。それでいて、国家と国民の性質は誕生からほとんど変わらない。というより変えられない。崇神天皇が始めた倭国統一戦争は、武内宿禰・神功皇后の時代に終わる。そして応神天皇も加わり、国外戦争の時代へ時を移さず突入していった。文字通り、神武天皇以来の「神」の業績に列せられた。その流れは、その後の中世戦国時代の天下統一と朝鮮の役、さらに明治維新による近代国家の誕生と国外戦争時代の幕開けとよく似る。物理でいう慣性の法則、化学でいう飽和状態なのか。

　２０１５年は、戦後７０年の節目にあたった。日本国内は勿論、中韓、アメリカ、英蘭仏豪、植民地だった東南アジア諸国、加えてロシア等との広範囲かつ複雑な国際関係の中で「日本人の歴史認識」は、各国から槍玉に上げられ易かった。他国にすれば、何を言おうと弊害も反撃もないことになっている。自重するかどうかは各国の判断に任される。なぜなら、日本国と日本人が始めた東亜侵略戦争の「戦後」は、次の戦後までずっと続くからだ。各国の戦争を知らない子供たちは、自分の利己主義の言い訳に少しでも役立つと思えば、何年経とうが「先の大戦」を持ち出すことになる。戦前と戦後、攻守は完全に入れ替わっている。だから今、日本人は「歴史認識」を世界に通用するレベルまで上げねばならない。そのためには、先ず初めに「歴史事実」を明らかにすることが必要である。

～注釈～
１　在位年数５倍説・崩御年齢２倍説
　○　日本書紀は、神武天皇～仁徳天皇までの「在位年数」を５倍に水増しした。
　○　在位年数を５倍に水増しした天皇・摂政は「崩御年齢」も２倍にして整合させた。
２　年数・年齢の仮説を立てる目的
　○　日本建国の歴史を「具体的な西暦年」で表す。
　○　上古の王、大王の「年齢」を求め、親子関係などから当時の「真相」に迫る。
　○　「中韓」の記録と「西暦」で対比して「復元した伝承」の客観性を検証する。
３　年齢計算　※ 現代との違い。
　○　上古の「年齢」は「満年齢」ではなく「数え年」で表す。生まれた時「０歳」で
　　　はなく「１歳」となる。数は「１から」始まり「０から」とは考えなかった。
４　空位
　○　先帝崩御の翌年に新帝が即位できるとは限らなかった。そこには、重大な対立抗争
　　　があったはず。４回５年の空位記録がある。
　○　日本書紀は、神武天皇即位を辛酉（かのと・とり）＝神武元年と記し、崩御は同７６年
　　　とする。計算上、干支は丙子（ひのえ・ね）になる。次に、綏靖天皇即位を庚辰（かの
　　　え・たつ）＝綏靖元年と記す。すると、丙子と庚辰の間には干支が３つあるから空位
　　　３年か。だが、空位は在位と並んで国の年数を表す重要な記録。そのため国史本文
　　　には「空位の経緯」が記された。神武崩御後に３年もの空位が続いたとする説明は
　　　ない。綏靖天皇は手研耳を倒して神武天皇崩御の翌年に即位したと伝える。本文に
　　　矛盾はなく"文人の干支計算"に問題がある。それは空位の問題ではない。

5　即位
　○　先帝が崩御した年に即位しないのが通例。原則として、新帝は翌年に即位した。
　○　例外的に、先帝が崩御した年に急ぎ即位した例もある。(年内の即位)
6　先帝の在位末年と新帝の即位年・在位元年との関係
　○　「日本書紀」は先帝が崩御した年までを、先帝の在位年に数えた。
　○　先帝崩御の年に新帝が急ぎ即位しても、新帝の在位元年は先帝崩御の翌年である。
7　日本書紀"原案"の図式　※ 原案は、元正天皇から「飯豊紀」を却下され急いで修正された。

１２６０年 (神武元年～推古8年)					
A　１７代・１０５６年			B　１７代・１９６年		C　端数8年
書記在位１０５２年		空位 4年	書記在位 190年	飯豊 5年	空位 1年	推古在位途中 8年
水増し８４１年	伝承在位				

　○　Aは神武元年～仁徳末年までの期間 (神武元年は前回の辛酉革命の年)
　○　Bは履中元年～崇峻末年までの期間 (ABともに１７代である)
　○　Cは計算上の端数、推古在位の一部 (推古9年が、今回の辛酉革命の年)
　○　AとBとCの合計は、１２６０年(干支60年×21周)である。この数字が、日本書紀編さん当時の讖緯説導入を裏付ける。なお、飯豊在位5年を復元しなければ文人の計算は１２５５年で止まる。8世紀の文人が、神功皇后の在位を含めたAの１７代と飯豊青皇女を女帝に加えたBの１７代を「対比」してみせたことが窺える。
　○　AはBと比較すると5倍以上も長い。素朴に長すぎる。日本書紀編さん当時、伝承された在位を均等に何倍かする水増し手法が採られたと考えるのが合理的だろう。
　○　Aの１０５６年のうち日本書紀が記した在位合計１０５２年を4分の1、5分の1、6分の1と縮尺すると、およそ２６３年、２１１年、１７６年となる。Bの履中天皇以降の１７代１９５年は、さらに後世の１７代ごとの天皇在位年数と釣り合う。
　○　5倍説は、水増し分８４１年＋伝承在位２１１年＋空位4年＝１０５６年とする。最も古い１７代の天皇・摂政の平均在位は１２．4年だったことになる。
　○　Bの１９６年には、日本書紀が最終的に公認しなかった幻の飯豊在位5年を含む。文人の"原案"は、飯豊青皇女を女帝に加えたと考えられる。すると履中元年～崇峻5年まで１７代の在位合計は１９５年で、平均在位は１１．5年となる。
8　原案の計算式 (再現)
　　まず、讖緯説の周期１２６０年からBCを除き、Aの期間を1260－196－8＝1056年に決める。次に、Aの"伝承在位"を5倍し、空位4年を加えると211×5＋4=1059年になる。水増し目標を3年オーバーする。一方、１７代の在位年数を均等に5倍すれば5倍数になり末尾はすべて五か十に揃う。そこで、調整のトータルが「－3」になるように、末尾調整をした。資料1復元在位年表（1）は"文人の計算を5倍説で再現した"ものである。「書紀在位」を逆算すると、調整トータルは必然的に※－3になる。"原案"時点では、古代官僚の水増し計算に1年の狂いもなかった。そうならば、☆水増し計算には、調整が最も少なくて済む"5倍"が選ばれた。さらに、☆2世紀以降の１７代の王・大王たちの記録は当たり前に伝承されていた。☆神武～欠史8代の王たちは創作ではなく"実在し伝承されていた"から在位を水増しされたという合理的根拠になるはずだ。

| 資料1 | 復元在位年表（1） | | | ※ 伝承在位×5±0又は1又は2＝日本書紀在位 | | | |

代	天皇諡号	西　暦	復元在位	5倍数	調　整	書紀在位	紙数
1	神　武	182〜196	15	←75	＋1	←76	21
2	綏　靖	197〜203	7	35	−2	33	2
3	安　寧＊	204〜211	8	40	−2	38	1
4	懿　徳	212〜218	7	35	−1	34	1
	空位1年	219		※ 崩御の翌年に即位がなかったと記す。			
5	孝　昭	220〜236	17	85	−2	83	1
6	孝　安	237〜256	20	100	＋2	102	1
7	孝　霊	257〜271	15	75	＋1	76	1
8	孝　元	272〜282	11	55	＋2	57	1
9	開　化＊	283〜294	12	60	0	60	1
10	崇　神	295〜308	14	70	−2	68	13
11	垂　仁	309〜328	20	100	−1	99	18
12	景　行	329〜340	12	60	0	60	24
13	成　務	341〜352	12	60	0	60	2
	空位1年	353		※ 崩御の翌年に即位がなかったと記す。			
14	仲　哀	354〜355	2	10	−1	9	7
摂政	神功皇后	356〜369	14	70	−1	69	23
15	応　神	370〜377	8	40	＋1	41	15
	空位2年	378・379		※ 2年間、即位がなかった事情を記す。			
16	仁　徳	380〜396	17	85	＋2	87	26
17	16天皇1摂政 **平均在位**	215 在位＋空位	211 **12.4**	1055 在位＋空位	※−3	1052 **61,9**	

［逆算例］神武紀文末に記された在位年数76に最も近い5倍数は75その5分の1＝15 ←これが伝承年

※ 即位した年と在位元年が一致しない例もある。＊印は先帝が崩御した年に即位した天皇。

※ 復元在位は、日本書紀の在位年数を「一律5分の1」にしたもの。讖緯説を持ち出しヤマトの建国年を大きく延長するため、最も古い17代の在位年数を"太らせた"とするのが「在位5倍説」。

※ 17代の伝承在位を"一律5倍"すれば17代の在位年の末尾は五又は十に揃う。その不自然さを解消するため±2年以内で微調整したはず。また、伝承在位の合計211年を5倍すれば1055年となり目標を3年オーバーする。調整のトータルが※−3年になるのは、併せて調整した痕跡である。

※ 在位年を5.倍して1〜2年＋調整した6人の崩御年は5倍数を1〜2年越えるが、実体のない数字。

※ 紙数欄は、日本書紀（上）（下）全現代語訳（宇治谷孟著）に占める紙数。（原文記載量の目安）

資料2	復元在位年表（2）			※ 飯豊天皇説により在位5年を復元した。			
代	天皇諡号	西　暦	復元在位	書紀在位	5倍	調整	紙数
17	履中	397〜402	6	6			8
18	反正	403〜407	5	5			1
	空位1年	408					
19	允恭	409〜450	42	42			14
20	安康＊	451〜453	3	3			4
21	雄略＊	454〜476	23	23			33
22	清寧	477〜481	5	5			5
復元	飯豊	**482〜486**	**5**	否定			
23	顕宗	487〜489	3	3			14
24	仁賢	490〜500	11	11			4
25	武烈＊	501〜508	8	8			8
26	継体	509〜533	25	25			22
27	安閑＊	534〜535	2	2			6
28	宣化＊	536〜539	4	4			8
29	欽明＊	540〜571	32	32			47
30	敏達	572〜585	14	14			15
31	用明＊	586〜587	2	2			5
32	崇峻＊	588〜592	5	5			8
端数	（推古1〜8年）	（593〜600）	—	※ 端数が讖緯説の計算に必要。			
17	履中〜崇峻　　平均在位	196（推古在位は別扱い）	195　**11.5**	190			

※ 飯豊在位5年を復元すると、神武元年〜推古8年までの在位と空位の総合計は1260年になる。

※ 讖緯説・辛酉革命説に立てば、神武元年が辛酉革命の年だったのは“自明”といえる。また、推古9年を次の辛酉革命の年だったと“認定”すれば、干支60年周期の計算から推古8年(庚申)⇒神武元年(辛酉)まで“21周1260年”遡ることもできる。勿論それは勝手な主張、机上の空論である。

※ 今、日本書紀「本文」どおりに神武元年〜推古8年までの「在位・空位」年を合算すると1255年である。なぜか、1260年に“5年”足りない。

※ 日本書紀は、清寧紀に『飯豊青皇女が角刺宮で“仮に朝政を覧た”期間は1年足らず』と記した。原案には“飯豊在位5年”を盛り込んだが、元正女帝の裁可は下りなかった。そこで急ぎ、飯豊紀を丸ごと削除した。「5年の不足」はこうして生じた。※ この根拠の詳細はP160以下のとおり。

※ 復元在位年表（2）は、14ページ B 17代・196年 に対応する。端数は、 C 端数8年 。

資料3	17代の平均在位	※ 飯豊在位、弘文在位、北朝在位を含まず。	
	各時代の17代	（17代の合計年数）	平均在位の年数
第一	神武天皇〜仁徳天皇 （16天皇1摂政の17代）　　空位4年→	B.C. 660〜396 （1052）	61.9
第二	履中天皇〜推古天皇 （飯豊を含まぬ17天皇）　　空位1年→	**397〜628** （231）	13.6
第三	舒明天皇〜平城天皇 （17天皇）	629〜809 （181）	10.6
第四	嵯峨天皇〜後一条天皇 （17天皇）	809〜1036 （228）	13.4
第五	後朱雀天皇〜仲恭天皇 （17天皇）	1036〜1221 （186）	10.9
第六	後堀川天皇〜後花園天皇 （17天皇）　※ 北朝天皇を除く	**1221〜1464** （244）	14.3
第七	後土御門天皇〜光格天皇 （17天皇）	1464〜1817 （354）	20.8
	第二〜第六 （第一と第七を除く85天皇の在位）	397〜1464 （1070）	**12.6**

～ 日本書紀は"最も古い17代の伝承在位"を何倍したのか？～

※ 　4倍説＝263年（平均15.5年）、　5倍説＝211年（12.4年）、　6倍説＝176年（10.4年）
　　これらの仮説は3つとも第二〜第六までの各平均在位と釣り合う。だが、急激に年数を増した第七の平均在位とは釣り合わない。近世に近づき衣食住と医療が質的に向上しロングライフ化した？

※ 　第二〜第六の85天皇の平均在位は12.6年で、最も古い17代の5倍説・平均12.4年に近似する。

※ 　神功皇后を1代、重祚天皇は1人で2代と数えた。仮説・飯豊天皇は1代に数えていない。

※ 　「譲位」が通例化すると新旧の在位年がしばしば重複する。先帝崩御年が明けてから新帝在位年を数える「日本書紀方式」と一致しない。ここでは、比較のため日本書紀の計算方式に統一した。

※ 　A年〜B年まで年をまたぐ"足かけ"算と、B年からA年を引く"引き"算は、異なる計算である。

※ 　持統天皇より後の天皇在位は「歴代天皇総覧」笠原英彦著・中公新書を参考にした。

| 資料4 | 日本書紀在位年表 （1） | | ※ 日本書紀の在位と空位の記述に基づく年表。 | |

代	天皇諡号	書紀在位	西暦	備考
1	神 武	76	B.C 660～585	神武元年＝BC660年
2	綏 靖	33	B.C 584～552	
3	安 寧＊	38	B.C 551～514	
4	懿 徳	34	B.C 513～480	
	空位1年		B.C 479	
5	孝 昭	83	B.C 478～396	
6	孝 安	102	B.C 395～294	
7	孝 霊	76	B.C 293～218	
8	孝 元	57	B.C 217～161	
9	開 化＊	60	B.C 160～101	
10	崇 神	68	B.C 100～33	
11	垂 仁	99	B.C 32～0	
			A.D 0～67	
12	景 行	60	68～127	
13	成 務	60	128～187	
	空位1年		188	
14	仲 哀	9	189～197	
摂政	神 功 皇 后	69	198～266	※ 摂政在位
15	応 神	41	267～307	
	空位2年		308・309	
16	仁 徳	87	310～396	
17	16天皇・1摂政	1052	1056（空位4年含む）	

※ 日本書紀の古い17代の在位年数は「伝承記録を5倍した」とする仮説を具体的に論じるため、
　まずは記されたままの在位年数と空位年数を「年表」化した。

※ 摂政に「在位」はない。しかし、神功皇后を「女帝」のように扱い歴代在位に含める計算をした。

※ 「即位年」と「在位元年」は、必ずしも一致しない。上古では、天皇が崩御した年は「その天皇の
　末年」とされた。そのため、先帝崩御の年内に新帝が"事情"により急ぎ「即位」しても、新天皇
　の元年は翌年になる。継体天皇「譲位」の場合も同様とされた。なお、新国史を編さんした8世紀
　の"政府見解"は「神功天皇」も「飯豊天皇」も「大友皇子（天智系）の即位」も認めないだった。

＊印は、先帝崩御の年内に即位した天皇。

資料5	日本書紀在位年表　（2）		※ 日本書紀は"暦の空白5年"を内包する。		
代	天皇諡号	書紀在位	西暦	備考	
１７	履中	６	３９７〜４０２		
１８	反正	５	４０３〜４０７		
	空位１年		４０８		
１９	允恭	４２	４０９〜４５０		
２０	安康＊	３	４５１〜４５３		
２１	雄略＊	２３	４５４〜４７６		
２２	清寧	５	４７７〜４８１		
仮説	（飯豊）	（５）	４８２〜４８６	←飯豊在位は抹消で	
２３	顕宗	３	４８７〜４８９	きても暦に５年分	
２４	仁賢	１１	４９０〜５００	の空白が残る。	
２５	武烈＊	８	５０１〜５０８	（通常、理解不能な話）	
２６	継体	２５	５０９〜５３３		
２７	安閑＊	２	５３４〜５３５		
２８	宣化＊	４	５３６〜５３９		
２９	欽明＊	３２	５４０〜５７１		
３０	敏達	１４	５７２〜５８５		
３１	用明＊	２	５８６〜５８７		
３２	崇峻＊	５	５８８〜５９２		
端数	推古１〜８年まで	８	５９３〜６００	←1260年計算に必要	
１６	16天皇＋端数8年	１９８	１９９（空位1年含む）	※ 推古末年＝36年	

※ 日本書紀在位年表(1)(2)の「在位」の合計年数は1250年。「空位」の合計5年を加えても1255年。

　　　(1)1052＋4＝1056　(2)190＋1＋8＝199　(1)＋(2)＝1255

　　これでは讖緯説の１２６０年に「5年」足りない。日本書紀本文と干支コメントが整合しない？

　　（日本書紀"原案"には飯豊在位5年が含まれていたとすれば、総合計はピッタリ1260年になる）

※ 日本書紀は、神武元年＝辛酉、推古元年＝癸丑（干支順から推古8年＝庚申）と干支コメントして

　　干支６０年周期(辛酉年〜庚申年)を２１回規則正しく繰り返し『１２６０年になった』とする。

　　しかし、日本書紀在位年表(1)(2)で示すとおり日本書紀本文記載の在位年・空位年の総合計は、

　　１２５５年である。一方、干支コメントによれば１２６０年の帳尻は合っているという。日本書紀

　　本文に記された在位と空位の年数と本文に添えられた干支コメントが、5年だけかみ合わない。

　　そうなると論より証拠、1年刻みの「干支カレンダー」（P160〜）を作って眺めるほかないだろう。

【日本書紀の二重構造】 ※ ウソは千年経ってもホントにならない。しかし、現に通用している。

10世紀の三善清行も19世紀の那珂通世も気づいたから指摘した。だが周囲の国学者たちは無視した。

初めに見た聞いたことを終生信じて疑わない人が少なくないからか？8世紀の文人は、古来の伝承を

調べ建国以来の在位と空位の年数を全て積み上げればヤマト国の正史が作れると分かっていた。しか

し、建国年を延長・水増しする作業や飯豊紀の消去作業も課された。だから、二枚舌を使った。

第1　復元在位年表（1）

　ここに列挙した上古の天皇は、初代神武天皇～１６代仁徳天皇までの１６人の天皇と、“摂政”神功皇后を加えた計１７人である。神功皇后を天皇と記さず、正確には摂政とも言えないが、日本書紀は「在位」を認め天皇に準じる扱いをした。

　国史である日本書紀は、古事記と違い「天皇の在位年数」を明らかにして、年月日順に事績や出来事を記している。なぜなら、歴代天皇の在位を年数で表し、代を重ねていくことは、国の歴史を編さんすることに他ならないからだ。歴代天皇の在位期間を順に明らかにしたことこそ、日本書紀が「国史」たりうる所以である。（国の歴史＝在位の積み重ね）

　しかし、日本書紀の最も古い１７人の在位を見ると、日本書紀在位年表（1）のとおり短くて９年、長い場合では１０２年にも及んでいる。平均在位は６１年を超える。さらに「年齢」では神武天皇１２７歳、垂仁天皇に至っては１４０歳まで生き、平均年齢は１０５歳となる。どれも自称の年齢なのか。到底事実であるとは考えられない。このため、日本書紀は帝紀部分の記載がスタートすると同時に“デタラメな代物”としての烙印を押されてしまう。一体、8世紀の天皇、重臣、編さんした文人はどう考えていたのだろう。日本書紀に対する最初にして最大の疑問である。

　この疑問に対する答えを出す前に、すぐあとに続く１７人の天皇の在位と比較してみる。するとそこに記された天皇の在位は、平均１３．６年となる。同様に、それ以降の天皇在位についても１７人ごとに在位の平均を出していくと、１０．６年、１３．４年、１０．９年、１４．３年、２０．８年と続く。

　これらの数字を見ると、「理由」はともかくとして、誰かが、最も古い時代の天皇・摂政１７人の在位を６１．９年に「水増し」したなと感じる。ところで、現場の常識として、相手と大切な話をする場合、いくら長い時間をかけても話が「抽象論」で終わってしまえば、結論は出なかったことになる。そこで「誰が」・「なぜ」・「どれだけ」・「どんな方法で」水増ししたか具体的に推理してみる。

□「誰が」水増ししたのか。（詳細は１２８ページに続く）
　この場合まず疑うべきは編さん者である。彼らは7～8世紀の時代に漢文で長大かつ面倒な記録を残しえた数少ない文人だったからだ。面倒な水増し作業もこなしただろう。その中には６６０年に滅亡した百済国の亡命者やその子弟も含まれていたに違いない。

□「なぜ」水増ししたのか。
　編さん時代は、百済滅亡に続く白村江の海戦に大敗した後で、中韓と厳しく対峙していたところである。東アジアの中心で『日本は大国だ』と叫ばねばならなかった。国号も日本と改称した。そんな時期に「日本は歴史の浅い国」でしたでは、生き馬の目を抜くような国際社会で強気の外交戦術を展開することに無理があったのではないか。いや、無理と思うのが当然だろう。水増しの動機は、そのあたりにあったようだ。

□「どれだけ」水増ししたのか。
　文人でなくとも倭国の歴史それもヤマト建国以来の歴史が超大国・中国を凌げば不自然過ぎることは分かっていた。しかし、ライバルの新羅国には負けたくない。すると、目標とすべき建国（神武天皇即位）年は中国と新羅国の中間あたりにおのずと落ち着くはずだ。だが、やみくもに増やせばよい訳ではない。縄文人譲りの美意識が納得しない。人々を納得させるだけの必然性が欲しかった。女優は脚本を読んで納得するから脱ぐのであ

～ 20 ～

り必然性のない裸のシーンはＮＧだ。文人は「国史」の意義を一番よく知る者として水増しは気が進まない作業だったが後世に残る仕事をするからには少しでも良い形にしたかった。水増しにも何かしらの必然性が欲しかった。文人がその時出した答えが讖緯説だったのだろう。８世紀の日本には中国の「讖緯（しんい）説」や「辛酉（しんゆう）革命説」が伝わっていたという。干支の暦は６０年で１周するが、それを２１周（１２６０年）する度に社会に大変革（王朝交代）が起きるという予言。さらにその大変革が起きる年は、決まって辛酉（かのと・とり）の年だとする説である。

　かつて、日本書紀編さん者の意図を読み解いた人物がいた。明治時代の教育者にして文学博士那珂通世は『日本書紀編さん者は、推古天皇９年（西暦６０１年）が辛酉の年であったことに着目し、この年を新たな大変革が始まった年だとした。その上で理論上推古８年から起算して１２６０年前（西暦紀元前６６０年）が前回の大変革が始まった年、すなわち神武天皇即位（建国）の年だったとみなした』という説を唱えた。日本書紀の編さん者は、上古の天皇在位の大幅水増しという「世紀の大ウソ」を正当化しようとした。ウソは国策であり、重臣は天皇の裁可も受けたはずだ。編さん者たる文人も、これで「水増しの説明責任」を十分に果たし時代の要請にも応えることができた。当時の人々は驚き陰で大笑いしたことだろう。だが、その後この大ウソは既成事実化し後世の人々は慣されていった。それに対し戊辰戦争に幕府軍側から出陣した通世は幼少期から神君家康を尊び国学思想による洗脳に対する「免疫」があった。しかも、武士の子として「敗戦国」の側に立った。敗戦後の現場も現実も、敗者の反発も行動も総てを知ったはずである。また東洋史の草分けでもある。通世は神懸り的な重みをもった日本書紀の編さん過程を古代流行した讖緯説との関連性から客観的に見事に分析してみせた。この優れた学者の研究がなければ日本書紀最大の謎は何も解けないままだったろう。

　日本書紀は、
○　神武天皇元年〜仁徳天皇８７年まで１７人の在位合計は１０５２年、その間の空位合計は４年
○　履中天皇元年〜推古天皇８年まで１７人の在位合計は１９８年、その間の空位は１年（ただし、在位途中の推古天皇を１代に数えることには難がある）

総合計を１２５５年としている。日本書紀編さん者が、完成直前まで飯豊青皇女の女帝在位が“５年”あったと考えていたとすれば、彼らの計算は那珂通世が讖緯説との関連性を指摘したとおり、総合計「１２６０年」だったことになる。推古天皇ではなく飯豊青皇女を１代に数えた１７人である。在位を水増しした１７人と「対」をなしている。

□「どんな方法」で古い１７人の在位合計を１０５２年になるまで水増ししたのか。

当時の天皇・重臣・文人の立場に立って考える。歴代天皇は、大きな業績を残した方も残さなかった方もいる。しかし、天皇としてすべて尊い方々であったことに変わりはない。「業績」に差はあっても「身分」に差をつけることはできない。天皇の身分は神聖にして不可侵なものだからである。もし、それを少しでも否定すれば、現天皇を排斥し、天皇家を倒そうという主張を認めてしまうことに繋がりかねない。従って、伝承されてきた在位を水増しする際に「偏り」は許されない。しかし、すべての天皇に等しく水増しすることは、膨大な改変となり技術的にも難しい。また、近い時代の天皇のことは多くの人が細かく記憶している。そこで、何倍するかをはじめに決め、神武天皇から順に在位を水

増しして、微調整しながら目標の在位合計１０５２年に達した時点で作業を終えたのではないか。水増しは４倍でも６倍でもなく、ズバリ５倍だろう。日本書紀が記す最も古い１７人の在位合計が１０５２年なら、その５分の１は２１１年。この数字が、次に続く１７人の天皇の在位合計２２６年に一番近い。（４分の１は２６３年、６分の１は１７６年）また、計算する上で５倍は最も単純で間違いを避け易い。小学生が九九を覚えるとき「五の段」は楽だろう。さらに、分数や小数の計算が当時あったとしても、それを用いる必要性もないから整数計算になる。しかし、これでは説明に決定打となるものがない。何倍されたのかここで結論はまだ出ないが、第３章・第４章で後述するとおり日本書紀の中に残る「改ざんの痕跡」や「中韓の記録との対照」から５倍説に落ち着く。

なお、水増し作業は最も古い時代の王、大王１７人の「在位年数」に限って行われ、「即位前の神武東征」や「空位」の年まで水増しすることはなかった。それが、古代文人のコンプライアンスだった。また、日本書紀は、本文が明示しない空位年数を「干支の順」から読み取れる工夫をした。反正天皇の元年を丙午（うま）と記す。よって、崩御した反正５年は庚戌（いぬ）になる。新帝允恭天皇の元年を壬子（ねずみ）と記す。すると、その間にある辛亥（いのしし）が飛んでいる。空位年数は「１年」だと婉曲に補足した。

（・・うま・ひつじ・さる・とり・いぬ・いのしし・ねずみ・・）

以上のとおり日本書紀は、神武天皇元年〜推古天皇８年までを「１２６０年」に改変するため、前半１７代の在位を大幅に水増ししている。これを在位５倍説の立場から復元したものが 資料1 復元在位年表（１）である。とりあえず日本の建国年を西暦で明示できた。あくまで「仮説」だが、国史・日本書紀の記述の中に隠されている「古来の伝承」を復元すると、日本の建国は“西暦１８２年”となる。

　蛇足。なぜ讖緯説（１２６０年周期）は古代の日本で受け入れられたのか。何か惹きつけるものがあったのだろうか。今となってはその理由を知ることは不可能だろう。

◇紀元前６６０年ころ、日本に１万年以上も続いた狩猟採集型社会の縄文時代から、農業生産型社会の弥生時代へ少しずつ潮の流れが変わり始めた。リーダーは、縄文人よりも遅れて少しずつ列島へ渡って来た農耕移民とその子孫（弥生人）だった。

◇西暦６０１年ころ、社会制度・仏教・学問・建築様式・生産技術・医療・ライフスタイル等々数えきれない程の中国文化を求め文化国家日本に生まれ変わる時代へ潮の流れが急激に変わり始めた。リーダーは聖徳太子、蘇我馬子、帰化人、帰国した留学僧等だった。

◇西暦１８６１年ころ、果てしなく続いた身分制社会から脱しようと自由・平等の西欧文化を求め富国強兵の近代国家日本に変貌する時代へ潮の流れが急激に変わった。若者中心の討幕運動は単なる政権交代劇に終わらず、革命を継続してアジア世界初となる市民革命（明治維新）と文明開化に繋げていった。リーダーは薩長中心の下級武士だった。

第２　復元在位年表（２）

　復元在位年表（１）との決定的な違いは、履中天皇以降在位年数の水増しがないこと。一方、類似する箇所もある。復元在位年表（１）には、日本書紀が女帝として公認しなかった神功皇后が“摂政”という異例な形で列記されている。一方、復元在位年表（２）にも、日本書紀では他に例を見ない“仮に朝政をご覧になった”とする飯豊青（いいとよあお）皇女の在位記録らしきものが清寧紀に特記されている。

神功皇后の治世は、皇后が天皇に即位していない以上、帝位の法的根拠がなく空位だったことになる。仲哀天皇は崩御しており、天皇の法定代理人としての摂政にもあたらない。あえて言えば、応神天皇が「生まれた時から天皇だった」とすれば、幼少につき摂政となりうる。しかし、応神天皇は数え年3歳のときに"摂政"神功皇后の"太子"になったとされる。即位したのは神功皇后が崩御した翌年のことだった。一方、飯豊青皇女は角刺宮（つのさしのみや）で『仮に朝政をご覧になった』とあるから摂政の地位にあったようにも記されている。しかし、日本書紀は皇女が"摂政"だったとは記していない。

　ところで、日本書紀原案の"原案"とも言うべき古事記は、顕宗天皇が清寧天皇の後に帝位を継ぎ、8年在位したと記した。これに対して日本書紀は、それを改めて3年の在位とした。古事記よりも"5年"短くした。仮説では、この5年がないと、神武天皇元年〜推古天皇8年まで日本書紀の在位と空位記録全てを足しても1260年に5年足りない。文人の完璧な計算にもかかわらず、5年の不足分を説明できない。本文に他の空位を探しても見つからない。しかも、飯豊青の"尊"（みこと）と自称したという記事や"角刺宮が歌に詠まれるほど立派な宮殿だった"という記事がわざわざ清寧紀に併記されている。

　このことから、古事記奏上後、日本書紀編さん者は、再考証を徹底して『やはり、飯豊青皇女は女帝だった。在位は5年に及んだ』と確信し、日本書紀の原案に記したと考えられる。しかし、同じく独身の元正女帝から"原案の裁可"を拒否されたので、急ぎ日本書紀の「在位」から飯豊紀を外し、清寧紀にその幾つかの断片記録を併記して保存した。その結果"飯豊在位5年の記録を消して生じた空白の5年"を消す術もなく、他の場所に散らしただけの不完全な状態で日本書紀編さんを終えてしまったのではないか。

　飯豊青皇女は、独身の女帝という点で元正天皇とかぶった。しかも、宮殿を美しく飾りあげ、男との自由奔放なゴシップ記事まで残した。そんな皇女を『再考証したら、やはり女帝だったので追認して下さい』などと同じく独身の元正天皇に決断を迫ることになった。それが、知性と美貌を兼ね備えた真面目なキャリアウーマンである若き女帝のプライドをどれほど傷つけることになるか、同じく真面目で秀才肌の文人たちには想像すらできなかったようだ。しかし、そのことが"裁可却下"の一番の原因となる。『一体あなた方は、わたくしとこのお方を、一緒にするお積りですか』と叱責されたかどうか、それは今となっては確かめようもないことではある。

第3　17代の平均在位

　在位年数を水増しされた神武天皇〜仁徳天皇までの17人の平均在位年数と、その後に続く天皇の平均在位年数を客観的に比較する。そのために、後世の天皇を17代ごとのグループにして各時代の平均在位年数を求めた。おおよそ200年前後にわたるグループ群となる第二から第七までを表にした。第一の平均在位は論外として、第二から第六の西暦397年から1464年までの5つのグループは、平均在位年数に大きな差はない。一方、中世から近世に至る第七グループは、平均在位年数が20年を越え、大幅に増加する。

　第一グループの日本書紀在位は、平均在位が61.9年になる。ウソも千年間つき続ければホントになるとうそぶく人もいる。周囲の人々がウソに慣らされ気にしなくなるということだろう。しかし、ウソは何年経ってもウソでしかない。5倍説で復元した在位は、平均12.4年になる。これを第二から第六までと比較したところ、この5つのグループ

全体の平均在位１２．５年と近似した。しかし、４倍の１５．５年や６倍の１０．４年も全く遜色のない数字となる。従って、ここでは「在位５倍説」には、明らかに合理性を欠く致命的な欠陥はないことを確認するだけにしたい。

　ところで、文字を持たない時代でも、王の名前や在位年数、崩御した年齢や事績などを記憶することは特別難しいものではない。落語家、講談師などは一時間に及ぶ話の内容をそらんじる。かつて盲人の琵琶法師は、琵琶を掻き鳴らしながら平家物語を吟詠した。戦前の小学生は歴代天皇の名を暗唱したし、兵隊になれば戦陣訓を暗唱した。今でも大学入試の受験生は、世界史なり日本史の教科書一冊程度はほとんど頭に入れる。知力において現代人と古代人に何ら差はない。むしろそらんじることに関しては、古代人のほうが訓練されていたのではないか。神武天皇以来の在位年数などの記憶が、あるはずもないと考えるほうが現実的ではないだろう。文字のない時代には、王室や豪族などでは、系図や先祖の事績などは暗唱され節をつけられ伝えられただろう。稲荷山古墳の鉄剣に刻まれた銘文（スペース的に文字数に制約があった）からもそれが分かる。もしそうでなければ神話や民話などが残るはずもない。

　さらに、上古に暦があったのかという疑問がある。しかし、縄文時代の人々は月の形や列島の四季折々を見て春夏秋冬のサイクルを知りえた。約９０回朝を迎えれば１つの季節が過ぎる。サケの遡上を日を数えながら待ち望んだことだろう。さらに、農耕が本格化する弥生時代になれば、土おこし、水張り、種まき、収穫等の年間スケジュールをたてねばならない。餓死しないため集落が１つになり必死で知恵を絞る。暦は、自然発生的に生まれ、また先進地からイネと共に伝わったはずだ。『農業なめんなよ』という言葉もある。

第４　日本書紀在位年表（１）（２）

　日本書紀編さん当時、讖緯説や辛酉革命説は日本に伝わっていたはず。推古天皇１０年に百済僧の観勒によって暦、天文、占星術、占い術の書が伝えられ当時の名だたる俊才たちが観勒に学んだと記録されているからだ。そうであれば、辛酉年の推古天皇９年（第１回遣隋使の帰朝と衝撃の報告）が１２６０年に一度の「辛酉革命の年」にノミネートされてもおかしくはない。そして、推古天皇８年から１２６０年遡ると“前回の大変革”が起きた「辛酉革命の年」だったことになる。では、前回の大変革とは何だったのか。ヤマト王権の人々にとって『神武天皇のヤマト建国』がそれだと言われれば、反対する理由などなかっただろう。編さん者からすれば人々を説得するのに十分な“学説”だった。重臣で構成される編さん委員会の『国策である！建国年をもっと古く編さんせよ』との決定に従い建国の伝承年を８００年以上水増ししても“誰も反対できない”理論武装になった。

　しかし、日本も中国のように讖緯説や辛酉革命説を否定し「在位の水増し」をしなければ、日本書紀に対する評価は全く違っていたはずだ。奇書ではなく現代に通用する国史・伝承記録になっていたはずだ。また、近代国家になってからも“皇紀”などというデタラメな年表がウソと知りつつ世に出ることもなかっただろう。推古天皇８年は、明治期の歴史研究から西暦６００年とされた。ならば、大変革の年・神武天皇元年は、そこから１２６０年遡る紀元前６６０年だったことになる。このようにして神武天皇元年（即位年）以降の年数が西暦に換算され“皇紀”と呼ばれるようになった。ただし、それは歴史学とは区別される「換算」にすぎなかった。遡ると日本書紀編さん当時の文人は、明治期の学者

~ 24 ~

那珂通世に先立ち同じように計算したと考えられる。ただし、その時の“換算”は、古来伝承された最も古い１７代の王と大王の在位年数を“水増しする計算”だった。なお８世紀の文人は、後世の学者・官僚にも劣らない「頭脳集団」だったから、このときの緻密な計算によって今に至るまで国史・日本書紀の年数に「霞」がかかってしまった。

　この霞を払うためには、日本書紀を編さんした文人が机上で算出し作成した「日本書紀年表」を正確に“再現”する必要がある。次に、復元作業を進めながらその年表を元の姿に戻していけば、１７代の王と大王の古来伝承された在位年数が蘇る。この古代史の超一級史料「復元在位」があれば、伝承を根拠とした日本古代史の「西暦年表」も作れる。ここでは、日本書紀が記した「空位年数」と飯豊青皇女の「仮説・在位５年」を、日本書紀が記した歴代天皇の在位合計に合算した。従って（１）（２）とも“復元資料”である。

　１９４０年（昭和１５年）は、皇紀２６００年（紀元前６６０年＋紀元１９４０年）の節目に当たった。そのため国を挙げて盛大に奉祝行事が行われた。当時世界に誇った三菱重工の「零」式艦上戦闘機のアメリカ側の呼称「ゼロ」ファイターにその記憶が残る。

　ところで“日本書紀編さん者”が伝承記録の話を中断し、みずから素顔を出して自己の供述を始める個所がいくつかある。それは、大変異質な記述であるのみならず、編さん者が「水増し」を自供したに等しい絶対に見逃せない重大発言である。自身の作である「日本書紀」と歴史記録の最高峰である三国志の“魏志倭人伝”とを比定しつつ「両者の記録が一致する」と思われる年代を示した。というよりも意図的に『誤報』を流し“読者”の判断をコントロールしようとした。（文人には学究派も政権派もいた？）これは知能の高い“犯人”が世間一般を見下し、自作自演の筋書きに自ら酔い痴れた末に墓穴を掘るのとよく似ている。その『重大発言』とは、次のとおりである。年代比定を４例ほど挙げている。

○　神功皇后３９年と明帝の景初３年（西暦２３９年）　※ 倭人伝は景初２年と記す。
　　『魏志倭人伝によると、倭の女王が帯方郡経由で使節を洛陽に送った』
○　神功皇后４０年と正始元年（西暦２４０年）
　　『魏志倭人伝によると、魏は郡使に詔書や印綬を持たせ倭国に派遣した』
○　神功皇后４３年と正始４年（西暦２４３年）
　　『魏志倭人伝によると、倭王は使者ら８人を派遣した』
○　神功皇后６６年と晋の武帝の泰始２年（西暦２６６年）　※ 晋の建国は２６５年。
　　『起居注によると、倭の女王が晋に貢を献じた』　※ 起居注とは特定の文献名ではない。

日本書紀の読者は、これだけを見れば「神功皇后が中国と国交を結んだ時のことが、中国側記録にある」と反応してしまうかもしれない。しかし、この比定は、歴史上有り得ない。なぜなら、この比定は神武天皇は紀元前６６０年に即位し、垂仁天皇の１４０歳には及ばないが１２７歳まで生きてギネスの長寿記録を上回り７６年も在位したことや、神功皇后は西暦２０１～２６９年まで６９年摂政を務めた等という“詐話”に基づくからだ。しかも、神功皇后を卑弥呼に比定しておきながら、２４７年頃の卑弥呼死亡の記事は省いた。編さん者は、古来の伝承に基づき作成したヤマト王権の「伝承年表」を持っていたが、それを水増しした“国策年表”を作り上げた。すると、一見して卑弥呼の時代に神功皇后の摂政在位が都合よく重なった。利用しない手はない。そして編さん者のコメントが今日まで残った。しかし、日本書紀編さん者が最後に挙げた比定例が、詐話の手口を具体的に披露した。語るに落ちたのである。魏志倭人伝によると、西暦２４７年ころ卑弥呼は高齢の

ため亡くなったとされる。卑弥呼と同一人物だと言うなら当然神功皇后も崩御しなければ
ならない。すると神功皇后４７年をもって、神功皇后の記録に幕が下りてしまう。それは
困る。そこで魏志に代えて唐突に「起居注」（皇帝言行録）なる読者にとって出典が分からな
いものにすり替えた。さりげなく読者の思考を誘導する場面である。『神功皇后６６年は、
晋の武帝の泰始２年である。晋の起居注によると武帝の泰始２年１０月倭の“女王”が使
節を派遣し訳を重ねて貢を献じたと記されている』とコメントした。このコメントは、明
らかに「晋書」の巻３武帝紀『泰始２年１１月“倭人”が来て方物を献じた』という件と、
巻９７倭人伝『泰始初め、使節を派遣し通訳を重ねて入貢した』という件をベースにして
いる。しかも、出典を晋書だと言わない。晋書を確認され、そこには「倭の女王」とは記
されてないと批判されても“起居注”には記されていたと言い返せる。「月」も意図的に変
えて記した。煙に巻くためだった。８世紀の時代、魏志倭人伝や晋書を手にとり、漢文を
読むことが出来る人が日本に何人いたかは分からない。しかし、現代人でも、日本書紀の
神功皇后に関する一連の記事だけ読んだ人なら“卑弥呼は神功皇后だった”と反応してし
まうだろう。ヤマト王権以前に不愉快な歴史が存在し、魏志倭人伝にも掲載されていたが、
水増しした年表の怪我の功名により、その歴史を塗りつぶすことができたと自惚れている。
だが、利用した魏志倭人伝により、この手口は暴かれる。古代中国の歴史認識は、歴史的
事実の上にしっかりと立脚していた。古代ギリシャ・ローマの歴史認識に相通じ、そのた
め東西の古代一流文化国家の歴史年表は「互換性」を有する。中国史書の年代表記は、西
暦換算できて便利だ。日本書紀編さん者は、不愉快を取り除く目的で魏志倭人伝を我田引
水したが、同時に世界標準の暦をも取り込む結果となる。上記文面は神功皇后の在位年数
に限定されるが、彼らが計算して作り上げた「水増し年表」の一部分が中国年表と対比さ
れる形で日本書紀に顔を出してしまった。彼らは２０１年～２６９年が神功皇后の在位だ
と“注釈”したことになる。※ 注釈は“本文”ではない。区別すべきものである。
　日本書紀在位年表（１）の神功皇后在位は、西暦１９８～２６６年。そのズレ３年。
しかし、これは１年を５年にズームした後の３年である。水増し年数を調整しつつ５分の
１にする「復元在位（１）」と水増し前の「伝承在位」とのズレは、１年以内に収まる？
日本書紀編さん者は「古来伝承に基づき作成した年表」は隠したが、その年表復元のヒン
トは日本書紀の中に残した。※ P160 文人の「１２６０年」干支カレンダーでズレの真相を詳述。
　同様に、雄略天皇２年の百済の池津媛と石川楯が命を懸けた世紀の大スキャンダル事件
に関する記録にも年代を比定する文人のコメントが登場する。
　○　雄略天皇２年と蓋鹵（こうろ）王の即位年（西暦４５５年）※ 韓国側の記録。
　　『百済新選によると己巳？の年蓋鹵王が即位した。天皇は使者を遣わして美女を乞わ
　　せた。百済は慕尼（むに）夫人の娘を天皇に奉ったという』※ 雄略天皇１年＝４５４年
中国の冊封を受けた国は、中国皇帝暦を使用したのでやはり西暦換算できる。蓋鹵王の即
位年から、日本書紀編さん者は雄略天皇の在位を西暦４５４年～４７６年の２３年と計算
していたことが分かる。（文人の中には真相をリークする硬骨漢もいた？）これは、水増しがない
復元在位年表（２）と合致する。なお、推古８年から過去へ遡る“復元計算”には、飯豊
在位５年の存在も前提にしている。この５年を前提に含めなければ、符合しない。
　ところで神功皇后記録へのコメントのすぐ前に、年代を差し替えられ挿入された「人質
の記録」（P74）と、皇后と武内宿禰の合作にしては事務的に間に合わせで作ったような凡

～ 26 ～

庸すぎる「歌２首」が載せられた。なぜそんな“花”が添えられねばならなかったのか。おそらく『神功皇后を戦の女神に祭り上げよう』という重臣の熱い要望に応えた結果であろう。８世紀初めの日中韓パワーバランスでは、中韓の関係次第で「連合軍」がいつ日本列島に侵攻を始めても不思議ではない状況だった。そのために九州・中国・四国・近畿の各地には防御の砦、狼煙（のろし）台を構え、防人（さきもり）を配置して専守防衛ラインを敷いた。あとは、人々の戦意を高揚させる“軍神”を祭るだけだ。アテネ神話も神功皇后伝説も共通の思いから創造された。ただし、日本書紀の神功皇后は架空の人物ではなく「実在のモデル」を神格化した。そのための装飾は、他から借りてくるか、小さなものを大きく膨らませるなどして用意した。その際、中国正史に残る著名な「倭の女王」の名も借りようとして、大きなジレンマを抱え込んだ。なぜなら、倭人伝が記した邪馬台国は、後にヤマトが平定した北九州地方の国であり、南の隣国狗奴国(熊国熊本)との交戦状況を郡に報告するほど苦戦していた国だったからである。郡使張政はそのため軍事顧問官として派遣され檄を飛ばして指導したという。卑弥呼なる人物は、倭全体の女王などではなかった。そのことは魏書を記した人々も８世紀の文人もみんな知っていたことである。「倭の女王」というウソは、それぞれの立場の人々が都合よく利用するために必要としたものだった。

　　　卑弥呼＝一地方の女王　　　卑弥呼＝神功皇后　　　神功皇后＝一地方の女王
という「矛盾の構図」を８世紀のヤマトが国史で公証する結果になってしまった。ウソをついた弊害である。

　そもそも、魏は邪馬台国の軍事力を利用したいがために卑弥呼を親魏“倭王”と持ち上げた。それもどうかと思うが、魏書という中国正史の影響力は絶大だった。この誇大表示の肩書「倭の女王」は、国際社会の“常識”になり後世までずっと独り歩きした。

　　　卑弥呼＝倭国の大王　　　※ 倭の「邪馬台国」の王という小さい肩書にしなかった。
というウソをそのまま記録した魏志倭人伝と、ウソを承知で取り込んだ日本書紀によって、はからずもウソの「日中合作」が実現した。ただし、邪馬台国のことが大嫌いだったヤマトの人々は、自国の正史に中国語表記の「邪馬台国」という有名な国名は一切記さず、完全黙秘した。「倭の女王」（使者の名前は引用しても「卑弥呼」という名前は記さない）を神功皇后に比定するコメントは入れたが『邪馬台国はヤマトのルーツ、ヤマトに所在した』などとは主張しない。主張すればヤマトへの最大級の冒涜になる。だが、黙秘すればウソの自白に等しい。また、神功皇后を“大嫌いな女”に比定した様子から、実はヤマトが神功皇后を本気で尊んでなどいなかったことも透けてしまう。あくまで８世紀の「国策広告塔」として利用した。なぜなら、武内宿禰が用いた“敦賀の巫女”という素性がばれていたからである。どうしても「女帝」とは認めたくなかった。だから“帝位なき在位”にした。

　なお、卑弥呼と神功皇后は、実像より遥かに偉大な人物として歴史に名を遺した点でよく似ている。しかし、これも裏を返すと中国と日本、各々が同じように「国策」として２人の“虚像”を演出しただけの話になる。そこに歴史ロマンはない。あるのはロマンに見せかけた「ウソの歴史」である。

　～２つの文人チーム、２つの歴史文化遺産～
　６８１年２月律令制定班、３月国史編さん班が各発足。前者は７０１年大宝律令を完成。だが、後者は迷走した。伝承在位案のまさかの廃案で在位水増し案が急浮上。飯豊在位５年案の再却下で国史に空白の５年が出現。分散し上から３年下から２年ズレて作業終了。

～ 27 ～

～コラム01　国史編さんの詔～

589 隋建国（超大国の出現）	691 川嶋皇子薨去（舎人親王16歳）
600 第1回遣隋使（到着）［隋書］	
618 唐建国（国交相手が代わる）	
620 天皇記・国記（旧国史）を編さん	
631 第1回遣唐使（〜648 この頃、日中の間で 　　"邪馬台国論争"が勃発）［旧唐書］	
660 百済滅亡（半島で同盟軍を失う）	
663 白村江の敗戦（半島から完全撤退）	
	701 大宝律令制定
	704 太安万侶を従五位下に叙爵
672 壬申の乱(天智派 vs 天武派)	705 忍壁皇子薨去（舎人親王30歳）
673 天武天皇即位の儀（天武2年）	
	707 元明天皇即位
676 舎人親王誕生（1歳）	
	711 国史編さん"督励"の詔（9/18）
679 吉野の会盟（草壁・大津・高市・川嶋・忍壁・ 　　芝基に千年後まで継承争いを防ぐよう詔）	**712 安万侶序文と古事記3巻を上奏**（1/28）
681 律令制定の詔（2月25日） 　　国史編さんの詔（3月17日） 　　皇族（川嶋 忍壁 広瀬 竹田 桑田 三野） 　　重臣（中臣連大嶋 平群臣子首ら6名）	715 元正天皇即位（譲位）
686 天武天皇崩御	719
	720 舎人親王新国史を上奏（舎人親王45歳）
	721 安万侶国史講筵（先帝5月発病12月崩御）
690	723 安万侶没す

～コラム02　百済王の在位～

百済本紀	代	王	在位	在位3倍説	百済本紀	代	王	在位
-18～28	1	温祚王	46	= 15×3＋1	286～298	9	責稽王	12
28～77	2	多婁王	49	= 16×3＋1	298～304	10	汾西王	6
77～128	3	己婁王	51	= 17×3	304～344	11	比流王	40
128～166	4	蓋婁王	3	= 12×3＋2	344～346	12	契王	2
166～214	5	肖古王	48	= 16×3	346～375	13	近肖古王	29
214～234	6	仇首王	20	= 6×3＋2	375～384	14	近仇首王	9
234	7	沙伴王	0	= 0×3	384～385	15	枕流王	1
234～286	8	古尓王	52	= 17×3＋1	385～392	16	辰斯王	7
8代の平均在位 38.0 ←(304)				12.4 ← (99)	8代の平均在位 13.3 ← (106)			
					392～405	17	阿莘王	13
					405～420	18	腆支王	15
					420～427	19	久尓辛王	7
					427～455	20	毗有王	28
					455～475	21	**蓋鹵王**	20
					475～477	22	文周王	2
					477～479	23	三斤王	2
					479～501	24	東城王	22
					8代の平均在位 13.6 ← (109)			
					501～523	25	武寧王	22
					523～554	26	聖王	31
					554～598	27	威徳王	44
					598～599	28	恵王	1
					599～600	29	法王	1
					600～641	30	武王	41
					641～660	31	義慈王	19
					7代の平均在位 22.7 ← (159)			

※ 仮説 王室に代々伝承されていた1～8代の王の在位を、3倍して微調整した（99×3＋7＝304）とみる。本来の平均在位は12.4年。建国は187年だったことになる。

※ 百済は『高句麗の始祖朱蒙王が没した翌年（紀元前18年）、庶子・温祚が分かれて馬韓に建てた国』とされる。

※ 父王の高句麗建国が紀元前37年なら、子の百済建国は『それから少なくとも1世代は後になる』と考えたろう。

※ 百済王室の立場としては「伝承された王」の歴史にない「ウソの王」を創作すれば、自己否定となる。だから建国「神話」と王位継承の「歴史」を繋ぐ「国史」を編さんせよとなる。その難しい作業には、漢文の素養溢れる「文士」が選ばれた。なお、伝承されていた在位を一部水増ししたことは「重臣」によって厳重に封印された。

※ 660年百済滅亡。王族や重臣、文士らの亡命に伴い「百済三書」が日本に伝わったという。一方、12世紀編さんの三国史記「百済本紀」は、韓国内で大切に保管されていた「百済の古文書」を基に編さんされたはずだ。

※ 仮説は、百済王室が"百済のルーツ・伯済国"の建国年を建国神話に合わせるため、伝承よりも205年古く遡らせたとみる。なお、百済王室の「歴史観」「在位水増し手法」は百済滅亡で封印が解かれ、亡命者によって「百済三書」と共に日本に輸入された。7～8世紀の「百済系文人」ならば、日本の建国年を古くする方法をよく心得ていたはずである。

※ 681年、天武天皇は国史編さんの詔を発した。それは、百済滅亡から21年後のことである。

※ 1～8代の「復元在位」の平均12.4年は、9～16代の平均在位13.3年、17～24代の平均在位13.6年と釣り合う。なお、25～31代の平均在位は22.7年に上がる。半島の衣食住・医療の質向上は、列島よりかなり早かったようである。

第２章　年齢の復元 〜親子関係の可能性〜

| 資料6 | 日本書紀崩御年齢（1） | | | ※ 仁徳天皇の崩御年齢は、記されてない。 | | | | |

代	天皇諡号	日本書紀			復元　（年齢の誤差±1年）			備考
		崩御年齢	在位	元年年齢	崩御年齢	在位	元年年齢	
1	神 武	127	76	52	63	15	49	
2	綏 靖	84	33	52	42	7	36	病死
3	安 寧＊	57	38	20	28	8	21	
4	懿 徳	77	34	44	38	7	32	
	（空位1年）							
5	孝 昭	113	83	31	56	17	40	
6	孝 安	137	102	36	68	20	49	
7	孝 霊	128	76	53	64	15	50	
8	孝 元	116	57	60	58	11	48	
9	開 化＊	111	60	52	55	12	44	
10	崇 神	120	68	53	60	14	47	
11	垂 仁	140	99	42	70	20	51	
12	景 行	106	60	47	53	12	42	
13	成 務	107	60	48	53	12	42	
	（空位1年）							
14	仲 哀	52	9	44	26	2	25	急死
摂政	神 功 皇 后	100	69	32	50	14	37	
15	応 神	110	41	70	55	8	48	
	（空位2年）							
16	仁 徳	記載なし	87	不詳	不詳	17	不詳	
17	15天皇1摂政	1685	1052	(736)	839	211	(661)	
	平均崩御年齢	**105.3**	61.9	(46.0)	**52.4**	12.4	(41.3)	

＊印は、先帝崩御の年内に即位した天皇。その場合にも新天皇元年は、翌年とされた。

※　4代〜8代の5天皇崩御年齢　は、端的に記されてない。太子当時の年齢　記述から算出する。

※　「復元崩御年齢」は、日本書紀が記した応神天皇までの崩御年齢を"一律2分の1"にしたもの。
　　なお、世界のどこにも春秋2倍年齢などない。後漢書執筆者のナンセンスな迷推理にはあきれる。

※　元年年齢は復元崩御年齢から復元在位年数を遡り計算した。記載された元年年齢と一致しない。

※　仁徳天皇の崩御年齢は日本書紀にはない。応神天皇まで16人の平均崩御年齢を105才と記す。

※　年齢は「数え年」である。生まれた年＝1歳、その翌年＝2歳。各人の「誕生月日」に連動しない
　　から年齢計算は簡単だった。「新年」を迎えると、すべての人の年齢が1つ増えた。

資料7	日本書紀崩御年齢（2）				※ 17人中、記録されたのは6人だけ。			
		日本書紀			復元			
代	天皇諡号	崩御年齢	在位	元年年齢	崩御年齢	在位	元年年齢	備考
17	履中	70	6	65				病死
18	反正	－	5	－				
	（空位1年）							
19	允恭	「若干」	42	－				
20	安康	－	3	－				暗殺
21	雄略*	－	23	－				病死
22	清寧	「若干」	5	－				
仮説	（飯豊）	※ 日本書紀は飯豊在位を否定			？	5	？	
23	顕宗	－	3	－				
24	仁賢	－	11	－				
25	武烈*	※57	8	50				
26	継体	82	25	58	※ 武烈－継体＝同年齢			病死
27	安閑*	70	2	69	※ 継体－安閑＝年齢差14歳？			
28	宣化*	73	4	70	※ 安閑－宣化＝年齢差1歳			
29	欽明*	「若干」	32	－				病死
30	敏達	－	14	－				病死
31	用明*	－	2	－				病死
32	崇峻*	－	5	－				暗殺
33	推古*	75	36	40				病死
17	**6天皇のみ** 平均崩御年齢	427 **71.2**						

※ 日本書紀は神武〜応神天皇までの崩御年齢を全て記したが、仁徳天皇以降は一転して記さない場合が多くなる。その一方で、長大な在位年数やそれと釣り合う長大な崩御年齢はすっかり消えた。

※ 先帝と新帝の"年齢差"の算出方法。新帝の崩御年齢から在位年数だけ遡り、元年の年齢を求める。さらに1年遡り、先帝が崩御した年の"2人の年齢"を比べる。（空位年があれば、それも遡る）

※ 武烈紀には「崩御年齢」を記さなかったが、次の継体紀に武烈天皇57歳と記した。すると、武烈天皇の姉、手白香・橘皇女たちは継体・宣化天皇親子よりも年上となり、父は継体天皇・母は手白香皇后とする欽明天皇は"60歳前後の母"が産んだ子になる。"武烈天皇の娘"が母だと記せば超高齢出産にならないが、8世紀ヤマト王権の人々にとって武烈天皇は"直系の祖"になる。

資料8	後世の天皇年齢	※ 推古天皇に続く２０天皇の平均崩御年齢。

代	天皇諡号	出生年～崩御年	崩御年齢	備考
３４	舒 明	不詳～６４１	不詳	
３５	皇 極	不詳～６６１	不詳	
３６	孝 徳	不詳～６５４	不詳	
３７	斉 明 (重祚)		－	皇極天皇による重祚
３８	天 智	６２６～６７１	４６	
３９	弘 文 (追号)		－	明治３年の追号
４０	天 武	不詳～６８６	不詳	
４１	持 統	６４５～７０２	５８	
４２	文 武	６８３～７０７	２５	
４３	元 明	６６１～７２１	６１	
４４	元 正	６８０～７４８	６９	
４５	聖 武	７０１～７５６	５６	
４６	孝 謙	７１８～７７０	５３	
４７	淳 仁	７３３～７６５	３３	廃帝
４８	称 徳 (重祚)		－	孝謙天皇による重祚
４９	光 仁	７０９～７８１	７３	
５０	桓 武	７３７～８０６	７０	
５１	平 城	７７４～８２４	５１	
５２	嵯 峨	７８６～８４２	５７	
５３	淳 和	７８６～８４０	５５	
５４	仁 明	８１０～８５０	４１	
５５	文 徳	８２７～８５８	３２	
５６	清 和	８５０～８８０	３１	
５７	陽 成	８６８～９４９	８２	
５８	光 孝	８３０～８８７	５８	
５９	宇 多	８６７～９３１	６５	
６０	醍 醐	８８５～９３０	４６	
２７	２０天皇 平均崩御年齢	天智、持統～醍醐 （７世紀～１０世紀）	１０６２ **53.1**	※「歴代天皇総覧」笠原英彦 中公新書を参照した。

~ 33 ~

資料9	上古天皇の親子関係	※ 年齢差＝先帝の崩御年齢－（新帝の元年年齢－1）					
（組）	先 帝－新 帝	先帝	新帝			親子関係	
		崩御年齢	元年年齢	在位	崩御年齢	年齢差	可能性の有無
1	神 武－綏 靖	6 3	3 6	7	4 2	2 8	○
2	綏 靖－安 寧	4 2	2 1	8	2 8	2 2	○
3	安 寧－懿 徳	2 8	3 2	7	3 8	－ 3	×
4	懿 徳－孝 昭	3 8	4 0	1 7	5 6	0	×
	（この間空位1年）		※ 4 0－空位 1－1＝3 8				
5	孝 昭－孝 安	5 6	4 9	2 0	6 8	8	×
6	孝 安－孝 霊	6 8	5 0	1 5	6 4	1 9	○
7	孝 霊－孝 元	6 4	4 8	1 1	5 8	1 7	△
8	孝 元－開 化	5 8	4 4	1 2	5 5	1 5	△
9	開 化－崇 神	5 5	4 7	1 4	6 0	9	×
1 0	崇 神－垂 仁	6 0	5 1	2 0	7 0	1 0	×
1 1	垂 仁－景 行	7 0	4 2	1 2	5 3	2 9	○
1 2	景 行－成 務	5 3	4 2	1 2	5 3	1 2	×
1 3	成 務－仲 哀	5 3	2 5	2	2 6	3 0	仲哀天皇はヤマトタケルの皇子
	（この間空位1年）		※ 2 5－空位 1－1＝2 3				
1 4	仲 哀－神 功	2 6	3 7	1 4	5 0	－ 1 0	天皇と皇后
1 5	神 功－応 神	5 0	4 8	8	5 5	3	×
1 6	応 神－仁 徳	5 5	不詳	1 7	不詳	不明	判定不能
	（この間空位2年）		不詳				
1 7	仁 徳－履 中	不詳	6 5	6	7 0	不明	判定不能

※ 崩御年齢から在位年数を遡れば、元年時の年齢が分かる。通常、その"前年"が先帝の崩御年。
このとき崩御年齢から在位年数をそのまま"引き算"すると、1年のズレを生じてしまう。

※ 「空位」があれば、その年数分も合わせて遡る。
（先帝が崩御した 在位末年 →次の天皇が決まらなかった 空位年 →新帝が即位した 在位元年 の順）

※ 神武～履中天皇までの"先帝と新帝"17組中『親子は15組だった』と日本書紀は記す。
しかし、復元・崩御年齢で比べると親子の可能性があるのは"多くて6組"程度となる。

※ 一方、履中～推古天皇までの16組のうち親子は5組（允恭－安康、雄略－清寧、仁賢－武烈、継体－安閑、欽明－敏達）と記す。

~ 34 ~

資料10	古事記崩御年齢（1）			※（ ）は、在位年数。		
代	天皇諡号	古事記年齢	紙数	日本書紀年齢	紙数	備考
1	神 武	137	29	127 （76）	21	
2	綏 靖	45	1	84 （33）	2	病死
3	安 寧＊	49	1	57 （38）	1	
4	懿 徳	45	1	77 （34）	1	
				空位1年		
5	孝 昭	93	1	113 （83）	1	
6	孝 安	123	1	137 （102）	1	
7	孝 霊	106	2	128 （76）	1	
8	孝 元	57	3	116 （57）	1	
9	開 化＊	63	5	111 （60）	1	
10	崇 神	168	12	120 （68）	13	
11	垂 仁	153	21	140 （99）	18	
12	景 行	137	33	106 （60）	24	
13	成 務	95	1	107 （60）	2	
				空位1年		
14	仲 哀	52	3	52 （9）	7	急死
摂政	神 功 皇 后	記載なし	12	100 （69）	23	
15	応 神	130	33	110 （41）	15	
				空位2年		
16	仁 徳	83	28	記載なし(87)	26	
16	平均崩御年齢	16天皇1536 **96.0**		15天皇1摂政1685 **105.3**		

＊印は、先帝崩御の年内に即位した天皇。

※ 「古事記」は、仁徳天皇崩御年齢を83歳と明記した。日本書紀の在位87年とは整合しない。

※ 「古事記」は、コノハナノサクヤ姫（木の花の様に美しい妹）の神話の中で、天神の日嗣の御子
　　ニニギが、イハナガ姫（岩の様に丈夫な姉）だけ親元に送り返して以来『今にいたるまで代々の
　　天皇の命は長くない』とコメントした。歴代天皇は「長寿ではない」とはっきり記した。

※ 古事記の紙数は「現代語訳古事記」福永武彦訳・河出文庫のページ紙数。

資料11	古事記崩御年齢（2）			※ － は、記載なし。		

代	天皇諡号	古事記年齢	紙数	日本書紀年齢	紙数	備考
17	履中	64	9	70 (6)	8	病死
18	反正	60	1	－ (5)	1	
				空位1年		
19	允恭	78	14	「若干」 (42)	14	
20	安康	56	10	－ (3)	4	暗殺
21	雄略*	124	24	－ (23)	33	病死
22	清寧	－	8	「若干」 (5)	5	
仮説	（飯豊）	在位を否定		在位を否定		
23	顕宗	38 (8)	6	－ (3)	14	
24	仁賢	－	1	－ (11)	4	
25	武烈*	－ (8)	1	57 (8)	8	
26	継体	43	3	82 (25)	22	病死
27	安閑*	－	1	70 (2)	6	
28	宣化*	－	1	73 (4)	3	
29	欽明*	－	3	「若干」 (32)	47	病死
30	敏達	－ (14)	2	－ (14)	15	病死
31	用明*	－ (3)	1	－ (2)	5	病死
32	崇峻*	－ (4)	1	－ (5)	8	暗殺
33	推古*	－ (37)	1	75 (36)	36	病死
17 平均崩御年齢		7天皇463 **66.1**		6天皇427 **71.2**		

※ 古事記は、10天皇（清寧、仁賢、武烈、安閑〜推古）の崩御年齢を記さなかった。

※ 古事記は、なぜか6天皇（顕宗、武烈、敏達、用明、崇峻、推古）の「在位」年数を記した。

※ 古事記が崩御年齢・在位年数ともに記したのは、顕宗天皇ただ1人。

※ 古事記の顕宗在位 8年 は、仮説・飯豊在位 5年 と日本書紀の顕宗在位 3年 の和に等しい。

※ 仮説・飯豊在位 5年 は、日本書紀の神武末年〜綏靖元年の間に潜む空白 3年 と継体末年〜安閑元年の間に潜む空白 2年 の和に等しい。（飯豊5年＝空白3年＋空白2年のカラクリはP160以下）

※ 日本書紀は、なぜか3天皇（允恭、清寧、欽明）だけ崩御年齢を「若干」（不明）と記した。

※ 古事記の雄略天皇124歳は、2倍した年齢か？雄略・清寧親子二人分の年齢か？雄略・清寧・飯豊青三人分の年齢か？この不可解な古事記年齢は、8年後の正史から跡形もなく消えた。

第1　日本書紀崩御年齢（1）

　神武天皇～応神天皇まで、１６人の崩御年齢はすべて記された。しかし、仁徳天皇の崩御年齢はなぜか記されなかった。しかも、古事記の段階では"８３歳"だと明記されていた。その後、在位が８７年とされたから８３歳崩御では釣り合わなくなった。

　ところで、上古１６人の王・大王は、異常な長寿が目につく。明らかに改ざんされている。この場合も在位の改ざん（水増し）と同様に、ある王には多く、別な王には少なく水増しすれば、過去の王・大王を差別的に扱うことになり不敬である。それは、とりもなおさず現在の天皇に対する不敬でもある。なぜならば「皇位」は過去の王・大王から連綿として引き継がれ、全体として一体をなしているからだ。在位水増しは、日本国の歴史を中国に次ぐ長さにするためだった。すると、伝承された崩御年齢では、在位の長さに釣り合わない。なぜなら在位の平均は６１．９年なのだから。必然的に在位の長さに釣り合うだけの崩御年齢の長さが求められた。では、どれだけ水増しすればよいのか。その答えは、水増しされた異常な崩御年齢の中にある。何倍されたのか。２倍から始める。

　最も古い１６人の王・大王の崩御年齢を２分の１に復元すると、不自然さはなくなる。上古には、幼帝も仙人のような長寿帝もいなかった。最も若くして亡くなられたのは仲哀天皇２６歳、次が安寧天皇２８歳。一番の長寿は垂仁天皇７０歳だったことになる。年齢不明の仁徳天皇を除く１６人の平均崩御年齢は、日本書紀１０５．３歳。それを２分の１に復元すると５２．４歳となる。なお、神功皇后を除く上古１６人の平均崩御年齢を９６歳とした古事記が、不思議なコメントを残した。「コノハナノサクヤ姫の話」の中で、ニニギが姉妹のうち不美人でも"丈夫な体質"のイワナガ姫を親元に送り返したことが後々今に至るまで祟り『代々の天皇の命は長くない』と嘆く。うっかり本音を出してしまった。

　以上のとおり、日本書紀崩御年齢（1）は、水増しした在位に合わせるため伝承年齢を２倍に水増ししたようである。崩御年齢は"２倍"すれば5倍した在位に矛盾なく対応できた。あえて3倍するまでもなかった。なお、天皇の崩御年齢を２倍すると"全員偶数"に揃う。±１程度の"微調整"をしたはずだが、5倍数復元のようにはいかない。

第2　日本書紀崩御年齢（2）

　次に続く、１７代履中天皇～３３代推古天皇までの１７人は、上古の中では新らしい世代だが、１１人もの崩御年齢が記されなかった。ただし、「若干」（そこばく）と記して崩御年齢不明であると特に断ったのは、允恭、清寧、欽明天皇だけだった。その後も、天智天皇を除く天武天皇までの崩御年齢については、一言も「記されず」不詳とされた。この謎に対しての判断は分かれるところである。そもそも伝わっていなかったのか、或いはあえて伏せねばならぬ理由があったのか。崩御年齢が分かる６人の平均は「７１歳」である。新しい時代に入ってありのままに年齢を記すと、次世代の天皇が最も古い時代の天皇と比べ"早死"したように見えるのを嫌い、長生きの天皇だけ残したのだろうか。おそらく、8世紀ヤマト王権の人々にとって自身の系図に望まない事実が姿を現すからだったろう。

第3　後世の天皇年齢（7～10世紀）

　３４代舒明天皇～６０代醍醐天皇までの２７人のうち崩御年齢が分かる２０人の平均崩御年齢は「５３．１歳」。資料6で復元した崩御年齢の平均「５２．４歳」と並ぶ。

～ 37 ～

第4　上古天皇の親子関係

　国史である日本書紀は、全ての天皇の「在位年数」を欠かさず記した。少しでも欠ければ、歴史は中断し、歴史書に穴が開いてしまうからだ。しかし「崩御年齢」はというと、１６代仁徳天皇〜４０代天武天皇まで記されなかった例は多い。

　なお、上古は継体天皇以前に「譲位」の習慣がなかったから、“

　　○　先帝の崩御を受けて　○　新帝が即位し　○　崩御するまで“終身”在位した。
これを逆方向から見る。新帝の崩御年齢から在位した年数だけ遡れば“先帝が崩御した年の新帝の年齢”も分かる。すると、両者の“年齢差”が分かる。先帝と新帝の年齢差が分かれば、そこから『親子の可能性がある、親子ではありえない』などという重大な事実が判明してしまう。ＤＮＡ鑑定なしで親子の可能性が否定されることだってある。日本書紀が記した神武天皇〜応神天皇までは、全て在位年数・崩御年齢が記されたから、在位年数を５倍した、崩御年齢を２倍したという“仮説”に立って計算すれば、その年齢差から親子関係の有無がはっきりする例もある。日本書紀が上古１５組のうち１組だけ親子ではないと断った成務天皇と仲哀天皇以外にも、７組が親子ではなくなる。その中には、神功皇后と応神天皇の“母子”も含まれる。仮説では、２人の“年齢差３歳”となるからだ。その他にも、仲哀天皇と神功皇后は、その“年齢差１０歳”で皇后が年上となる。本当に皇后だったのか。

　ところが、資料7 日本書紀年齢（2）になると、日本書紀は非常に守りが固くなる。在位年数５倍・崩御年齢２倍の“水増しによる霞”が晴れて、親子ではなかった事実がストレートに露見するからか。霞んでいれば、はっきり見えないからかえって安心だ。神功皇后と応神天皇だって立派に親子だったと主張できる。もちろん、母が１００歳で、息子も１１０歳の長寿だったとすればの話である。一方、履中〜推古天皇まで「親子の年齢差」を計算させてもらえるのは、たった２組だけである。継体天皇と安閑天皇は、１４歳差？安閑天皇と宣化天皇は１歳差となる。従って、継体天皇と安閑天皇・宣化天皇は、親子の可能性がある。そして、兄弟は「年子」だったことになる。とても年齢の近い親子・兄弟は、継体天皇の晩年において３人とも年齢が高かった。

　なお、８世紀のヤマト王権の人々にとって、この親子情報は公開しても何ら支障なかった。なぜなら、あくまで“中継ぎの大王”だったからである。「継体」と追号したことからもその意図が分かる。予想外の展開に懲りて、その後は中継ぎの大任には女帝を当てた。さらに、大胆な女帝の出現に懲りると、江戸時代になるまで女性天皇は長らく絶えた。

　しかし、それ以外の親子関係となると、ヤマト王権内で「在来派の本流」を主張する人々にとってどうでもよい問題ではなかった。もし親子関係の不存在が判明すれば、「系図」はそこから先に遡れなくなる。すると、神武天皇まで遡る「万世一系」の尊い身分まで否定されかねない。最も古い１７代の王と大王は、在位年数と崩御年齢の“水増し効果”によって先帝と新帝の年齢差に“フィルタリング”された。しかし、履中天皇からそれはなくなる。そうなると「年齢記録の削除」しか手はなく“先帝”仁徳天皇の年齢は消された。

第5　古事記崩御年齢（1）（2）

　古事記は、７１２年１月２８日元明天皇に対して太安万侶が取り急ぎ「中間報告」した際の“添付資料”にすぎない。後半部分は、ほとんどができていない状態だった。前年の

～ 38 ～

７１１年９月１８日に女帝から“国史編さんを督促する詔”が出され、いかに狼狽したかが見て取れる。天皇の在位年数を欠く古事記３巻は、当然に「国史」足りえない。内容も未完成だった。『編さん事業はこの程度まで進んでおります』と具体的資料を添えて上奏しなければ、頭脳明晰な女帝は納得しなかったのだろう。そして、上古天皇の在位年数、即ち建国以来の年数をどうまとめるかに関しては、まだ結論が出ていなかったようだ。なぜなら、古事記は「在位年数」を原則として“白紙答案”にしているからである。

　一方で、崩御年齢に関してはかなり形ができている。実際の在位年数を５倍して、推古天皇８年から神武天皇元年まで１２６０年遡るという方針に沿う崩御年齢を掲げている。古事記崩御年齢（１）（２）２３人の合計は、１５３６歳＋４６３歳＝１９９９歳。他方日本書紀崩御年齢（１）（２）２１人の合計は、１６８５歳＋４２７歳＝２１１２歳である。記紀は、別個の編さん者グループが、別々に作り上げたというような不合理かつ不経済なものではない。また当時は、編さん事業の現場で活躍できる人材はそれほど多くはなかったろう。作業に通暁した人材を捨てるはずもない。

　８年後の７２０年、日本書紀が古事記年齢に不都合ありとして消去したのは、仁徳天皇８３歳、反正天皇６０歳、允恭天皇７８歳、安康天皇５６歳、雄略天皇（親子等の合算？）１２４歳、顕宗天皇３８歳。反対に新規に書き入れたのは、安閑天皇７０歳、宣化天皇７３歳、推古天皇７５歳。また年齢を修正したのは１６人。とくに若干（年齢不明）と断ったのは允恭、清寧、欽明の３天皇。記紀の崩御年齢が一致するのは仲哀天皇５２歳のみ。さらに、推古天皇までの内容を満足な量に仕上げることができた。のみならず、新たに持統天皇まで８人の天皇を追加してその範囲を広げ、全体として膨大な量に編さんした。しかも、歴史考証において専門的・技術的技能を飛躍的に高めていった。国史編さん委員会が国史“日本紀”を完成、提出するまでの「激闘の８年」が目に見えるようだ。古代の日本人が、全３０巻に及ぶ国史編さんという極めて困難かつ膨大な量の現場作業を通して、短期間に急激に中国の高い文化を吸収していった過程が分かる。

　また、この道筋の前段に古事記があり、１００年前の６２０年に編さんされた 旧国史 天皇記・国記を越える 新国史 日本紀（国史続編ではない）の“みほん”だったことも分かる。

［新羅の旧国史］　　※１１４５年、金富軾（キムプシク）が三国史記を編さんした。

　新羅本紀は「旧国史」があったことを伝えている。すなわち５４５年、新羅国の重臣にして名将金異斯夫（キムイサブ）が『君臣の善い事も悪い事も記録して、後々までその良否を伝えるのが国史です。国史を編さんして残さなければ、後世の人は何を手本にすればよいでしょう』と奏上した。すると眞興王は『心底そのとおりだ』と聞き入れ、高官らに命じ広く文士を集めさせ彼らに国史を編さんさせたと記された。なお、１２世紀高麗国の重臣でみずから内乱を鎮圧したのち「新国史」編さんに没頭した金富軾は、この「旧国史」を手元に置いて４～５世紀の上古史を編さんしたはずだ。ただし“１２世紀の国策”（新羅主義）に不都合な“新羅の対日降伏、高句麗軍の対日勝利”等の記録は廃棄した。さらに百済本紀・高句麗本紀もそれに符合させた。その結果、三国史記に記された「古代韓半島の戦争記録」は虫食いとなり北から高句麗南からは倭が侵攻した歴史は霞んだ。だから、金富軾は古代忠臣の口を借り「国史編さんの大原則」を声高に唱えねばならなかった。“重臣トップ”として、国も時代も越え舎人親王と“同じ行動”をとった。

～コラム03「復元」系図～

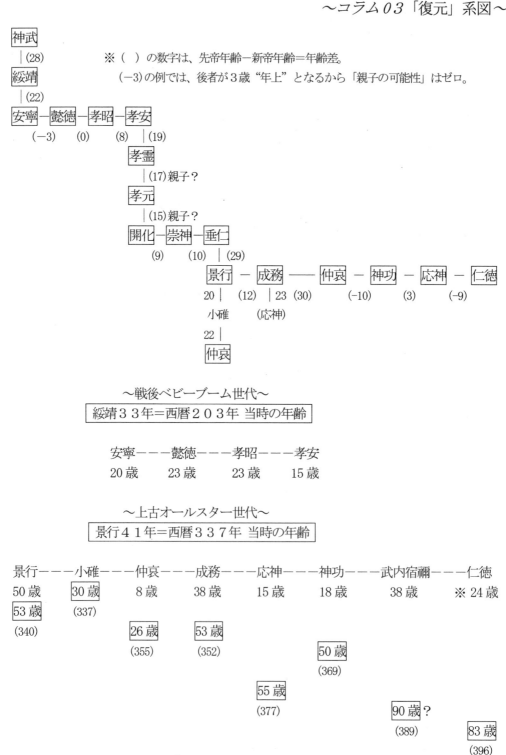

※ ☐ は崩御年齢。( )はその西暦年。仁徳天皇の崩御年齢は"古事記"から引用した。

第3章　事例の検討 〜改ざんの痕跡〜

〜注釈〜

　資料１２〜１６は「在位の水増し」を確実に裏付ける資料である。つまり、日本書紀は神武〜仁徳天皇まで１７人(摂政を含む)の「伝承在位」を５倍に水増しして編さんされたことを"具体的に証明する資料"である。上古の伝承を改ざんした"痕跡"は、日本書紀それ自体に残っている。しかも、それは執筆を担当した文人が、意図的に残したものだった。６８１年天武天皇の大号令の下、本格的に国史編さん事業が起こされ「歴史事実をありのままに伝える」努力が続けられた。その成果として、古来伝承されたヤマト王権各時代の王と大王の在位記録が綴られ歴史年表になっていった。その際"推古"天皇の時代に編さんされた天皇記・国記（６２０年編さん）が下敷きにされただろう。それは、聖徳太子と馬子により古代中国の正史を手本に「編年体」で整然とまとめられていたはずだ。だから、７１１年９月１８日に編さん事業を叱咤激励した元明天皇に対し、大急ぎで翌年１月２８日中間報告した際に添えられた「古事記」は、推古天皇で終わっていた。かつ、在位水増しの理論的根拠とした讖緯説１２６０年の末年を推古８年に決めたからそれで充分だった。

　ただし、天皇記の形は急激に大胆に変えられた。在位水増し計画が既に先行していたからである。推古８年〜神武元年まで遡る期間(４１９年)を１２６０年に延長するため"最も古い時代の王・大王の在位だけ5倍水増しする"という編さん方針だった。だが、編さん作業にとって難しい課題であり、中間報告の時点で在位水増し作業は終わってなかった。ただし、改ざん構想のアウトラインは出来ており崩御年齢の水増しだけなら１２６０年の計算を気にせず、とりあえず応神天皇まで崩御年齢を約２倍してみせた。このため古事記（上古諸事の記の略）と題された"添付資料３巻"には「上古の王、大王の年齢」が信じがたい数字で記された。しかし、それは『水増しするとこんな形になります』と"みほん"を示して元明天皇から"事前承認"を得るためにはどうしても必要なひと手間だった。

　これらの状況から、ヤマト王権の在位水増しの大方針が古事記３巻の提出よりずっと前に決定していたとは考えにくい。元明天皇の健康状態もあり、中間報告の８年後に日本書紀は完成する。国史編さん者たちは、太子と馬子が共同で編さんした「伝承に基づく編年体の年表」を手元に置き、それに再検討を加えつつ水増し作業を急ぎ進めていった。なお当然ながら『新国史』にとって不都合な『旧国史』は回収され処分されることになるが『馬子の跡継ぎが燃やしたから１冊も残らない』と新国史の編さん者は記した。しかし、天皇記はこの世に原本１冊きりだったという説明は、何の説得力もない。ウソの自供に等しい。

　即位前の「東征」記録は、水増し対象外のため"不自然な年月日"表現はない。それに比べて、在位年が始まる「神武天皇の即位と建国の行事」記録は、さっそく不自然なものとなる。なまじ手元に"伝承在位の年表"があったためである。なければ、始めから自然な「年月日」にしただろう。または、空欄にしたはずだ。「５倍する方法」として、在位「元年」の記録は、１〜５年の範囲の年に置き換え、在位「２年」の記録は、６〜１０年の中から選んだ。このとき「月日」を改ざんせずにそのまま生かしておくと"年の移り変わりに歩調を合わせない月日順"になってしまう。それが、偶然の範囲に収まるものかどうかの結論は、日常の経験則から決まるはずである。

〜 41 〜

資料12　神　武　東　征　※①〜⑫は戦闘地

干支	東征	月日	地名		記事
			日本書紀	比定地	※ 16世紀の征服者コルテスやピサロと似る
甲寅	1年	10/5	1 日向国吾田邑	南さつま市	兄弟3人らと船出。
			2 速吸之門	豊予海峡	漁人珍彦（椎根津彦）が水先案内する。
			3 宇佐	宇佐市	寄港。天種子と宇佐津媛が結婚する。
		11/9	4 岡水門	福岡県 遠賀郡	寄港。古代呼称「をか」→ おか → おんが
		12/27	5 安芸・埃宮	広島県 安芸郡	寄港。
乙卯	2年	3/6	6 吉備・高島宮	岡山市 南区	着。
丙辰	3年				※ 3年の間、財を蓄え作戦を練り、私兵・
					船舶・兵器・糧食等を揃え、吉備で支援
丁巳	4年				者も見つけたはずである。
戊午	5年	2/11	6 吉備・高島宮		船で進軍を開始。（司令官イッセ・隊長3名
					イナセ・ミケイリノ・イワレ）
			7 難波碕	古代大阪湾の岬	岬に着く。（岬が海と古代湖を仕切っていた）
		3/10	8 草香村白肩津	東大阪市 日下町	川を遡り白肩津に着く。（当時の大阪平野は
					堆積中で「古代河内湖」は湿地状態だった）
		4/9	9 龍田〜生駒山	柏原市 竜田古道	進入路を龍田から生駒山に変更。正面突破
				（信貴山の南）	して「内つ国」（奈良盆地）を目指す。
			10 孔舎衛坂①	東大阪市 阪奈道	しかし、長髄彦軍が坂の途中で待ち伏せ、
				路〜登山口	五瀬命は矢傷を負う。皇軍は一歩も前進で
				（生駒山北西）	きない。再度の作戦変更で『一度撤退して、
			草香津		海の彼方へ逃げ去ったように見せかけ、大き
					く迂回し背面攻撃をかけよう』と決めた。
		5/8	11 山城水門	泉南郡 樽井	着。五瀬命は脛の矢傷が重傷化する。
			12 竈山	和歌山市	着。五瀬命が陣没したため、竈山に葬る。
		6/23	13 名草邑②	〃	着。女賊・名草戸畔を誅す。
			14 神邑	新宮市	着。天磐盾に登る。
				熊野灘	熊野の海で暴風に遭い、稲瀬命と三毛入野
					命の兄二人を失う。以後は、神武と手研耳
					が部隊を率いた。
			15 荒坂津③	三重県 二木島湾	着。女賊・丹敷戸畔（にしきとべ）を誅す。
					そのとき兵が萎えた。しかし、熊野の人、
					高倉下が神武に剣「ふつのみたま」を差し

					上げると兵は元気になった。（武器を補充） 「内つ国」を目指し、熊野山中を進軍する が道に迷う。
			宇陀下県(こおり) 穿邑		日臣命(大伴氏)は大来目を率いて山を越え、 志願兵の八咫烏(やたがらす)の案内で「内つ国」へ到着。 日臣命を誉め道臣とした。
			16 宇陀県 宇陀④	奈良県 宇陀郡	地元の兄猾(えうかし)、弟猾(おと)を呼ぶ。 弟猾の密告を受け、道臣が兄猾を討つ。 弟猾が皇軍をもてなした。（弱者を懐柔）
		8/2	17 吉野 宇陀 高倉山 国見丘 磐余邑 磯城邑 葛城邑 18 香具山		吉野周辺を巡幸する。 山頂から国の中を眺める。 八十梟師(やそたける)が女坂、男坂, 墨坂に兵を置く。 兄磯城(えしき)の軍も集結した。 磯城の八十梟師(やそたける)は、臨戦態勢。 赤銅(あかがね)の八十梟師も、臨戦態勢。 神意を占うため、椎根津彦と弟猾が赤土を 採ってくる。
		9/5			
			丹生 国見丘⑤ 忍坂邑⑥		川の魚で占う、道臣を斎(いわい)の主(うし)とする。 八十梟師を撃破した。 道臣が大来目部を率いて、大室の中で残党 を騙し討ちにする。
		10/1			
		11/7			使者を送り、兄磯城と弟磯城を呼んだが、 弟磯城だけが従う。（弱者を懐柔） 兄磯城を挟撃して討つ。
			忍坂、墨坂⑦		
		12/4	場所不詳⑧		長髄彦と戦いを重ねるが、勝てないまま暗 くなる。天孫の証拠を見せて説得するが、 長髄彦は従わない。 しかし、説得を受け入れた饒速日命(にぎはやひ)が長髄 彦を粛清し帰順した。（離反工作）
己未	6年	2/20			諸将に士卒を練兵させた。（国軍創設）
			層富県波多⑨ 和珥⑩ 臍見長柄⑪		女賊新城戸畔(にいき)、居勢祝(こせのはふり)、猪祝(いのはふり)ら帰順しな い3か所の"土蜘蛛"を退治した。

~ 43 ~

			高尾張邑⑫		土蜘蛛を退治して邑名を「葛城」と改めた。
		3/7	19 橿原（カシハラ）	奈良県橿原市	内州平定を宣言。（軍事作戦の終了） 『東征についてから6年、内州の地は騒ぐ者もない。橿原に都を造ろう』(都の造営に着手)
庚申	7年	8/16 9/24			"改めて"貴族の女子を探した。 媛蹈韛五十鈴媛を"正妃"に迎えた。 ※ 既に身近に貴族ではない女性がいた？

［神武東征～即位までの6年3ヶ月］

5ヶ月
_____
流浪

　　　　　　　2年11ヶ月
_____
国盗り準備

1年1ヶ月
_____
侵攻作戦

　　　　1年10ヶ月
_____
建国準備

［建国行事］

辛酉	1年	1/1	19 橿原宮	桜井市辻45-2 纏向遺跡	即位式～新宮殿で「内州」初代王に即位した。小さな国ヤマトの建国を宣言した。
壬戌	2年	2/2			行賞式～道臣、大来目、椎根津彦、弟猾、弟磯城、剣根、八咫烏らの功を賞した。
癸亥	3年				
甲子	4年	2/23	20 鳥見山	宇陀市榛原	祭式～天神を祀り、高皇産霊尊も祀った。
乙丑	5年				神武5年～30年(復元6年)まで記事は空白。31年(復元7年)に「国内巡幸」と記入した。

※ 新生ヤマト国は、①初代国王の即位式 ②建国の功臣への行賞式 ③初の祭祀という"重大な行事"を
　1年目、2年目、4年目に間を空けて行ったと記す。だが、実施"月日"は順序良く並んでいる。

神武東征(吾田邑～高島宮) 地図1

神武東征(侵攻経路) 　　　地図2

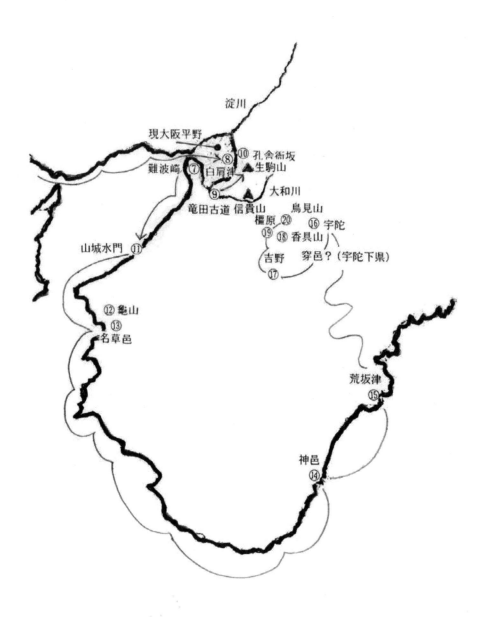

資料13	神 武 年 表	※ 5倍説による年代復元。(182〜196＝15年)	
１３４（数え１歳）	１７５（４２歳）	１７６（４３歳）	１７７（４４歳）
生 誕	東征１年 10/5 日向を船出 11/9 筑紫岡水門 12/27 安芸挨宮	東征２年 3/6 吉備・高島宮	東征３年
１７８（４５歳）	１７９（４６歳）	１８０（４７歳）	１８１（４８歳）
東征４年	東征５年 2/11 進軍 3/10 白肩津に上陸 4/9 開戦 5/8 山城水門 10/1 八十梟師撃破 12/4 決戦	東征６年 2/20 国軍創設 3/7 橿原宮造営の 令（のりごと）	東征７年 8/16 正妃の選定 9/24 正妃を迎える
１８２（４９歳）	１８３（５０歳）	１８４（５１歳）	１８５（５２歳）
神武１年＝１〜５年 小さな国ヤマトを建国	神武２年＝６〜１０年	神武３年＝１１〜１５年	神武４年＝１６〜２０年
１８６（５３歳）	１８７（５４歳）	１８８（５５歳）	１８９（５６歳）
神武５年＝２１〜２５年	神武６年＝２６〜３０年	神武７年＝３１〜３５年 4/1 内州（うちつくに）を巡幸	神武８年＝３６〜４０年
１９０（５７歳）	１９１（５８歳）	１９２（５９歳）	１９３（６０歳）
神武９年＝４１〜４５年 1/3 立太子	神武１０年＝４６〜５０年	神武１１年＝５１〜５５年	神武１２年＝５６〜６０年
１９４（６１歳）	１９５（６２歳）	１９６（６３歳）	１９７
神武１３年＝６１〜６５年	神武１４年＝６６〜７０年	神武１５年＝７１〜７６年 3/11 神武崩御（風葬） 11/ 手研耳暗殺	綏靖１年 1/8 綏靖即位 9/12 先帝を陵に埋葬

※ ８世紀まで伝承されていた在位年数を復元するためには"ひと手間"が必要である。神武７６年という年は伝承在位を5.倍したあと１年をプラスした末尾調整年(飾り)であるから、日本書紀の年数を5分の1に戻す前にこれを取り除く。７６−１＝７５。次に、７５÷５＝１５。逆に、マイナスした末尾調整年の場合は5分の1に戻す前にこれを取り戻す。例えば、綏靖３３年という数字は、5.倍数から２年をマイナスした年数だから３３＋２＝３５。次に、３５÷５＝７。１７代の在位を"ただ5倍するような醜態"は、文人の美意識・高知能・プライドが許さなかった。

| 資料14 | 景行天皇の九州平定 | ※ ①～⑤は討伐地 |

県	年	月日	日本書記の地名	現在の地名	記　事
奈良	12	7/ 8/15			熊襲が背いた。 ヤマト出発。（片道20日）
山口		9/5	1 周芳国　沙麼 ①	防府市 佐波	鼻垂、耳垂、麻剥、土折 猪折を討伐。
福岡			2 豊前国　長峡 3 行宮・京	行橋市 長尾 京都郡 みやこ町	
大分		10/	4 碩田国 速見村 ② 5 直入県 禰疑野 ③	大分県 速見郡 竹田市 直入町	速津媛の案内により、石室 の土蜘蛛青と白を討伐。 禰宜野の土蜘蛛打猿、八 田を討伐。
宮崎		11/ 12/5 ?	6 行宮 "高屋宮" ※ 日向国と記すのみ。 ※ 襲の国内で暗殺決行。	（地名を記載せず） ※ 比定地は不明。 （具体的地名不詳）	日向国に到着。行宮を建 て住んだ。 熊襲討伐作戦を相談。 襲の強勇熊襲梟帥を自宅 で謀略により殺害。
鹿児島	13	5/	7 襲の国 ④	曽於市を中心に現 在の鹿児島一帯？	襲の国を全て平定し作戦 を完了した。
	14 15 16		※ 日本書紀は、景行14・15・16年の "3年間" について全く言及しない。 　代わりに『天皇は景行12～17年にかけて6年 "高屋宮" に住んだ』と記した。 ※ なお、足かけ6年も住んだ高屋宮の "所在地" をどことも具体的に記さない？		
宮崎	17	3/12	8 子湯県 丹裳小野	宮崎県 児湯郡	休む。日の出に真直ぐ向 く国なので日向と命名。
	18	3/	9 夷守	小林市 細野夷守	行宮 京 へ帰還する途上、 筑紫の国巡幸を始めた。

熊本	18	4/3	10 熊県⑤	球磨郡	到着。兄熊は帰順した。弟熊を討伐した。
		4/11	11 葦北	芦北郡	葦北の小島に泊まる。"水島"と命名。（現・八代市水島町）
		5/1	12 八代県 豊村	八代市 豊原	葦北から船で到着。"火の国"と命名。
長崎			13 高来県	諫早市 高来町	
熊本		6/3	14 玉杵名邑	玉名市	高来県から到着。
		6/16	15 阿蘇国	山鹿〜菊池方面？	到着。広い裾野を視察。
福岡		7/4	16 筑紫後国 三毛 ※ つくしのくにのみちのしりのくに	大牟田市 三池（旧三池郡）	三毛に到着。 ※ 北九州の街道の終着点。
			17 行宮 高田宮	みやま市 高田町	高田の行宮に入った。"大木が倒れる前の話"を老人が申し上げた。
		7/7	18 八女県	八女市	八女に到着。
			19 藤山	久留米市 藤山町	藤山を超え南方の粟崎を望んだ大王に、水沼の県主が『女神・八女津媛は常に山の中におります』と答えた。 ※ 現在、八女は茶所だが古代は"粟畑"が斜面に広がっていた？
		8/	20 的邑	うきは市	的邑に到着。
奈良	19	9/20			日向？からヤマトへ帰還

※ 一連の記事を 月日 だけで読むと、8月15日〜9月20日まで1年1ヶ月の記録になる。
景行11〜15年は本来同じ年だから、12月まで進んで5月に戻る 13年5月 の記載箇所
はルール違反の付け足しにすぎない。続く14・15・16年は、黙ってジャンプした。

景行天皇の九州平定 　地図3

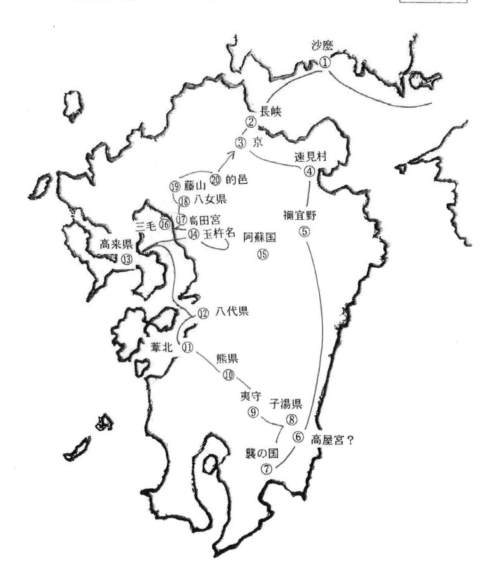

~ 50 ~

| 資料15 | 小碓皇子の熊襲征伐・東国平定 | ※ ①〜⑤は討伐地へ |

県	年	月日	日本書紀の地名	現在の地名	記事
奈良	27	8/			熊襲が背き、辺境を侵した。
		10/13			小碓皇子を熊襲討伐に派遣。 副官・弟彦公（美濃） 石占横立 田子稲置（尾張） 乳近稲置（〃）
鹿児島		12/	"熊襲"の国 ①	※ 大隅半島の曽於市に襲、熊本・球磨郡に熊の呼称が残る。	到着。（片道2ヵ月弱?） 新築祝いの夜更け、皇子が取石鹿文を謀殺した。 さらに弟彦公がその他の仲間を全て掃討した。 海路でヤマトへ向かう。
広島			吉備国 穴の海 ②	福山市 神辺町 ※ 当時、福山平野は遠浅の海。	「悪い神」を討伐。
大阪			難波 柏の渡 ③	西淀川区	「悪い神」を討伐。
奈良	28	2/1			熊襲平定を奏上。

※ 景行26〜30年は本来同じ年の記録だから12月まで進んで2月に戻る 28年2月1日 の記載はルール違反である。熊襲平定を復命したのは、同じ年（復元・景行6年）の12月中だったのか?しかし、ヤマトと襲の国の片道が2ヵ月だった時代にしては帰りが早すぎる。翌年（復元・景行7年）の2月1日帰還とすべきである。だが、水増し在位の景行 31年 にすると間延びしてもっと不自然になる。結局、景行28年に落ち着いた。なぜなら、文人は"正しい水増し計算"より"伝承月日"を優先した。

奈良	40	6/			東国の蝦夷が背き、辺境が動揺。
		7/16			小碓皇子を「征夷将軍」に任命 副官・吉備武彦 大伴武日連
		10/2			東国へ出発。
三重		10/7	伊勢神宮		伊勢神宮に参拝。倭媛命が草薙剣を授ける。
静岡			焼津 ④	焼津市	到着。焼津で賊を討伐する。
神奈川			馳水	走水	妾、弟橘媛が入水。
関東東北			葦浦〜玉浦 竹水門 ⑤	(不詳) (不詳)	蝦夷は王船を見て服従。首領を捕虜にして蝦夷を平定した。
山梨			酒折宮	甲府市 酒折	
群馬			碓日坂	碓氷峠	弟橘媛を偲んで『吾嬬はや』と嘆いた。
長野			信濃		この国は、山高く谷は深い。
岐阜			美濃		吉備武彦が越の国から合流。
愛知			尾張		尾張氏の宮簀媛と結婚。
近江			五十葺山	伊吹山	はじめて病を患う。
三重			能褒野	鈴鹿市	重病に陥る。伊勢神宮に捕虜の蝦夷を献上。 吉備武彦をヤマトへ派遣し「東国平定」を奏上した。 病没、年齢３０歳。
	41				

※ ６月東国の蝦夷が反乱。７月16日征夷の下命。10月２日ヤマトを出発。同月７日に伊勢神宮へ到着。それ以降、記録から「月日」が消えた。

資料16　神功皇后の邪馬台国討伐　　※ 年は、仲哀天皇の在位年。

県	年	月日	日本書紀の地名	現在の地名	記事
山口	2	7/5 9/	1 穴門 豊浦津 　行宮・豊浦宮 2 周芳 沙麼 3 穴門 引島	下関市 豊浦町 　〃　　　〃 防府市 佐波 下関市 彦島	"皇后"は、敦賀から合流。宮室を建て住んだ。 熊鰐(岡県主の先祖)が迎えに来て海路を先導。(奴国を懐柔) 五十迹手(伊都県主の先祖)も参上した。(伊都国を懐柔)
	3〜7		※ 日本書紀は、仲哀3〜7年までの"5年もの空白"を一切説明しない。		
福岡	8	1/4 1/21 9/5	4 岡津 5 行宮・香椎宮 　　〃	遠賀郡 芦屋 福岡市 東区	筑紫(九州)に上陸。 香椎宮に入る。 皇后に新羅討伐の"神託"が降りるが、天皇は聞き入れない。
	9	2/5・6 3/17 　〃 3/20 3/25	〃 御笠(移動中) 6 行宮・松峡宮 荷持田 村 7 層増岐野 安 8 山門県 ※ 景行紀にはない 　勝者が付けた 　"新たな地名"。	太宰府市 太宰府市 朝倉市 秋月 野鳥 (現在地不詳) 朝倉郡 筑前町 (旧夜須町) みやま市瀬高山門 ※ 今も残る地名。	仲哀天皇が発病、翌6日崩御。 宮を移動中、皇后の笠が飛ぶ。 松峡宮へ移る。(行宮を移した) 羽白熊鷲の本拠地(古来の要衝) 羽白熊鷲を討ち取る。 皇后が『勝って安心した』と胸中を語ったという場所。 田油津媛を殺害。(4代女王?) 救援に向かった兄夏羽は兵を構えたが、妹の死を知り戦わず逃げた。
佐賀		4/3	9 松浦県　玉島	唐津市 浜玉町 (旧玉島)	玉島川で新羅討伐の神意を占った。
長崎		10/3	10 鰐浦	対馬市 上対馬町 (対馬最北の港)	新羅へ進軍する。
福岡		12/14	11 宇瀰	糟屋郡 宇美町	仲哀天皇の発病(2月5日)から十月十日で皇子出産?

※ 仲哀6〜9年は本来同じ年(復元仲哀2年)だから1月21日と2月5日の間にある 9月5日 の記載は、
　ルール違反の付け足しである。神託と発病は共に2月5日の出来事だったようである?

第1 神武東征

　日本国正史として編さんされた日本書紀は、全３０巻からなる。その構成の仕方は、現代の法令体系のように理路整然としている。７～８世紀の古代文人は、思考能力や仕事の緻密さ正確さにおいて、現代の官僚に優るとも劣らない律令時代の官僚だった。

巻1　神代上は、天地創造から古い時代の神々。さらに日本列島誕生を説く。

巻2　神代下は、新しい時代の神々が治める高天原、未開の地・葦原中国（あしはらのなかつくに）への移民事業、移民時代の苦労、移民の子孫・彦火火出見尊（ヒコホホデミノミコト、後の神武天皇）誕生までを説く。

巻3～巻30
　　　初代神武天皇以降のヤマト王権の王・大王の在位中の出来事を在位年代順に記録、登場人物が実在しない、特定できない"神代の話"とは一線を画す。

日本書紀の巻3以下は、上古の様々な伝承記録（口述・記述）を中韓の史書も参考にして十分考証し「実在した天皇」を中心に「実際にあった事件」を「漢文」で記録した。

　なお、神武天皇が初代の王として即位する前の年数は「在位」年数と区別した。空位期間と同様に5倍の水増しはない。従って、神武天皇の即位前の伝承記録である「神武東征」に関しては、伝承の1年はそのまま1年として国史に記録された。

　資料1上古天皇の復元在位（1）から、神武天皇即位は"西暦１８２年"だったことになる。さらに資料6日本書紀崩御年齢（1）から、その時の神武天皇の"復元"年齢は"４９歳"となる。そこから遡って、神武東征を年表化したものが資料12である。東征1年は、西暦１７５年、神武天皇４２歳である。そして6年と3か月にして、ヤマトに自分の国を得たという。これがヤマト王権の始まりであり、日本建国のルーツとなる。その間の内訳を日本書紀は、流浪5か月・国盗り準備2年11か月・侵攻作戦そのものは1年1か月・建国準備に1年10か月だったと記している。

［第1段階］～流浪～

　この旅は、初めに兄弟や子供たちと共に吾田邑（鹿児島県南さつま市）を船で出発し、1か月かけて九州の東を回り宮崎、大分を経て福岡に至る。2世紀の福岡は、倭国の先進地であり奴国などの有力な国が存在し、仕事を見つけ易いと考えたようだ。古代戦国時代に生きる海人として仕官先を探すなら、まずは用心棒・傭兵である。岡の水門（みなと）とは、遠賀川の河口に広がる自然の港であり、神功皇后の北九州平定にも重要な海道拠点「岡津」として登場する。おそらく奴国の領域だったろう。ここで2か月近くも職を探すが、すでに整備された地域では良い条件で職は見つからなかった。しかしその間、先進の「邪馬台国」主導の進んだ連合支配体制や国軍、外交・交易、水田・開墾、武器・農具生産などを見て視野を広げたことだろう。

［第2段階］～国盗り準備～

　紹介を得て安芸（広島）の埃の宮（えのみや）で傭兵として雇われたか、あるいは九州での仕官を諦め後進の瀬戸内方面へ流れていった。しかし、安芸の埃の宮も2か月で離れる。3度目にして、就職先を吉備（岡山）の高島に見つけ、以後定住して収入を得る。日本書紀は、仕事・収入源について一切触れていない。良くても、海賊集団に対抗する傭兵隊長だろう。海賊として一旗揚げたのかもしれない。3年あれば、才覚次第でまとまった数の兵・船舶・兵器・食糧を集めることもできる。2世紀の日本列島争乱時代に、海人集団の中で

～ 55 ～

鍛えられた技能、指導者としての卓越した才能、人を引き付ける魅力などが「秀吉」のようだったならば「国盗り」のチャンスも生まれるだろう。古代の乱世にあって、神武天皇はそんな人物の一人だったはず。一躍出世した後も、吉備の国とは親交をもち交易をする。

［第3段階］〜侵攻作戦①〜

　侵攻作戦は、現在の暦で3月下旬ころに開始する。当時大阪平野は形成されておらず、そこは海ないし干潟だった。淀川と大和川が運ぶ土砂が堆積し、自然による埋立ての最中だった。そのため、現在大阪と奈良を仕切っている生駒山系は、もっと海近くにそびえていた。西海からやって来る侵略者から、奈良盆地を守る天然の城壁になっていた。攻撃軍は、当初生駒山系の南寄りから山越えを試みるが、全くの難所だった。そこで進路を変え、生駒山付近からの山越えを試みた。この間、防衛軍は十分な迎撃体制をとる時間を得た。地の利を生かして、孔舎衛（くさえ）坂の上で待ち伏せし、坂を上って来る攻撃軍に容赦なく矢を射かける作戦に出た。全く一方的な戦闘である。堪らず、後退するほかない。北部奈良の国人は、兵員・装備・訓練・統制において予想外に優れていた。とても敵わない、大損害と失意だけが残った。敵を侮っていたため、集団戦に明るい軍師がいて、国人をよくまとめていたことなど知らなかった。一刻も早く海へ逃げなければ、殲滅ないし捕獲される。攻撃軍は必死で舟の係留地まで撤退し、海へ漕ぎ出した。

　その後現在の和歌山市付近に上陸するが、総指揮官は矢傷が悪化し陣没する。食糧と水の調達・休息のため、現地住民に交渉するが敵対される。開戦当初から散々な目に遭わされた者たちの失意や悲しみが、一気に怒りの爆発となったのも当然だろう。名草邑を攻撃した。略奪後、紀伊半島を東へまわり熊野の神邑へ着く。名草邑の惨劇の噂は知っていたはずで、協力的に迎えてくれた。後世、ヤマト王権の聖地になる。しかし、熊野灘航行中、遭難により2人の指揮官を失う。離脱かもしれない。指揮官は磐余彦（イワレヒコ）1人になった。そのため、これから先は、わが子・手研耳と2人で、攻撃軍を統率した。

　二木島湾で邑を攻撃する。しかし、満足に兵器を補充することはできなかった。攻撃軍は兵員の数も減っており、前途多難の予想から士気は落ちた。このとき、地元熊野の有力者、高倉下（タカクラジ）が武器を提供してくれたため兵たちに活気が戻ったという。攻撃軍は、士気を高め熊野山中に入り奈良南部を目指した。しかし、道に迷ってしまい進めない。このとき、熊野山中の道に明るいという地元の男が攻撃軍に志願した。山道を飛ぶように身軽に進む姿からカラスと名付けた。大伴氏の先祖日臣（ヒノオミ）に付けて斥候としたところ、首尾よく道を見つけることができた。日の臣の功を誉め、以後道臣（ミチノオミ）と改名させた。ここまでの大迂回作戦に6か月要した。当初の甘すぎる作戦計画が仇となった。しかし、苦難の末に当初の攻撃軍は神武軍に生まれ変わり、この「国盗り」作戦は、当時の日本で最も優れた人物の裁量と指揮に任されることになった。

［第4段階］〜侵攻作戦②〜

　奈良平野に散在する大小の部族を平定するにあたり、神武天皇のとった作戦は以後のヤマト王権にとって「戦略と戦術の基本」となる。さらには、後世の日本に引き継がれていった。また、世界史に登場する「大航海時代の征服者・コンキスタドール」のそれとも共通している。それとは、戦いは「自己の力」だけを恃みとしないことである。

　　○　視野を広げて、彼我の置かれた状況を正確に知る。
　　○　相手側の内部事情を探り、抑圧されている側の勢力を取り込む。

〜 56 〜

○ 第三者の理解を求め、その協力を取り付ける。

○ 「対話と圧力」により、戦わずして勝つことを優先する。そのためには、戦いによる損害を免れた分だけ相手側にも利益を保証する。

○ 相手の弱い個所から攻める。

約3か月の戦闘で、神武軍は奈良平野を平定した。兄猾、その他の八十梟師、兄磯城、長髄彦らを順次討伐しながら、帰順した勢力を自軍に取り込んだ。そして、戦いの帰趨が決した後には、将来を見据えて士卒を再編成し、厳しく訓練した上で「国軍」を創設・育成した。その後は、国内の治安出動はすべて国軍に当たらせ、新たな秩序を確立していった。新しい時代が来ても帰順しようとしない旧来の小部族や、縄文時代以来の生活様式に固執して統治に従わない小集団も全て討伐した。

［第5段階］～建国準備～

神武天皇は、戦闘の勝利に酔うこともなく、本願の「国造り」に着手する。これに費やした期間は1年10ヶ月。戦闘期間1年1ヶ月を軽く上回る。まず『橿原に都を造ろう』の大号令の下「都の建設」に取り掛かる。国家建設の象徴となり、旧来の住民は新しい時代が始まったことを思い知らされる。岡水門に寄港して滞在中、奴国などを連合国の傘下に従える支配者"邪馬台国"の統治システムを実際に見聞した神武天皇は、それを参考にしただろう。今や、奈良盆地を征服した王は、大小の諸部族を従える立場になった。奈良南部は、弱小部族が進んで征服王に帰順し忠誠を誓い、共に敵対する部族を平定していった地域。彼らは、今後もし征服王が反撃を受け倒されるようなことになれば運命を共にする立場だった。その忠誠心も固い。

しかし、奈良の北部は違った。戦闘ではニギハヤヒ側は決して負けておらず、征服王が提示した講和条件を受け入れその傘下に入ったにすぎない。共同統治に近いともいえる。後に「大和」という当て字でこの国を表記するが、建国の始まりから連合体制の性格が強かった。征服王は、なぜ都を橿原に造ったのか。そこは、古代の河内湖（現在の大阪平野）から生駒山を越えた所に広がっていたニギハヤヒのクニ（奈良市）ではなく、その南方に距離を置いて広がる奈良南部地域の中にあった。北の奈良市と南の橿原市の位置関係は、そのままニギハヤヒと神武天皇の勢力範囲を表している。さらにヤマトの国の統治事情をも物語る。日本国は建国の源流に遡る時代から、より民主的にならざるを得なかったのである。そこから、八百万の神々が祭られる伝統を生み、後々においても独裁体制や残酷な社会構造を嫌う「健やかな国、穏やかな国」の歴史を多く育んでいくこととなった。

それでは、そもそも奈良平野を征服地に選んだ理由はどこにあったのか。現在の南さつま市野間半島から無限に広がる東シナ海を見て育った海人の子が、先進地・北九州の「国」を見て、それになぞらえることのできる「海と平野と河川」を備える新天地を探し求めた。その条件を満たした場所が、古代・奈良盆地だったのだろう。農耕を支える平野と河川、海運に好適な港湾、交易に有利な海道、造船や窯・炉に不可欠な木材を供給する広大な山林など、古代の奈良地方は、日本で最も優れた立地条件を満たしていた。ヤマト王権が、古代東アジアの片隅で素早く国家建設・国家統一事業を成し遂げたのは「優れた建国王」のもと「優れた国」が生まれ、先進国を目指したことに由っている。さらに、「日本国の独立」を守り、「独自の文化」を育めた理由もそこに行きつく。

日本書紀が伝えた「東征のプロセス」だけを見ると、16世紀のエルナンド・コルテス

やフランシスコ・ピサロらによる中米・アステカ帝国、南米・インカ帝国の征服プロセスとよく似ている。限られた人員・装備の軍隊を率いる征服者の「立場」から、相手をどのように攻めるべきかという「戦略」はおのずと定まってくるからだろう。国を越え、時代を超えて同じ 状況 ・同じ 立場 におかれた人々が、同じ 動機 から同じ 行動 をとることは不思議ではない。しかし、征服した後の「建国のプロセス」は、全く似ても似つかなかった。それは、征服された側の歴史が証明している。しかも、明治維新の征服者による建国プロセスを見ても、近代日本の国づくりが抑圧と隷属ではく『和を以て貴しと為す』という思想を柱にしていたといえる。そのことは、近世以降のアジア・アフリカ・新大陸で征服された人々の歴史と比べれば、その違いがよく分かる。

第2　神武年表
　　日本書紀が記した神武天皇の在位1年〜4年の建国行事に関する記録は、 資料１２ 神武東征に含めて資料化した。「東征と建国行事」を一連の事象として見比べるためである。
　　○　「年」は、1年、2年、3年、4年と続く。
　　○　「月日」は、1月1日、2月2日、2月23日と続く。
　　○　記事は、初代王の即位式・建国功労者の行賞式・皇祖神の祭式と続く。
新築した橿原宮で新年に合わせて即位した。次が功臣への行賞。そして祭祀と続いた。これら行事は初代王の即位を頂点とする「建国行事」である。なんで年が飛ぶのか。古来の伝承では、即位元年の"一連の行事"だったものを、伝承された「建国元年」を日本書紀が「5倍」にズームして記録した痕跡とは見てとれないだろうか。しかも、日本書紀編さん者は、無精して"月日"をそのままにしたのではなく、できるだけ"改ざん"するのを避けたのではないか。神武天皇は、国造りの準備期間を東征6年3月7日の『橿原に都を造ろう』という大号令から1年10か月もかけた。東征の論功行賞は既に済んでおり、組織は動き始めていた。即位式の次は、功臣を称えるセレモニーとなる。さらに皇祖神を祀る。そのための施設や担当者も既に決められていたはず。古代において「祭事」は政事と同じく「まつりごと」だった。それら即位式に続くべき重要な式典をそんなに後回しにはしないだろう。また、年が飛んでいるにも拘らず「月日」が順序良く並びすぎていて不自然だ。これを、5倍説に基づき伝承本来のかたちに戻したものが 資料１３ 神武年表である。崩御した時127歳の長寿だったのではない。伝承在位を5倍したから在位は76年になってしまった。また、年齢も2倍してバランスをとった。本来伝承された崩御年齢・在位年数は"63歳・15年"であったろう。在位年数を一律"5倍"すると17人とも末尾が五又は十に揃ってしまう。とても不自然で加工の痕跡が生々しい。さらに、75年に1年"微調整"を加えて76年にしたようである。なお、日本書紀が記した
　　○　同じ「記事」が続くのに、やたらと「年」が飛んで記事が間延びする。
　　○　「年」が変わっても「月日」はそのまま順に続いている。
という非常に不自然で不合理な記録が、様々な個所で顔を出す。逆説的になるが、日本書紀が初めから誰かが"創作した作品"ならば、決して起こらない現象である。つまり、上古17人の在位年数と崩御年齢を水増しする一方で、十分に考証した伝承の中身をなるべくそのままの形で伝えたいとも考えたようだ。
　　さらに、古代の日本人は歴史的事件を几帳面に記憶した。そして伝えた。それをまた真

~ 58 ~

面目に代々受け継いだに違いない。現代の日本人に例えるならば「日本史」を選択した大学受験生は教科書と資料集を各1冊丁寧に暗記する。そして毎年の受験生に引き継がれる。現代の受験生の暗記量に比べれば、古代の若者の暗記量など大したものではない。1日の長さもはるかに長かっただろう。娯楽も少なかった。

　神武年表でもう1つ重要な点は、その内容にある。神武東征が徹底して詳細に記されたのに対して、在位中の事績があまりに少なく釣り合わない。その伝承は特別大切に扱われたはず。なにしろヤマト王権の創設者である。後世の人々にとっては「神のような時代」だと言っても言い過ぎではない。だから文字通りに、それらの伝承を神の領域に入れたのだろう、神話として。それは気楽に話したり聞いたりしては、あまりに畏れ憚られる様になった。例えば、神武天皇の人間味や行動半径からみて、手研耳に朝政を代行させたからには故郷に残してきた妻の元へ錦を飾り帰省したはずだ。労わりヤマトへ連れて帰ろうとしただろう。しかし、現実は吾田の洞窟の中でひどい疥癬で皮膚はただれ、親類縁者に食べ物を恵んでもらいながら生きていた老婆との再会であった。そして当然ながら、今や身分違いとなった妻やその一族から恨み辛みの非難、さらに謝罪と補償の要求が遠慮なくエスカレートする。選択の余地などなく逃げ出した。海上を追跡されたが何とか振り切ると、耳に残る呪いの言葉・目に焼けつく光景・鼻を衝く悪臭を忘れるため日向の清らかな河口で海水に浸かり耳と目と鼻を注ぎ全身を清めた。以後ヤマト王権にとって薩摩隼人は血縁ながら距離を置く存在となる。こんな話は国史に記録できない。神話にするしかない。どうも「神話」には「ヤマト建国期の歴史」とかぶるような話が多い。また、それ以外にも歴史から神話に場所を移した伝承もあっただろう。※ 巻2「神話」には「祖先の伝承」がある？

第3　景行天皇の九州平定
　国史編さん会議で重臣と文人たちが取り決めた“編さん規約”の第1は、上古17人の天皇・摂政の伝承在位を「大幅に水増しする方法」だった。
　　○　在位1年を、1年〜5年　　　　○　在位2年を、6年〜10年
　　○　在位3年を、11年〜15年　　　○　在位4年を、16年〜20年
という具合にズームして水増しするというもの。従って景行紀を“本来の姿”に戻すには
　　○　景行12年〜13年の記録は、景行3年（西暦331年）
　　○　景行17年〜19年の記録は、景行4年（西暦332年）
に変換する必要がある。日本書紀が記した景行天皇の九州平定は、資料14のとおり景行12年8月15日〜19年9月20日まで「通算7年1か月」に及ぶ。しかし、7年以上もヤマトを留守にしたことになり現実味を欠く。これを5倍説で復元すれば、景行12年は景行3年、景行19年は景行4年になる。本来の姿に戻した大王の九州遠征期間は通算“1年1か月”となる。これはヤマト王権史上「神武東征の侵攻作戦」と肩を並べる。
復元・景行3年7月、九州の熊襲がヤマト王権に対して反乱を起こした。
8月15日、天皇は倭国統一の最大の山場「先進地・九州」の完全な平定を決意して、自ら甲冑を身に纏いヤマトを出発する。
9月5日、出発の半月後には山口県防府市付近の部族を討伐し、九州を俯瞰する足場を固めた。周防灘対岸の福岡県行橋へ斥候を送り「対話と圧力」により、ヤマト王権に帰順させた。九州の東側の一角に足掛かりを確保し、京都郡みやこ町に行宮（かりみや）、すなわち

大本営（第1）を設置した。いよいよ九州平定作戦を本格的に開始する。

１０月、帰順を拒否する大分県速見郡や竹田市の旧態依然とした縄文部族を討伐。

１１月、さらに南下して宮崎県入りし、高屋（現在地不詳）に行宮・大本営（第2）を移した。来たるべき「襲（そ）の国との大戦」に備えるためである。

１２月５日、帰順した福岡東部、大分、宮崎の部族長たちも集め御前会議を開き、鹿児島県の「襲の国」討伐作戦を綿密に練った。そして、大作戦は“年内に完了”したようだ。

　ところで、日本書紀編さん者は、襲の国平定を「１３年５月」とした。この箇所は、編さん上のルール違反になる。１２年も１３年も本来同じ年だから５月への逆行はあり得ない。しかも、続く１４年、１５年、１６年の３年もの期間について何の説明もなくジャンプして景行天皇１７年、仮説では景行４年（西暦３３２年）にタイムスリップする。

３月１２日、子湯県（宮崎県児湯郡）へ行き、丹裳の小野（場所不詳）で休んだ。そのとき東方を望み『真直ぐ日の出る方に向いている』のでその国を「日向」と命名した。同じ３月、「年」は景行１８年とする。景行天皇は、行宮の京に向け九州西方への巡幸を開始した。最初に夷守（宮崎県小林市細野夷守）に着いた。なぜか薩摩半島には向かわず、敢えて山道を選んで南九州を東から西へ横断した。既に交易の道があったのだろう。

４月３日、熊本県の球磨郡で大小２つの部族に対し「対話と圧力」で臨んだが、帰順しない小さい方の部族を討伐した。熊・襲とは、ヤマト王権側が一括りにして呼んだのだろう。

４月１１日、熊本県葦北郡に着き、有明の海に出た。船で小島（水島）に渡り休息した。

５月１日、有明の海を船で火の国(八代市)まで北上した。さらに、長崎県諫早市まで足を延ばした。「佐賀平野と筑後平野に跨る国」の様子を海上から視察したようだ。

６月３日、玉名市に着く。１６日、広大な阿蘇の景色を見る。

７月４日、筑紫後国（ つくしのくにのみち の しりのくに ）の大牟田市三池に着く。そして、みやま市高田に行宮・大本営（第3）を移した。大本営は、第1が九州上陸後いよいよ戦端を開こうとする時、第2が襲の国との大戦に備えた時である。ヤマト王権にとって第3とは、九州平定の最終局面にして最大の臨戦体制を敷いたことを意味している。ただならぬ緊張に包まれたはずだ。しかし、何も起こらなかった。※ P80 邪馬壹国＝し・ま・い 国

７月７日、大王は八女に着く。藤山（久留米）を過ぎ南の粟崎（アワ畑が広がる山の突端）を振向き『神は粟崎の山に居られるだろう』と詔した。その時、水沼の県主（あがたぬし）が『八女津媛という“女神”がおられます。常に“山中に”居られます』と報告した。この場面は、いったい何を伝えようとしているのだろう。大きな戦になる予感を漂わせた一方で、生身の女性を指して日本書紀がその後二度と口にしなかった“女神”という言葉。八女の山奥の宮殿に女神と呼ばれるような女性・八女津媛が紛れもなく存在した。古代の文人たちは、現代人が知りえない「古い伝承」をも丹念に集めていた。しかも、中国の史料と照合し考証した結果、その歴史的事実をしっかり把握していた。その上で、ヤマト王権の国史を完成させた。※ 政治経済の中心地「都」と信仰の聖地「女神の宮殿」の所在地は別である。

　この場面では、『女王』という中国の第一級史料に登場する呼称を用いたかったろうが、口を閉ざし言葉を濁らせている。筑紫後国には強固な北九州連合体制があり、その軍事力は陸上・海上共に秀でていた。もし、ここでヤマト王権が躓いたならば、今まで帰順していた者たちまでどう転ぶか分からない。予測不能な事態に陥る虞があった。景行天皇は“無謀な戦争”を避けた。しかし、日本書紀は『相手が“女神”だから、大王は戦争を取りや

めた』と記した。大王の決断は、８世紀の国策（戦意の高揚）とは相容れなかったようだ。
８０年ほど前、昭和天皇は国家と国民の将来のため無条件降伏という「終戦の決断」をみ
ずから下し、戦争継続を叫んで亡国さえ厭わない狂信的グループを抑えた。このようなこ
とは決して珍しいことではなく、幾度も繰り返されてきたことだろう。天皇であっても命
がけである。暗殺の歴史も残る。戦後、命を救われた国民が敬慕したのは当然だった。
８月、ヤマト王権の「対話と圧力」は、北九州連合体制を帰順に導くことはできなかった。
さらに敵地に足を踏み入れることなく、うきは市を経由して第一の行宮・京（みやこ）へ向
かった。そして、この課題はヤマト王権の「宿願」として、次の世代に引き継がれた。
９月２０日。ただし、この年は景行「１９年」だと書き入れた。景行天皇は、九州の完全
平定という課題を残しつつ大和へ帰還した。それは「古来の伝承」で、景行３年８月１５
日〜同４年９月２０日までの１年１か月に及ぶ大王率いる大遠征だった。しかし、日本書
紀は、それを景行１２年〜１９年までの７年１か月に遠慮なく"水増し"した。

第４　小碓皇子の熊襲討伐と東国平定
　景行天皇は、九州遠征の次に東国遠征を目指した。
景行天皇２５年＝復元５年（西暦３３３年）２月１２日。まずは、武内宿禰を北陸と東方
諸国へ派遣した。
景行天皇２７年＝復元６年（西暦３３４年）２月１２日、武内宿禰は任務を終え大和へ帰
り天皇に復命した。"１年"に及ぶ現地視察と協力・帰順工作だった。帯方郡の太守が邪馬
台国に郡使を派遣して現地視察と協力工作に当たらせた手法と同じだ。ただし、資料１５
のとおり、小碓皇子は「東国平定」の前に「熊襲討伐」へ出動しなければならなかった。
８月、熊襲が再び反乱を起こし、盛んに支配地を広げ失地を回復しようとしたからだ。
１０月１３日"１６歳"の小碓皇子に熊襲征討の詔が下された。父王は、皇子の初陣にあ
たり、４人もの司令官とその配下の美濃・尾張からなる大兵団を従わせている。
１２月、皇子は鹿児島に到着。熊襲の国を視察し、取石鹿文（トロシカヤ）または川上梟帥
（タケル）と名乗る反乱の頭目を謀殺した。副官の弟彦は、反乱グループを全て討伐してい
った。九州から海路帰還する途中、当時まだ海が広がっていた岡山県福山市へ立ち寄り賊
を討伐した。さらに、大阪府西淀川まで来たとき、地元の賊をも討ち取った。
景行天皇２８年＝復元６年（西暦３３４年）２月１日、小碓皇子は「２７年１２月熊襲を
平定した」ことを天皇に復命したと日本書紀は記録している。
　この記録は一見して合理的な年月日に見える。だが、日本書紀編さん者の不規則行動の
痕跡である。なぜなら、２７年と２８年は元々同じ年である。景行天皇６年を５倍するに
は、景行天皇２６年〜３０年の範囲のどこかに記録を移す。しかし、２７年「１２月」ま
で記録が進んでから２８年「２月」に逆行するのは矛盾記載だ。１２月に名だたる武将４
人が指揮する「大軍」で到着し、１２月中に大和に帰還し復命したならば、その討伐はご
く短期間の限定的なものだったことになる。小碓皇子に初陣を飾らせただけのようだ。し
かも、その内容は敵将を謀殺し、敵軍の掃討作戦は名将弟彦が指揮したという。これでは、
ヤマト王権史上"最大の英雄"に相応しくない。編さん者は何とか頑張って、復命年月日
を２８年２月１日に改ざんした。その結果伝承の中身（月日）をも改変するルール違反を
犯した。"在位水増し"を目的とする改ざんは、あくまで"在位年"に限るべきだった。

皇室の起源を中国に次ぐ長大なものにするため、最も古い１７人の王・大王の伝承在位を５倍に水増しした。つまり在位１年分の伝承を５年の長さに延長していった。その際、改ざんは「年数」だけに留め「月日」まで改ざんしないようにした。月日は、それ自体が重要な歴史的意味を持つ。いつごろ進軍した、どの季節に侵攻を開始したかなどは、登場人物がどう判断したか、的確だったか、失敗の原因になったかなどの記録になる。だから、いじるべきものではないとされた。編さん者は、担当する時代を割り振られたろう。前後の年との兼ね合いを見ながら「その年」を５倍する。機械的に５倍すれば均等にズームできる。しかし、伝承在位の年数を全て機械的に５倍すると、どの年も末尾が「五または十」の年数になってしまう。景行天皇の１年、２年、３年・・は、改変後５年、１０年、１５年・・となる。しかも、１７人の王・大王の記録が全てこの調子になるから、全く美しくない。そこで、編さん担当者は景行天皇６年ならば、２５年～３０年の中から、少しでも自然に見えるような年を１つないし数個選ぶ。そこに「月日」を伝承通りに、矛盾なく移さねばならなかった。景行天皇と小碓皇子の父子記録は、同じ担当者の手によって編さんされただろう。同じ人が連続して同じ仕事をする場合、その手法も同じになる。

　日本書紀は景行天皇２０年２月４日の記録として「五百野（いおの）皇女の祭祀」を唐突に掲げている。では、この記録はなぜそこに残されたのか。無くてもよいのではないか。これを５倍説で年数を元に戻すと、元々の伝承は景行天皇４年２月４日となっていたはずだ。すると、この伝承は「景行天皇３年１２月中に、作戦通り熊襲を平定し遠征の大きな目的の１つを達成した景行天皇が、鹿児島から大和へ急使を送り、皇女に「天照大神」を祭らせた「戦勝祈願成就」の奉納記録だったと読める。

　同様に、資料１４に、景行天皇１２年１２月５日、熊襲の討伐作戦を御前会議にかけ１３年"５月"までに全て平定したと記録している。これも５倍説で変換すると景行１２年と１３年は、共に景行３年となる。景行１２年の記録は、７月から１２月５日まで続き、１３年５月の記録が唐突に付け足されている。この付け足しの箇所も、日本書紀編さん者の不規則行動の痕跡である。伝承された１年の記録を５倍に水増しする際、７月～１２月５日に進んだ次が"同じ年"の５月へタイムスリップする。やはり、国史編さんのルール違反である。景行天皇３年１２月５日に御前会議を開き作戦を練り、１２月中にあっけなく討伐完了では、ヤマト王権の大王が遠征までした「熊襲討伐大勝利」に相応しくない。半年を要する大作戦の記録にしたかったようだ。しかし、この半年がウソなのだ。

　良かれと思ってやったことが歴史を歪め、その痕跡が歴史として残る。そもそも、上古の王・大王の在位年数が５倍に水増しされてなければ、戦前における日本書紀の研究も、戦後から現在に至る日本書紀の評価も全く別なものになっていただろう。日本国の「国史」編さん事業は、その几帳面かつ勤勉な国民性から質・量兼ね備えた古代正史を「８世紀の文化遺産」として残したと評価されたはずだ。しかし、日本書紀は「正史」でありながら、１３００年後の人々から軽視され顧みられなくなる程の不信感を残した。伝承を５倍しなければ、景行天皇３年１２月中に平定し、翌４年２月４日に戦勝を感謝して天照大神を祭らせたとなる。しかし、この祭祀記録は「５倍」水増し作業の過程で、行き場を失った。その結果、景行天皇２０年２月４日の唐突な記録にされてしまった。古代の頭脳集団は、この問題処理にも大いに苦心しただろう。ただし、彼らは苦労して集め、歴史考証によって精選した「伝承」を簡単にゴミ箱に捨てるほど不誠実な人々ではなかったことは確かだ

と言える。『国策として、上からの指示でやってしまった』と自問自答しただろう。

　景行天皇４０年・復元８年６月、東国の部族がヤマト王権の進出に対し反乱を起こす。７月１６日、景行天皇は再び小碓皇子を平定に向かわせる。そのとき皇子は『熊襲が平らげられ“まだいくらも経たぬのに”今また東国の夷が叛いた』と嘆く。しかし、日本書紀が記した年数だと、小碓皇子による熊襲討伐から「１２年」も経っている。これを５倍説で元に戻すと“２年後”だったことになる。小碓皇子が嘆くのも無理なく話は噛み合う。１０月２日、皇子は、東国へ向けて大和を出発した。

同月７日、叔母・倭媛のいる伊勢神宮に立ち寄る。これより先の道のりに「年月日」の記録は一切なくなる。ただ、能褒野（のぼの）で病没したとき「３０歳」の若さだったとのみ記した。日本書紀の編さん者は、何故そのような記録にしたのだろう。日本書紀は、皇子の年齢を２箇所で記した。その初めは、景行天皇２７年１０月１３日に「１６歳」と記した。それから１４年後の景行天皇４１年（月日不明）に「３０歳」で病没したと記した。

　しかし、これを５倍説で換算すると景行天皇２７年は６年、４１年は９年になる。僅か３年後である。そこで１６歳を基準にすると、皇子は１９歳で早世したことになる。それに対して、３０歳を基準にすると熊襲征伐は２７歳の時だったことになる。どちらが正しいのか、日本書紀編さん者は謎かけするだけで種を明かさない。日本書紀は、熊襲討伐時の小碓皇子を「美少年」としている。それからいくらも経たない東国平定で叔母を慕って訪ねる姿、恐れを知らぬ勇気と驕り、そして油断などを描写している。そこに壮年男性のイメージは感じとれない。その一方で、皇子を長身で力持ちの「逞しい体格」だったと記している。３０歳の“男盛り”だったという。つまり、どちらであるとも受け取れるように記されている。それは怪しい。

　○　「年月日」の記録を全く欠いた東国遠征を「歴史」だとしている。

　○　１６歳と３０歳の２人の人物を３年の間隔をおいて併記している。

　○　日本書紀編さん者は、神話と神武天皇以降の歴史を区別している。

これらを前提として見ると、７～８世紀までに、ヤマトの勇者（タケル）と謳われる小碓皇子の「偶像」は完全に出来上がっており、様々な伝承が真偽入り混じっていたと考えられる。ヤマト王権の人々のみならず、古代の日本社会全体にとって穢してはならない尊厳をもつ「伝説の英雄」だったのだろう。日本書紀編さん者こそ、頭を抱え込む難題だった。ただし「本物」の小碓皇子は、３０歳で病没していた。それは、在位５倍説と年齢２倍説に基づき上古の天皇年齢を算出した上で、景行天皇９年当時の人々の横並びの年齢を比較することで分かる。このとき、

　○　景行天皇５０歳、仲哀天皇８歳、成務天皇３８歳となる。（コラム０３「復元系図」）

小碓皇子の「３０歳」は、父王や我が子の年齢と符合する。しかし「１９歳」は、符合しない。１９４５年８月、日本の敗北で朝鮮半島は日本併合から解放された。だが、米ソ間の対立が始まる。ソ連は、抗日時代の“伝説の英雄・金日成将軍”を甦らせるが老人ならぬ「３３歳」の朝鮮系・ソ連軍大尉だった。２人の人物を併せて１人の「英雄」に仕立てあげることなど特に珍しくもない。

第5　神功皇后の邪馬台国討伐

　ここでも、日本書紀の在位年数を5分の1に変換すると、1～5年＝1年、6～10年
＝2年となる。この計2年が、本来伝承されていた仲哀天皇の在位年数である。仲哀紀は
足かけ2年だった在位を9年に水増しした。このような歴史の改ざんは、文人にとって気
の進まない作業である。ときとして、投げやりになったことだろう。資料16のとおり、
仲哀天皇2年＝復元・元年（西暦354年）7月5日、神功皇后はすでに豊浦（山口県下関市）
に先着していた仲哀天皇に合流した。そこに、豊浦宮（大本営）を建て9月から住んだとい
う。そこには大臣（参謀総長）武内宿禰以下の重臣たちも全員揃っていたはずである。とこ
ろが、続く仲哀天皇3年、4年、5年、6年、7年が飛んだ。当然、理由はノーコメント。
執筆を担当した文人は、何ら話の辻褄を合わせるでもなく一気に5年分の記事を省いた。
仲哀天皇8年＝復元2年（西暦355年）1月4日、九州に上陸。1月21日、いよいよ大戦
を前に香椎宮に大本営を移した。そこでは「邪馬台国」と「新羅」の討伐が御前会議の2
大テーマにされた。参謀総長が今も敬慕してやまない成務天皇が、大王の"務めを成さず"
に終わったと酷評される最大の原因は、新羅討伐の失敗だった。だからこそリベンジを必
死に主張した。それは弔い合戦でもある。しかし、世紀の英雄と語り継がれる小碓皇子の
忘れ形見・仲哀天皇は年齢こそまだ26歳だったが、その天性の慧眼は、半島事情やその
背後にある超大国の思惑、さらにヤマトの国力が持久戦に耐えるか、補給の困難さを解消
できるのかなど、それが「無謀な戦争」になることを読んでいた。両者は、早い段階から
対立を深めていった。その打開に武内宿禰が呼んだ切り札こそ、敦賀一のシャーマンで神
懸りの名人にして預言者"神功皇后"だった。景行天皇25年＝復元5年（333年）武内
宿禰は偵察と帰順工作の命を受け北陸・東国へ1年間も赴いた。このとき敦賀に繋がりを
持った。だから敦賀に祈祷の天分を持つ評判の高い巫女がいることも知っていた。資料9
「親子関係」から、神功皇后は仲哀天皇より10歳年長の36歳だった。そもそも、若い
大王には、叔父彦人大兄皇子の娘大中媛（おおなかつひめ）や大酒主の娘弟媛という妃たちや
皇子たちがヤマトにいた。これに対して神功皇后の父親は、事実としても開化天皇4代の
ひ孫。彦人大兄は景行天皇の皇子、その身分は比較にもならない。それが仲哀天皇2年1
月11日、突如"皇后"として正史に登場する。そのとき皇子も生んでない。身分の低い
10歳年上の女である。なぜか、仲哀天皇が"敦賀"に行宮を置いたことになっている。
9月5日『神功皇后に新羅討伐の神託が降りるが、そんなものを仲哀天皇は信じなかった』
とある。もし仲哀天皇8年の記録に、この9月5日の記事を挿入しないとどうなるか。
2月5日、香椎宮へ移って"2週間"。武内宿禰と青年大王が激しく対立・憎悪した揚句、
病気の症状など何一つ伝わることもなく『発病の翌日崩じた』では『暗殺された』と言う
のと同じだろう。連日のストレスからの脳溢血という診断も可能だが、何しろ若く元気な
青年だった。後世の国史編さん者は、やむなく9月5日の記事を書き入れた。すると、香
椎宮設置から仲哀天皇急死まで2週間だったのが"1年と2週間"あったことになる。
　香椎宮が目の前の海を挟んで「北の新羅」を討つための大本営とするなら、松峡（まつお）
宮は現在の太宰府市内にあり「南の投馬国・邪馬台国」を討ち九州の完全な平定、すなわ
ち倭国統一を成し遂げるための大本営だった。香椎宮から松峡宮へ大本営を前進させる
ための行軍中『神功皇后の笠が突然のつむじ風に吹き飛ばされた』という。笠が地面に落ち
転がっていく光景。日本書紀は、何ともつまらぬ話を残した。それは、なぜなのか。連日

の御前会議で議論白熱し、憎悪の激しくなるままに仲哀天皇の急死という最悪の結末となった。武内宿禰が亡骸を隠しても噂は広まる。ヤマト王権が分裂し、邪馬台国の側に多くが寝返らないかという恐怖を押しての行軍のさなか、笠は"神功皇后の首"だという悪いお告げとも受け取れた。そのときの恐怖は、彼らの記憶に強く残ったことだろう。

　これより先「熊襲反乱」との参謀総長からの至急報を受け、仲哀天皇は紀伊国の巡幸を中止し船で下関へ急行した。そこへ神功皇后が合流し、北九州も韓半島も望見できる海上拠点に、７月大本営を設置した。第１の行宮・豊浦宮である。そこで半年間何をしていたのか。ヤマト王権の創設者神武天皇以来の「対話と圧力」で北九州連合の加盟国を切り崩し、帰順させる戦略だった。どんなグループ、集団にも内輪の対立があり、抑圧がある。「鉄の掟」によって邪馬台国以下８か国が束ねられていたと魏志倭人伝は伝えている。まるで旧ワルシャワ条約機構のように、その加盟国の数まで同じだった。そこには、そっくりな状況があったのだろう。復元・仲哀天皇２年は、西暦３５５年。卑弥呼の時代から１００年が過ぎ、倭国の情勢は刻々と変化していた。景行天皇の九州親征から２０年余り後に、ヤマト王権が再登場した。ここに至って、北九州事情もついに動き始める。奴国らしき岡県と伊都国の支配者が豊浦の大本営に寝返り『天下を平定してください』などと帰順した。まずは、邪馬台国支配に亀裂を入れる事が出来たようである。

　翌年の復元・仲哀天皇２年１月４日、いよいよ帰順者の先導で九州に上陸した。そして、１月２１日、第２の大本営・香椎宮の設置となる。このため、１００年前には加盟国を畏れ憚らせていたと倭人伝が記した一大率は、今や伊都国・奴国らの離反に遭い囲まれる側になった。急ぎ邪馬台国の防衛ラインを確保するため『翼をもっている』と恐れられた機動力を生かし、軍団長・羽白熊鷲の本拠地荷持田村（にとりたのふれ）に配置転換した。そこは後世の秋月城にも近い古代からの戦略拠点だった。（２月５日、香椎宮で青年大王暗殺）
３月２０日、おそらく夜須（やす）高原が両軍の激戦地となっただろう。神功皇后がこの安（やす）の地で『勝って、心を安（やす）んじた』と語ったとされる。
３月２５日、ここで参謀総長は休む間もなく、邪馬台国の聖地である"女王の宮殿"を電撃的に攻撃させた。あたかも米軍によるウサーマ・ビン・ラーディン殺害と同様の戦術だ。居館の機密情報は、帰順者からすっかり伝わっていた。夜須の合戦が形勢不利と聞き、敵を挟撃するべく守備隊も出撃せざるを得なかったのだろう。虚を突かれた邪馬台国守備隊は、引き返して女王救援に向かうが時すでに遅かった。兄・夏羽の部隊は、妹が殺害されたことを知ると完全に戦意を喪失し潰走した。卑弥呼の時代は、女王の弟が補佐して国を治めていたという。この時は、女王の補佐役は兄だった。当然、その後の停戦合意に向けた講和の席には、兄・夏羽が敗戦国の全権代表としてついただろう。だから、その名前はヤマトの歴史に記録された。同様にヤマト側でも女帝を"血の繋がらない息子"が補佐して国を治め"女帝"は鬼道を専らにした。邪馬台国の統治システムを参考にしたようだ。

　仲哀天皇２年＝復元・元年７月５日、豊浦に３人が集合した。それから仲哀天皇９年＝復元２年３月２５日"邪馬台国最後の女王"田油津媛（たぶらつひめ）を殺害した。通算９か月に及ぶ上古ヤマト史上の大作戦だった。この大作戦の中には"青年大王の暗殺"も含まれていた。それを日本書紀は、仲哀２年７月５日〜９年３月２５日まで通算"６年９か月"の大遠征だったと記した。いずれにせよ、それは景行天皇の九州平定に次ぐ大記録である。

　占領政策として、九州一の大国「邪馬台国」の権威と誇りを失わせるべく、その聖地の

名は「山門県」（やまとあがた）に変えられた。スペイン人は、征服した島国にフェリペ皇太子の名を付けたが、今でも国名として残っている。同様に、みやま市高瀬町には山門（やまと）という"新しい地名"が今も残る。この地名は、当然ながら景行天皇が巡幸したときには無かった。さらに、洛陽まで外交使節を送った国を「土蜘蛛」と呼んだ。また、物理的な破壊も徹底したはずだ。当時大切に保存されていた卑弥呼以下歴代女王の墳墓は、ことごとく埋葬品を暴いた後にその原形を留めないようにしただろう。従ってそれを発掘調査することはとても困難となる。半面、破壊の痕跡が顕著な墳墓こそ、邪馬台国女王「卑弥呼」の墓を発見する上で重要な手掛かりになるのではないか。勝利者は、景行天皇と追号されたヤマト王権の大王でさえ足を踏み入れる事が出来なかった筑前・筑後、さらには肥前にも足を踏み入れて勝利の実感を味わったという。

　しかし、決して帰順しなかった邪馬台国と北九州連合を平定することが、参謀総長の最終目標ではなかった。海の向こうに広がる「韓半島の平定」こそが、本当の狙いだった。武内宿禰にとっては、何が何でも成務天皇の悲願を達成し、失われた大王の名誉を回復することが自分の命に代えても成し遂げねばならない宿願だった。勝利から僅か半年、平定した"北九州勢"を中心とする大兵団が半島に送り込まれた。かくして、秀吉の時と同じく多くの反対を押して全く同じ作戦が立てられた。

［卑弥呼の墳墓説］　※　三池－八女－藤山－祇園山 が、九州自動車道沿いに南から北へ繋がる。
　福岡県久留米市御井町 299（高良山の西裾）に所在する「祇園山古墳」は昭和 45 年に九州自動車道建設工事の際発見され"地元民の強い要望"をうけ保存されたという。なぜなら、その築造推定年代が 3 世紀半ばの方墳で頂上部からは槨（ひつぎうわぶた）がない石棺、墳墓の周囲からは 66 以上もの甕棺・石棺や副葬品の一部が発見されたからである。この破壊と盗掘を受けた古墳は筑紫平野を眼下に見渡せる高台にあり、その南側には 5 基の古墳も見つかった。一方、その 30km 東に位置する大分県日田市から昭和 8 年に鉄道工事の際、「魏の曹操の鉄鏡」と酷似する"金銀錯嵌珠龍文鉄鏡"（中国でも極めて希少かつ特別な鏡）が発掘されていた。なぜ、日田市からこんな"特別な鏡"が出土したかは定かでない。

～コラム04　在位早見表～

日本書紀の在位年	仮説年	日本書紀の在位年	仮説年
１～５	１	５１～５５	１１
６～１０	２	５６～６０	１２
１１～１５	３	６１～６５	１３
１６～２０	４	６６～７０	１４
２１～２５	５	７１～７５	１５
２６～３０	６	７６～８０	１６
３１～３５	７	８１～８５	１７
３６～４０	８	８６～９０	１８
４１～４５	９	９１～９５	１９
４６～５０	１０	９６～１００	２０

※ 在位5.倍の水増し範囲は、上古１７代（１６天皇・１摂政）に限定された。

干支（10干12支）の規則性と問題点　　　※ 干も支も、それぞれに繰り返し続ける　→

10干	甲 コウ（きのえ）	乙 オツ（きのと）	丙 ヘイ（ひのえ）	丁 テイ（ひのと）	戊 ボ（つちのえ）	己 キ（つちのと）	庚 コウ（かのえ）	辛 シン（かのと）	壬 ジン（みずのえ）	癸 キ（みずのと）	(甲)	(乙)
12支	子 シ（ね）	丑 チュウ（うし）	寅 イン（とら）	卯 ボウ（う）	辰 シン（たつ）	巳 シ（み）	午 ゴ（うま）	未 ヒ（ひつじ）	申 シン（さる）	酉 ユウ（とり）	戌 ジュツ（いぬ）	亥 ガイ（い）

　１０干は６回、１２支は５回のローテーションで甲子(第１組)～癸亥(第60組)までの干支を６０組つくる。この６０組の干支で６０年分を言い表す「干支暦」は６０年で一周する周期を繰り返しながらずっと「暦年」を数え続ける。人々の寿命が短い"時代"なら６０年でほぼ全員入れ替わるからそれで充分だった。(現代では、一つの時代が８０年以上つづく？)

　日本書紀は、在位の年数を数字で表す一方、適宜の年に干支も書添えた。ヤマト王権の初代在位記録に『辛酉の年。神武天皇は即位した。この歳を神武元年と為す』と記した。また、推古天皇在位元年の文末には『この年、太歳癸丑』と記した。干支の順番から推古９年の干支は必然的に辛酉になる。神武天皇～崇峻天皇までの在位の合計は１２４２年。その間の空位合計は５年。仮説・飯豊在位は５年。推古天皇の在位途中の８年（庚申）までの総合計は１２６０年（干支60年×21周）になる。これは、那珂通世の説とも符合する。

　ところで「規則正しい干支」を日常生活の中であたりまえに暦・時刻・方位などに用いていた人々が干支に"素朴な疑問"を感じるだろうか。「干支の組み合わせ」は６０とおりで一巡し、その６０とおりを６０年にあてはめ「６０の干支」で６０年を数える。自分が生きている時代だけならまだしも、話題が数百年前に及べば誰も"文人の干支計算"についていけまい。聞き流すだろう。毎年１年足していく"西暦"とは大違いだ。なお、文人は"たった２文字"の干支をヤマト王権史の全ての年に添えなかった。なぜだろう？

第4章　記録の対照　～論より証拠～

資料17		中韓の記録（1）	※ 太線内は「ヤマト王権 VS 中韓」の国交、戦争の記録。
代	天皇諡号	復元在位	中国・韓国の記録
1	神 武	１８２〜１９６	146〜189 倭国大乱［後漢書］　　173 卑弥呼の使者［新羅本紀］ 178〜184？卑弥呼を女王に共立［梁書］
2	綏 靖	１９７〜２０３	
3	安 寧	２０４〜２１１	
4	懿 徳	２１２〜２１８	
	空位1年　　２１９		
5	孝 昭	２２０〜２３６	
6	孝 安	２３７〜２５６	238 卑弥呼を親魏倭王に叙す　240 郡使梯儁を派遣　247 交戦 報告に郡使張政を派遣　248？壹與を女王に共立［魏志］
7	孝 霊	２５７〜２７１	266 倭国が朝貢、これ以後途絶［晋書］
8	孝 元	２７２〜２８２	
9	開 化	２８３〜２９４	↓ ここからが中韓による "ヤマト王権の記録"
10	崇 神	２９５〜３０８	300 倭国と国交を結ぶ［新羅本紀］
11	垂 仁	３０９〜３２８	312 求婚に応じ女子を送る［新羅本紀］
12	景 行	３２９〜３４０	
13	成 務	３４１〜３５２	344 求婚拒否　345 国交断絶　346 金城包囲戦［新羅本紀］
	空位1年　　３５３		
14	仲 哀	３５４〜３５５	
摂政	神功皇后	３５６〜３６９	364 四月倭兵大挙襲来［新羅本紀］
15	応 神	３７０〜３７７	375 近尚古王没し、貴須王即位［百済本紀］
	空位2年　３７８・３７９		↓ ここからが半島への本格的な進駐と三韓の服属。
16	仁 徳	３８０〜３９６	395 倭が391年(から)海を渡って来るようになり(今では)百済・ □□・新羅を破り臣民にした［好太王碑］
		（215年間）	

※　57　後漢の光武帝が、奴国王に金印を下賜。［後漢書］

※ 107　倭国王・帥升が生口を献じ、安帝に拝謁を願う。［後漢書］

※ 193　六月、倭人千余人が食糧を求めて来る。［新羅本紀］

※ 397　太子腆支を人質として倭へ送る。［百済本紀］

資料18	中韓の記録（2）		

代	天皇諡号	復元在位	中国、韓国の記録
17	履中	397～402	397 太子腆支を倭へ人質に送る［百済本紀］ 400 新羅城救援の大軍を派兵［好太王碑文］ 402 奈勿王の遺子・未斯欣を倭へ人質に送る［新羅本紀］
18	反正	403～407	404 帯方界に侵入した倭軍を潰敗させた［好太王碑文］ 405 太子腆支が帰国した［百済本紀］
	空位1年	408	
19	允恭	409～450	413 倭国［晋書］421 讃 425 讃～？年 珍 443 済［宋書］
20	安康	451～453	451 済～？年 興［宋書］ ※ 451年の遣使は允恭政権が送った。
21	雄略	454～476	462 興～？年 武［宋書］
22	清寧	477～481	478 武［宋書］479 武［南斉書］～？年 武［梁書が補足］
仮説	（飯豊）	482～486	※ 宋⇒南斉へ禅譲。ヤマト使節は残留して斉にも朝見した？
23	顕宗	487～489	
24	仁賢	490～500	
25	武烈	501～508	502 武［梁書］
26	継体	509～533	※ 倭の五王＝ 1允恭、2安康、3雄略、4清寧、5武烈？
27	安閑	534～535	
28	宣化	536～539	
29	欽明	540～571	
30	敏達	572～585	
31	用明	586～587	
32	崇峻	588～592	
33	推古	593～628	600 第1回遣隋使 607 第2回 608 第3回 ［隋書］
		（239年間）	※ 遣隋使は推古天皇の時代。

※ 418（允恭10）年 未斯欣が新羅に逃げ帰る。［新羅本紀］　※ ゴーン被告の海外逃亡と同様の手段。

※ 外交使節や国書便が到着するには片道1年も要した。派遣側記録と受入側記録は1年ズレる。

※ 425（允恭17）年～（年代不詳年）「その後 讃 が死に弟 珍 が立ち入貢し官職を自称した」［宋書］

※ 451（安康1）年～（年代不詳年）「その後 済 が死んで、世子 興 が立ち入貢した」［宋書］

※ 462（雄略9）年～（年代不詳年）「その後 興 が死んで、弟 武 が立ち官職を自称した」［宋書］

※ 462（雄略9）年 倭人が活開城を破り千名を捕え連れ去った。［新羅本紀］

※ 479（清寧3）年～（年代不詳年）「斉の"建元年間"に 武 を鎮東大将軍に除した」［梁書］

※ 670（天智9）年 倭国が国号を"日本"と改めた。［新羅本紀］

※ 中国は、前王朝の日中記録を後の王朝の正史が引用した。「当事国」がボヤケる弊害を生む。

資料19 日中韓朝年表　　※ 紀元前50年～紀元418年の「日本記録」を抜粋。

	日本書紀 (復元年表)	中国正史 (後漢書・魏書・晋書)	三国史記 新羅本紀	百済本紀	好太王碑文 高句麗
-50 B.C		前漢	-50 倭人侵入 -20 馬韓王と瓠公 　　が流民協議		
A.D 50		新 後 漢 25	14　倭人侵入		
100		57 漢の委の奴国王 ・金印を授与	57　脱解王が即位 59　倭国と修好 73　倭人侵入		
150		107 倭国王帥升 146～189 ・倭国大乱	121 倭人侵入 123 倭国と講和 145 南部飢饉反乱		
200	182 ヤマト建国	・卑弥呼共立	173 卑弥呼の使者 193 倭人大飢饉		
250		魏 220	238 親魏倭王・金印 247 卑弥呼死亡？	232～294 　　倭人侵入6回		
300		晋 265	266 倭人が朝貢 ～以後途絶～	300 倭国と国交		
350	307 任那が朝貢 309 新羅王子渡来 341～352(成務帝)		310～356(訖解王) 344 求婚拒否 345 国交断絶 346 倭軍金城包囲		
400	355 新羅出兵 ① 365 新羅出兵 ② 390 新羅出兵 ③		350 大洪水 364 倭兵大挙侵入 393 倭軍金城包囲	397 人質	391 倭が侵攻 400 新羅派兵
450	403～407(反正帝) 417 新羅から弔使	413 倭国が朝貢 ～国交再開～	402 倭へ人質送る 418 人質逃げ帰る	405 帰国	404 倭を撃退 407 百済?討伐

~ 71 ~

資料20 外国との戦争記録　※ 好太王碑文414年、日本書紀720年、三国史記1145年

	戦争	半島側の記録
新羅本紀	346	倭兵が風島に出現、金城を急襲するも籠城戦で糧食尽き退却。これを追撃して敗走させた。
	350	巨大"洪水"が国土を襲った。
	355	対日降伏記録なし
	356	4月、訖解王は薨去した。
	364	倭兵の大軍が出現。直進する倭人を伏兵が襲い大敗走させた。追撃して殺し尽した。
	373	対日紛争記録なし
	393	倭人が金城を5日間包囲したが籠城し退却する帰路を騎兵と歩兵が挟撃し大敗させた。
好太王碑文	391	倭が半島に渡来して百済□□新羅を破り臣民にした。
	399	新羅は倭に占領された。そこで大王に救援を願ってきた。※ 新羅本紀に救援記録なし
	400	大軍を新羅城へ派兵。戦わず退く倭軍を任那、加羅、従抜城まで追撃・・降伏・・(判読不能)
	404	倭が帯方界に侵入したが、これを潰敗させ無数に斬殺した。
	407	百済?に大軍を派兵。各地で合戦に勝利して大戦果を挙げた。

在位	戦争	日本側の記録（復元年表）
341〜成務〜352	346	戦争記録なし　成務紀は、即位当初の事績を記す。
	353	崩御後の空位1年
356〜神功皇后〜369	355	軍船をのせた"波"が国の中まで及んだ。新羅王は、戦わずに白旗を揚げて降伏した。(新羅王殺害説を併記)
	365	倭・百済の連合軍が卓淳国に集結し、新羅を破った。安羅・加羅等7ヶ国を平定。済州島を滅ぼし百済に与えた。
応神	373	新羅出兵、王は怖れ恭順した。
	375	(高麗王国書を太子が破り捨てた)
380〜仁徳〜396	390	新羅が朝貢を拒否。派遣軍は騎馬を投入し新羅軍に勝利。数百人を殺害して4つの邑の人民を連れ帰った。
	391	呉国・高麗国が共に朝貢に来た。
397〜履中〜402	399	戦争記録なし
	400	戦争記録なし
403〜反正〜407	404	戦争記録なし　反正紀は、事績をほぼ欠いている。
	407	戦争記録なし
	408	崩御後の空位1年

※ 成務紀〜反正紀までのヤマト王権史に「新羅や高句麗との負け戦」の記録などどこにもない。
　ヤマトは半島進出の開始以来、快進撃を続け"常に負け知らず"だったと主張した。

～コラム05 日中外交記録（ヤマト）～

日本書紀	復元在位		日本書紀の記録
仁徳 ５８	３９１	晋	１０月、呉国(東晋)・高麗国が"並んで"朝貢した。
雄略 ６	４５９	宋	４月、呉国(宋)の使者が貢物を献上した。
雄略 ８	４６１	宋	２月、使者を呉国へ派遣。(461年ヤマト出発→翌462年到着)
雄略 １２	４６５	宋	４月４日、再び派遣。(465年ヤマト出発→翌466年到着)
雄略 １４	４６７	宋	１月１３日、使者が呉国の使者を伴い帰国した。呉国が献上した才伎を率いて住吉の津に泊まった。呉国の使者のため呉坂を造った。(465 日本出発→466 宋到着・帰路→467 帰国) ３月、臣・連らに呉国の使者を歓迎させた。衣縫の兄媛は大三輪神社に奉り、弟媛を漢の衣縫部とした。

※ 古来、日本人は中国南朝を呉国（くれのくに）と呼んだ。行程は片道１年。つまり、到着は翌年。
　　日本書紀は雄略天皇の呉国派遣が２回あったと記す。復元在位年は中国記録とそれなりに重なる？

南朝正史		復元在位		中国の記録（晋書・宋書・南斉書・梁書）
晋 317	３９１		仁徳12	(晋が日本へ使節を送った記録はない)　　　※ 東晋317～420年
	４１３	允恭	5	高句麗・倭国・西南の夷が"並んで"方物を献上。(安帝紀)
宋 420	４２１	允恭	13	倭の讃が入貢。(新来の国王を呼捨てし、叙位の期待をもたせた？)
	４２５	允恭	17	"倭王"讃が入貢。(中国はやっと"倭国王"とした)
	不詳年			讃が死に弟珍が立ち入貢。安東大将軍を自称、安東将軍とした。
	４４３	允恭	35	倭王済が入貢。安東将軍・倭国王とした。
	４５１	安康	1	倭王済に六国諸軍事を加えた。(450 允恭末年に派遣→451年到着)
	不詳年			済が死に"世子"興が入貢。(450 允恭派を打倒した新政権も急派？)
	４６２	雄略	9	世子興を安東将軍・倭国王とした。(追号のため亡兄の名で派遣？)
	不詳年			興が死に弟武が立ち安東大将軍を自称。(465 派遣→466 到着？)
	４７８ ↓残留 ↓禅譲	清寧	2	倭王武が皇帝に"上表文"(高句麗を討てずに死んだ父・兄の遺志を継ぐ旨を述べ昇進を請願)を奉じた。 武を安東大将軍とした。 (亡父王に追号するため父の名で477年文書発出→478年文書送達)
斉 479	４７９	清寧	3	新王朝斉も同じ処遇。すると武は鎮東大将軍を自称した。
	不詳年		479～482	建元年間に鎮東大将軍とした。※ 後年、梁書が南斉書を補足した。
梁 502	５０２	武烈	2	倭王武を征東将軍に進ませた。(武烈元年に派遣→翌2年に到着) ※ 武烈天皇は外交名武を襲名。使者が到着すると、梁になっていた。

※ 日中の外交記録が重なるのは"允恭時代"からである。允恭は亡兄讃・亡兄珍・本人済を、安康は本人興を、雄略は亡兄興・本人武を、清寧は亡父武を、武烈は襲名した武を各々使用したようだ。
※ "倭王武の上表文"は、雄略天皇ではなく清寧天皇が亡父の名で477年に順帝へ発した外交文書。
　　復元在位年表（2）から、476年＝雄略末年、477年＝清寧元年。一方、順帝の在位は477～478年。

~コラム 06 日韓の人質記録~

日本書紀　A→C→B順	三国史記　C→B→A順	
仲哀紀・神功紀・応神紀（西暦換算）	百済本紀	新羅本紀

日本書紀（仲哀紀・神功紀・応神紀〔西暦換算〕）

200 新羅から微叱己知を人質にとる（庚辰）仲哀9年　A1
205 微叱己知の帰国を"許す"（乙酉）神功5年　A2

255 肖古王薨じ"翌年"貴須が即位（乙亥）神功55年　C

277 百済から直支を人質にとる（丁酉）応神8年　B1
285 直支を帰国させ即位させる（乙巳）応神16年　B2

［ ウソの二段重ね ］
1 古い在位を5.倍水増しした。
2 人質記録等の場所を移動した。
　C を 応神紀から 神功紀へ移動
　B1 を 履中紀から 応神紀へ移動
　B2 を 反正紀から 応神紀へ移動
　A1 を 履中紀から 仲哀紀へ移動
　A2 を 允恭紀から 神功紀へ移動
　韓国側CBA⇒ 日本側ACB順
なお、C・Bは120年遡らせ、干支を合わせた。だが、A1は単純に202年遡らせた。なぜか？
　日本は、白村江の海戦以降ずっと敗戦国を引きずった。だから、舎人親王は①今見習うべきは厩戸太子の対等外交②その強気の源泉は半島で新羅を圧倒した神功皇后伝説だとした。だが"新羅征伐"に華々しい戦果はなく他の場所から切り取った。その際、干支まで合うものなどそうそう見つからなかった。

百済本紀

375 近肖古王薨じ近仇首王即位（乙亥）　C

397 太子腆支を人質に送る（丁酉）　B1
405 腆支が帰国し即位（乙巳）　B2

※ 日本側の呼称
　近肖古王 を 肖古王
　近仇首王 を 貴須王
　腆支 を 直支

新羅本紀

350 巨大洪水が新羅を襲う

402 未斯欣を人質に送る（壬寅）　A1

418 倭国から逃げ帰る（戊午）　A2

※ 日本側の呼称
　未斯欣 を 微叱己知

第1　中韓の記録（1）

　邪馬台国の記録が、後漢・魏・晋などの正史に残された。中国は、邪馬台国の女王を
"倭国王"と呼び２６６年の入貢まで邪馬台国を倭国の代表とみなしたようだ。同様に韓
国も５９年倭国と国交、１２３年倭国と講和、１７３年「倭の女王」卑彌乎が使者を派遣
してきたと新羅本紀に記録した。最終的に邪馬台国を倭国代表とみなしたことが窺える。

　しかし、３００年を境に韓国はヤマト王権を倭国の新たな代表とみなし始めた。ただし、
倭国の代表がいつどのようにして邪馬台国からヤマト王権に変わったのか、何も説明しな
いまま邪馬台国抜きの日韓関係を記録していった。３００年に新羅（基臨王）は倭国（復元・
崇神天皇）と新たに国交を結んだ。だが３４５年、倭国王（復元・成務天皇）が国交を断絶し
たという。そして翌３４６年、倭兵が新羅の都・金城を包囲した。この間は、 資料1 復元
在位年表（1）のとおり成務天皇の時代（３４１～３５２年）にあたる。ただし、日本書紀の
成務紀は"日韓の国交と戦争"の記録など何ひとつ残していない。しかし、韓国側が新羅
とヤマト王権の「国交」と「戦争」の始まりを正史にしっかり残していた。

　一方の日本側は、復元３５５年の神功皇后の新羅征伐が日韓戦争の始まりと記録した。
新羅は戦わずに降伏したという。しかし、今度は韓国側の記録に何もない。災害復興中の
新羅が外交戦術で交戦を回避したようだ。復元３６５年、神功皇后の２回目の新羅征伐記
録がある。このときは双方が交戦記録を残した。韓国側の記録では３６４年、倭人が大挙
して新羅を攻めたが伏兵に敗れた倭人は逃走したという。さらに、高句麗の好太王碑文は
『倭兵が、３９１年から海を渡って来る（駐留）ようになり百済□□新羅を破り臣民にした』
という局外者の観察記録を残した。これを日本書紀は復元３９０年、仁徳天皇の新羅征伐
として記録した。一方の韓国側は３９３年、倭人に金城を５日間包囲されたが退却する賊
を挟撃して大敗させたと記録した。だが、４０２年奈勿王の遺子未斯欣を人質として倭へ
送ったという。戦局は高句麗が記録したとおりだったことを控え目に伝えた。なお、この
新羅征伐は、仁徳～履中天皇まで父子２代に及ぶ"１０年戦争"に拡大していった。

　新羅本紀は「敗戦記録」を必ずしも記録しなかった。その一方、日本書紀には３４６年
の交戦記録が全くない。同じことは日本書紀にも当てはまる。国と国の戦争記録を残さな
い歴史書には"重大な欠陥"がある。真相を究明し「補正」しなければならない。

第2　中韓の記録（2）

　倭の五王の時代に入ると「仁徳天皇までの水増しされた長大な在位年数」は姿を消す。
従って"飯豊在位５年"を加えた復元在位年と、歴史の専門家が「干支」を参考にして計
算した在位年は、少しのズレしかなくなる。中国の正史は、西暦２６６年を区切りとして
一旦倭国の事情を記録にとどめなくなってしまう。３１３年に楽浪郡を、さらには帯方郡
も高句麗に滅ぼされ半島経営から手を引いたからだろう。とりあえず倭国には遠交近攻の
戦略的価値がなくなった。一方で、倭国の側にとっても半島の「郡」を通じて中国へ比較
的容易に朝貢することができなくなる。さらに、半島から超大国の脅威が去った今、朝貢
する必要性も小さくなったと判断したろう。日本の古代史における『謎の４世紀』とは、
中国の正史から倭国の記録が消えたことを指しているに過ぎない。倭国が消えたわけでも
鎖国したわけでもない。この間も、韓国側による倭国関連の記録がずっと続いたことは、
資料17 のとおりである。１２世紀編さんの三国史記（百済本紀・新羅本紀）は日韓人質事件

に関して

    C   ３７５年、１３代近肖古王が薨去し"同年"１４代近仇首王が即位した。
             ［百済本紀］   ※ 日本側呼称 ⇒ 肖古王と貴須（くるす）王

    B   ３９７年、太子腆支を人質に送り、４０５年帰国が許され即位した。
             ［百済本紀］   ※ 日本側呼称 ⇒ 直支（とき）

    A   ４０２年、先王の遺子未斯欣を人質に送ったが、４１８年逃げ帰った。
             ［新羅本紀］   ※ 日本側呼称 ⇒ 微叱己知（みしこち）

という韓国側の記録を残した。ところが８世紀編さんの日本書紀は"同じ事件"について

    A   ２００年（仲哀９年）、神功皇后の第１回新羅征伐の際に微叱己知（未斯欣）を人質
        にとり連れ帰った。その後、２０５年（神功５年）に人質を許して帰国させた。
        あくまで帰国途中に逃げたとする。お膝元から忽然と逃げられたとは言わない。

    C   ２５５年（神功55年）、１３代肖古王（近肖古王）が薨去し、翌年（神功56年）
        １４代貴須王（近仇首王）が即位した。

    B   ２７７年（応神8年）、応神天皇が百済の太子直支（腆支）を人質にとった。その
        後、２８５年（応神16年）に応神天皇は太子を帰国させ18代直支（腆支）王に
        即位させた。

とする日本側の事件発表をした。しかし、人質を送った側、自国の王の薨去や即位を伝えた側の記録と対照されると"日本書紀のウソ"は白日の下に晒される。しかも、水増しされた在位年数をそのまま西暦換算すると、２００年〜２８５年ころの事件だと主張したことになる。日本書紀編さん委員会は、どうしても神功皇后第１回新羅征伐に花を添えたかったようだ。また、その後継者たる応神天皇に三韓を従えるヤマトの大王として、それに見合う華々しい事績が欲しかったようだ。しかし、時系列の記録を一箇所でもいじると思わぬ所にほころびが生じる。「百済の王位継承という海外ニュース」が応神天皇の在位記録に残っていたようだ。花を添えるために遡らせた"18代"直支（腆支）王の即位記録が１３代肖古（近肖古）王の薨去と１４代貴須（近仇首）王の即位記録の前に飛び出た。そこで今度は、肖古（近肖古）王と貴須（近仇首）王の薨去と即位記録を神功皇后５５年と５６年まで遡らせて見せた。どうせ「滅んだ国」の歴史だからと侮ったのだろう。なお海外では上古から「先王が薨去した年に新王が即位する」のが一般的だった。

  なぜ、こんなに面倒で手の込んだ歴史改変をしたのか。その『動機』を明らかにするためには、日本書紀が誕生した時代におけるヤマト王権の人々の『立場』を考えねばならない。彼らの心の中には「神功皇后の時代」に対する強烈な憧れがあった。日本書紀編さんから４０数年後、神功皇后・応神天皇にも『神』の称号を贈った。神武天皇、崇神天皇に比肩される程の人気があったからだ。正に"不敗神話"だった。それとは対照的に「成務天皇・反正天皇の時代」は、半島への外征が大失敗に終わり空位の大混乱まで招いた。そして「天智天皇の時代」には、唐・新羅連合軍に完敗し半島から追い落とされ、その後はずっと敗戦国を引きずっていた。そんな時代に『日本の威信を取り戻そう』とする立場の人々にとって、最も欲しかったアイテムは"神功皇后の時代"であり、目障りだったのが"成務天皇・反正天皇の時代"だった。だから日本書紀は、まるでオペラのように神功皇后の時代を大合唱した。その一方で、成務紀・反正紀には情け容赦なく大ナタを振った。

  しかし、何故それほどまで「芝居じみた表現」が許されたのか。その答えは、日本書紀

が編さんされたころ、日本が置かれていた『状況』に求められる。7世紀の後半、日本は百済・新羅の台頭の前に任那を維持できなくなった。そこで半島内の対立と紛争に乗じようとしたが、肩入れした百済は660年に滅んだ。さらに、その巻き返しに出た陸海一大決戦では得意の海上戦（白村江の戦）で、唐・新羅連合軍に完敗してしまう。その後、地上戦でも兵員・物資の補給がつかなくなり日本は半島の足掛かりを完全に失った。敗戦から28〜9年も過ぎ、かつて占領していた南の島から横井庄一さんや小野田寛郎さんが帰還したニュースで日本中に衝撃が走った。同じく古代日本でも敗戦から30年を経て、老いた日本兵捕虜たちが大陸から帰還したニュースがヤマトに届けられたという。一方では、中韓の関係次第で強勢な連合軍が半島から日本国を攻め従わせに襲来する恐れがあった。『嘆き悲しんでばかりいられない』厳しい国際情勢の下にあった。大王以下の倭国支配者層は、あらゆる場面で士気を鼓舞しなければならなかった。そんな時代に国史編さん事業は完成の時期を迎えた。執筆した文人たちは、様々な伝承を掘り起し許される範囲で“軍神の時代”の輝きを今の世に復活させようとした。しかしながら、国史編さん者が「編さん」ではなく“創作”に走ることは、千年の後までも取り返しのつかない「国史否定」となることを彼らも常々戒めていた。そのことは、神功皇后や応神天皇の事績に後世の人質事件を移し替えた“手口”にはっきり残っている。大して伝わってもいない「戦果」に期待を裏切られつつ、筆先ひとつで華々しい戦果を無尽蔵に生み出そう等とは考えなかった。自分たちの歴史考証能力が足りなかったからだとして、数十年も後の事件をそのまま繰り上げるに止めている。（復元年代と比べたズレ。日本書紀年代とは最大202年もズレる）もちろんそれは、国史編さん作業で絶対に許されない“改ざん”行為である。しかし、その反面において『有りもしない架空の話を創作しなかった』という日本書紀の「信用性」を逆に裏付ける重要証拠でもある。この点に関して、8世紀の国策と対照すべき約80年前の昭和の映像が残っている。大本営の参謀が胸を張り「帝国陸海軍部発表」としてデタラメな戦果をこれでもかと並べ立て、天皇から国民までを騙している映像だ。『聖戦という大事業を遂行するため今は士気を落とすわけにはいかないのだ』などと正当化した。それと比べれば、日本書紀は『それ以上ではないが、それ以下でもない』と断言できる。日本書紀の愚行は専ら“摂政”身分の神功皇后と厩戸太子の“神・聖”化に限定された。

　謎の4世紀が終わると150年近い沈黙が破られる。晋書413年の記事で倭国が歴史の舞台に返り咲いた。中国の正史は有名な「倭の五王」に関し、晋書、宋書、南斉書、梁書で共通した王の名を挙げ、各書連携しながら記録した。それにしても、晋の文人は、西暦266年以来の倭国代表使節に対して、それまでの事情を聞き質したはずだ。何と答えたのだろう。また、倭国の大王がなぜ中国式の名称を使ったのか。讃を履中天皇としても、日本書紀復元年代と中国の記録は10年以上ずれる。全体的にうまく重ならない。従って、日本書紀復元年代の天皇と讃・珍・済・興・武を比定しようとしても、完全で明快な結論に至らない。そもそもが“外交文書上の五王”は偽名の王であり実体が不明の王である。

　ところで、日本書紀の記録と中国正史の記録を客観的に対照して、歴史事実を明らかにしようとする方向性に疑問の余地はないはず。呉という国名は、春秋時代や三国時代にあったが、古来日本人はDNA的懐かしさもあってか、我が国の習慣として「南朝」の国や南中国にある国を“呉（くれ）の国”と総称して呼んだ。今でも呉服という言葉を使う。「倭の五王」を記録したのは、全て「南朝」の中国。一方、日本書紀も「隋」との外交を

取り上げるまで、仁徳天皇から雄略天皇までずっと呉国との外交記録が続く。日本側は、仁徳天皇の時代に、呉国と高句麗が揃ってヤマト王権に使節を送ってきたと記す。復元・３９１年に当たる。この当時の南朝は東晋だが、北魏の脅威に晒されたのは宋の時代になっても続いた。遠交近攻の基本通り、冊封国になっていた高句麗を案内・通訳として好を通じに訪れたのだろう。超大国中国と国交のなかったヤマト王権は、贈り物を携え冊封を勧めに来た使者を朝貢に来たと受け取る。しかし、来訪の目的は、倭国が韓半島に武力侵攻し百済・新羅を圧倒したという最新ニュースを高句麗から聞き、その軍事力を確かめたうえで北魏に対抗する戦略に組み入れたかったに過ぎない。魏の帯方郡が邪馬台国に接近した時と全く同じ展開である。冊封入りの事前交渉は、贈り物と事務担当者レベルの接触に過ぎず、東晋の歴史記録に残らなかった。だが、日本側は相手国から提供された莫大な利益に心を奪われ長く記憶にとどめた。仁徳５８年、復元・３９１年の記録が残る。中国南朝の贈り物攻勢は続き雄略６年にも受けている。当時の人々が見た事もない品物だった。

　倭国の大王は、雄略８年・復元４６１年、宋へ「冊封受諾」の使者を送った。４６２年、宋は雄略の申し出を喜んで受け入れ、その後興の弟武が倭王になったと公式記録に残した。その恩恵として、雄略１２年・復元４６５年から倭人を長期ホームステイさせて見聞を広めさせた。その２年後、雄略１４年・復元４６７年には、彼らの帰国にあたり縫製技術者多数を連れて帰らせたという。古代日本の縫製技術、さらには服飾全般にわたり“文明開化”が起きた可能性がある。それは、中国の冊封に入ったことと引き換えに与えられた中国の恩恵である。当時、男女を問わず倭人の目を釘付けにした中国ブランドの服は、大きな衝撃と憧れ、さらに流行を生む。それは今でも『呉服』という言葉で記憶されている。日本に縫製や服飾センスを伝えた兄媛（えひめ）は年長者の師範、弟媛（おとひめ）はまだ年齢も若い準師範というところか。家族や約束した人たちと引き離され遠く大海を挟んで別れ別れになってしまった「織女・弟媛」の身の上を人々は哀れに思っただろう。

　一方「伝統衣装」を正装として残すのが万国共通。「和装」は今でも宮中儀式から祭礼、結婚式、成人式に至るまで普段は着ない人々からも広く重んじられている。西暦５２６〜５３９年頃、梁の都・建康（南京）で描かれたという「梁職貢図」（模写）の倭人像がそれをよく物語っている。“呉服以前の伝統衣装”だった「幅広の布」を縫うこともなく器用に結び合せて着ている。独立国の大使は、中国皇帝に貢物を捧げる大切な行事に自国の正装で臨み、従属国の大使は中国式の文人服で臨んだ。それは臣従の証だ。時代は移り、呉服に憧れて取り入れた東の大海の外れ日本と、西の大山脈の外れブータンで発祥の地で廃れた後まで長く保存された。日常の風俗習慣も引き継がれる。江戸時代の錦絵を見ると男女を問わず「木綿手拭い」を好んで頭にかぶっている。今でも海水浴や農作業の風景でよく目にする。だが、外国人はあまりやらない。郡使・張政がよく見かけた光景である。

　ところで、この時代から中国文化に直に触れそれを得たいと思い始めたのであれば、遣隋使・遣唐使の時代の前に「遣宋使」の時代があったというべきだろう。また、中国南朝の正史に残る「倭の五王」という何とも厳めしい響きを感じさせる言葉は、中国側にとっては、倭国王が次々に「中国皇帝の臣下」となった証しであり心地良いものとなる。従って、事細かく記録された。だが、日本側はそうでもない。厩戸皇子の『対等外交』の大方針や中国皇帝にタメ口を叩いた挨拶文と比べれば「倭の五王」の外交方針は、名前だけの冊封だったにしてもあまりに安易な「屈辱外交」だったと容赦ない評価が下されたはずだ。

ましてや、日本書紀編さん当時のヤマト王権の人々にとって、ヤマトの大王が「讃」だの「珍」だのと中国におもねる名を平気で用いたこと、意味もない肩書を有り難がり朝鮮・韓国の王たちと一緒になって中国皇帝にねだったことは、何とも不快な歴史だった。中国側の正史に比べ、日本書紀に「倭の五王の外交記録」が詳しく残らなかった理由だろう。

第3　日中韓朝年表
　　上古を記録した「正史」は、日本書紀があるのみ。古事記は「中間報告書」だった。ただし、日本書紀は「ヤマト王権の国史」であり、倭国全体の国史ではない。倭の五王以前に中国が邪馬台国と呼んだもう１つの倭国を代表した国の歴史を伝えるものではない。邪馬台国の歴史は、まるで外国の歴史のように中国正史の中に収められている。
　　ところで、邪馬台国がヤマト王権の"前身"ならば中国や帯方郡・韓国との外交、2代続いた女王(卑弥呼・壹与)、狗奴国との戦争など重大な上古の記録が、日本書紀に残されねばならない。それらは、紀元前をはるかに遡る"神代の時代"の出来事でもない。また「女王」は勿論「外交使節」として郡や洛陽まで上り名誉称号までもらった「有力者」の家系に繋がる子孫が生き証人として歴史を伝えてもよいはず。しかし、そんな名誉ある話は、ヤマト王権史に影も形もない。2つの国に歴史的共通点を見出せない。そのため、ヤマト王権の歴史は「日本書紀」が、邪馬台国の歴史は中国正史の「倭人伝」が、それぞれ主要な手掛かりとされてきた。三国史記や好太王碑文は、いわゆる参考資料とされた。
　　これら別々に作成された記録を、横並びの時系列にしたものが 資料１９ 日中韓朝年表。作成した目的は『歴史資料としての価値がほとんどない』とされる日本書紀の上古に関する記録を、冷静かつ客観的に検証すること。江戸時代から戦前に至る人々の神懸った皇国史観や戦後の文化人を自称する人々の新常識などとは一切無関係。何の偏見もなく『そこに日本書紀があるから』在位5倍説で復元した上で客観的・相対的に眺めてみた。

～中国から見た古代日本～
　　中国が領土拡大方針の一環として本格的に韓半島経営に乗り出すのは紀元前１０８年、楽浪郡の設置からである。そして、そのころ大量発生していた中国の流民を半島経営のための国策移民のように位置づけた。２０４年には、帯方郡を増設し半島に領土を拡大していく。結局は、満州族系の高句麗が興隆して４００年以上も続いた楽浪郡は３１３年に滅び、翌年には帯方郡も滅び去った。しかし、中国の半島経営が続いていた間は、彼らがまとめて東夷と呼んだ半島一帯に居住する部族国家を相手に、2郡が中心になって武力衝突を繰り返した。なお、中国の基本的戦略は、当時も今も変わることなく「遠交近攻」を軸とし、同盟国を探すことを常とする。そんな時に、韓半島の東南海中に「倭」という国があるのを発見した。まずは、距離的に最も近い「奴国」にあたりをつけ、西暦５７年には、倭の小国の王に対して超大国の中国が「金印」を授与するという破格の対応をとった。いかに未知の国の軍事力に期待したかよく分かる。そして１０７年には『倭国王』と認めた帥升(すいしょう)と国交を結ぶことができた。一連の記録から、中国は帥升を奴国王ないし邪馬台国の男王とみたようだが今一つはっきりとしない。金印を授与した様子もない。
　　ところが、後漢も末期となり軍閥に成長した公孫氏が帯方郡設置後、半島に独立支配体制を敷いた。そのため、日中国交は２３８年に邪馬台国女王卑弥呼から魏に使者が送られ

るまで３０年以上も中断した。魏は、卑弥呼に対して熱烈歓迎の意を表し、急激に親密な関係を築き始める。半島経営を立て直すため邪馬台国の軍事力を必要としたからである。そのためには、邪馬台国の国力、軍事力がどの程度か自分の目でしっかり確認しなければならない。凡庸な使者ではなく、それ相応の武官を現地に派遣し、徹底調査と情報収集並びに同盟関係構築に向けた事前交渉にあたらせた。このとき、郡の使者は現地で「その国の名」を何度も倭人から聞き返しただろう。現地派遣以前においても卑弥呼の使者は郡や洛陽まで通訳を伴って来ていた。しかし、いまいち国名がはっきりしなかった。国名を隠しているのか、国の名前を特に持たないのか、はっきりしない。※ 当時列島に統一国家はなく「統一名称」も当然ない。自分たちを何と呼ぶのか問われ『ワレ・ワシ』と答え、ワ人・ワ国に決定？“発音”を聞き、やっと「邪・馬・壹」と漢字で表記した。そのとき記録された側の倭国では、その後１５００年も時代が下った近世になり、歴史ブームに火がつき『この字は何と読むのか』と話題になった。そして、当時我が国の著名な学者たちが、この漢字を日本風に『ヤ・マ・タ・イ』と読んだ。毛沢東をモウ・タク・トウ、周恩来をシュウ・オン・ライと読むのと同じだ。しかし、それは本当に正しいのか。疑いようもないことだろうか。鎖国していた当時、それほど江戸時代の学者は完璧だったのか。西暦３世紀ころの倭人の言語や古代中国の漢字表記・発音にまで通じていたのだろうか。はじめから疑問である。

　ところで、現代中国の教養あるネイティブだったら、この３文字を現代の北京語という「みやこ言葉」でどう発音するものか、論より証拠、先ずは聞いてみたかった。今やネット社会である。『魏志倭人伝の現代中国語読み』というブログがあった。現代北京の中国語で直に聞ける。とても便利な情報化時代になった。それは、何度聞いても「シ・マ・イ」と聞こえる。シャープ電子辞書 dictionary によると「終（わ）り」は、

○　（空間的・時間的に続いているものの）それ以上先がないところ。しまい。最後。を意味するとある。すると、素朴な古代人の言葉で、「一番奥の国」と呼んでいたのか。古代北九州地方の住人たちは、「その国」を位置的に「しまい国」と呼んでいたとしても不思議ではない。ちなみに、陸奥（みちのく）は「みちのおく」が訛ったと言われる。さらに、筑紫後国は「つくしのくにの“みちのしり”のくに」と読ませるという。半島から弥生人と呼ばれる人々が北九州に移り住んだ時代、はじめに伊都国や奴国が生まれる。少しずつ奥地へ広がり筑後川河口の有明海まで至る。そして筑後平野、佐賀平野を開墾し人口を増やす。すると、そこに大きな国が後から生まれ、北九州一帯の覇権を握るようになる。そのことに、何の不合理もないだろう。歴史事実として「そうだった」かは別として。アメリカ合衆国の開拓史でも、ヨーロッパの移民者はメイフラワー号で大西洋を渡りアメリカ東部から開拓を始め、ついには太平洋側の西部に至った。

　それが、江戸時代ともなると烈々たる国学思想の“先入観・洗脳”から『古代の日本を代表する国と言えば、誰が何と言っても神武天皇が建国したヤマトをおいて他にない』と考える人が多かったろう。だから、奈良の「ヤマト」に重ね合わせ、その三文字を「ヤマタイ」と読む学説が圧倒的な説得力を帯びたはずだ。当時２００年を軽く超える鎖国という閉鎖社会の中で、中国文化人の手も借りずによくぞヤマタイと読んでみせたものである。そもそも、邪馬台国と国交を開いたのは後漢ではない。魏（220～265）である。しかも、この国交は、２３８年に始まり２６６年に倭国（邪馬台国？）の使者を晋が迎えた時点で終わるとそれ以降４１３年まで日中国交は途絶えた。従って、当事国は魏と邪馬台国の２国のみ。

郡使張政が邪馬台国へ向かい北九州に長期滞在した際の記録が残され、日本国の第一級史料になった。そのリアルでホットな魏志倭人伝を無視して、後漢滅亡から２００年、魏志編さんから１００年以上も後に編さんされた後漢書を江戸時代の学者たちは、なぜか重んじた。魏志倭人伝は、その国名とその第２代女王の名を邪馬壹国・壹與と明記した。だが、後漢書倭伝には、邪馬臺国・臺與 とあるからヤマタイ国・トヨと読めると主張した。しかし、あらゆることに共通して当てはまるのが『初めは素朴な疑問から検討すべき』ということ。結局のところ、それが最終的に一番大きなテーマだったということが多い。因みに、倭人伝を現代北京の中国語で読むブログでは、邪馬壹国はシ・マ・イ国、卑弥呼はペイ・ミーフー、壹與はイユと聞こえるのだが、どうだろう。張政が聴いた古代九州弁だろう。現代でもシマイは、順番が最後という意味。ミホ・イヨは、女子の名前である。

　魏志倭人伝は「本文」と「追加文」からなっている。本文は、従来の調査報告から、既に出来上がっていた。それがいつからいつまでの調査をまとめ上げたのか分からない。しかし、追加分は、郡使張政（２４７～８年）の記録である。紀行文ではなく、今起きていることのリアルタイムな報告内容が、東夷伝としては異例な形で急ぎ挿入された。郡使張政の来日から３～４０年後に魏志は完成する。張政が長期滞在し何度も聴いたｓｈｉｍａｉという倭人の発音は漢字の邪馬壹と表記し、新女王の名ｉｙｕは壹與と表記した。長期滞在で張政の聴力は倭人の声をかなり聞き分けられるようになったのではないか。中央への報告書に、壹（い）の字を当てたから、ほぼ同時代に編さんされた「魏志」には正しく記され、現代に受け継がれた。臺（たい）の字は、２００年ほど後の時代に編さんされた後漢書「倭伝」に登場する。魏志「倭人伝」を手書きでコピーした時代の誤記である。

　また、二度相次いだ郡使派遣の目的は、旅行記の編集ではなく軍事同盟の締結だった。魏の歴史を見ると、２３８年に４万の軍を大動員して公孫氏を討伐し、２４０年には辰韓８か国の割譲をめぐって韓国と紛争勃発。２４５年は、帯方郡の太守が戦死。２４６年には、２郡が全韓を討伐したという記録を残す。この半島の激烈な戦乱期と日中の親密な国交期は完全に一致する。そのことこそ『なんで卑弥呼の名前や古代日本の写実的な風景が今日まで残されたのか』という素朴な疑問に対する答えである。驚くことに、その魏志成立から２０年足らずして２郡とも滅ぶ。中国の危機感や焦りは、半島情勢の厳しい現実から沸き起こっていたものだった。リアルタイムな記事が残される訳である。２郡の消滅により、邪馬台国への期待も消滅した。邪馬台国側からは、中国は遠い国となる。中国側にとっても、４１３年に倭国（ヤマト王権）が南朝の晋に直に朝貢するまで、４世紀は倭国関連の記録が不要な時期となった。"謎の４世紀"はこうして生まれた。

～韓国から見た古代日本～

　新羅本紀によると、西暦５７年倭国出身の脱解王が即位し、５９年倭国と「修好」を結んだ。その後、１２１年に倭人が東辺を侵し、２年後の１２３年に倭国と「講和」したという。日韓の国交と戦争はヤマト王権以前から奴国や邪馬台国などを相手に続いていた。さらに『１７３年、卑弥平の使者を迎えた』との記事が続く。九州や山陰その他倭人の国が、新羅と交易をすることは当然であり、倭人伝にも交易が記録されている。その一方で、海賊行為が頻発したという記録にも信憑性がある。洋の東西を問わず「交易」と「海賊」が表裏一体だった時代は長く続いた。「日本寄りの立場」をとった魏の公式記録である魏志

～ 81 ～

「倭人伝」や「韓伝」に"倭人による海賊行為"の記事がないのは、そのためだろうか。

　３００年、新羅は「倭国」と国交をもったとある。邪馬台国などと国交を継続していれば必要ない記事だ。新しい相手国が現れ、こちらを倭国の代表として扱ったとも受け止められる。その後に続く記録から、その相手がヤマト王権だということは明白。であるとすれば、３００年ころを境として、外国がヤマト王権を日本国の代表と認めた証拠といえる。この点に関し、日本書紀は復元・３０７年、任那から「朝貢」があったと記した。つまり、ヤマト王権は新羅や任那など韓半島の国々に対しても、列島内の国々と同様に支配なり影響力を強めていった。それは、「復元年表」を見ると"崇神天皇の時代"からである。ヤマト王権＝倭国としての働き掛けが列島・半島を問わず広く及び始めた時期と考えられる。弁辰地方は魏志韓伝が弁辰１２国と呼称しているが、その実態は比較的小さな部族が１２個寄り集まっていた状態。辰韓地方の延長線上にある南部後進地帯を指しており、１つの国にまとまっていなかった。当然国史も残らない。大小の村落が連合し、外敵に対しては「集団的自衛権」で対抗する程度であったろう。

　さらに海を挟んだ北九州地方でも、同様に邪馬台国を「盟主」とする８ヵ国からなる連合体が広がっていた。弁辰地方と北九州地方は、同じ文化圏を形成しており、一地方の全てを一元的に支配する「進んだ国」を形成する段階に達していなかった。なお、両地域は、地理的・歴史的に人の交流が盛んでありよく通じていた。鎮海（狗邪韓国）〜対馬〜博多は、古代の海の街道であり、それぞれの地域の交易拠点だった。特に鎮海と博多は古代から「港町」として栄えていた。それは今日も変わっていない。古代の倭人は、半島からドリップ・コーヒーの雫がぽたぽたと垂れて落ちる様に渡ってきた祖先の故地を、親しみを込め自分たちの言葉で「ミマナ」と呼んでいた。それは、弁辰地方南端の海岸や島々に点在する極々小さな"倭人邑"を総称したのではないか。対馬・壱岐と同様に海に潜って魚介類を捕る"半島縄文人"が大昔から住んでいたはずだ。そこへ弁辰人が稲作と養蚕を伝え「混血」して"半島弥生人"になる。列島で起きたことは、それ以前に半島で起きていた。

　ところで、馬韓地方から百済国、辰韓地方から新羅国が起こり、半島は新しい時代を迎えるが、弁辰地方は１つの国を形成しなかった。そのため、倭国統一事業を急進的に推し進めたヤマト王権の崇神天皇は、任那（半島縄文人の居住地）は勿論のこと、弁辰地方全体を視野に入れた。近畿から見れば、四国も九州も半島も、同じように海の向こう側にある。船で行ける。元々行き来もあった。弁辰地方への進出こそが、三韓征伐と称される半島侵攻の第一期（序盤）となる。つまり、この場合の「三韓」は弁辰韓・辰韓・馬韓を意味し、高句麗は含まれない。そもそも、高句麗から倭国へ高圧的な上表文が届けられた記録はあるが、人質をよこした記録などない。高句麗は北から、倭国は南から「三韓」を圧迫した結果、両者は覇権を争いついには軍事衝突するが、それもまだ先のことである。

　日本書紀が記したヤマト王権の外交記録は、崇神６５年（復元３０７年）任那国の朝貢から始まる。半島南端に居住する"日系人"が、任那国と称して母国に手を差し伸べてくる。それを大義名分にして侵攻作戦を展開する。よく聞く話である。そもそもミ・マ・ナとは、御仏のミ・真水のマ・奴国や奈良のナだとする説がある。意味は『まことに美しい御国』となり古代日本語だ。魏志倭人伝は任那国を記録していない。しかし、既成事実が積み上げられれば主張は動かぬ事実になる。好太王碑文（４１４年の建立）という第三者の記録に、加羅と並び「任那」と記された。任那国がヤマト国に朝貢したという時期は、弁辰地方の

～ 82 ～

小国家群が百済・新羅に挟まれこれまでにない強い圧力を受けるようになった時代局面に当たる。小国家群はその対抗策として倭国を後ろ盾にする戦略を選ぶ。そして両者の関係は程々に保たれた。帰順した国や部族に対しては、神武天皇以来の国是として、ヤマト王権が「和」をもって処遇したからである。それ以降、ヤマト王権は弁辰諸国と軍事同盟を結び安全を保障し、弁辰諸国はヤマトの国（奈良）へ直に文物や人材を送った。金官加羅国や高霊伽耶国からは正見母主（伽耶山の縄文系女神）と天神（水田稲作と養蚕を伝えた南中国系移民）を始祖とする「神話」や「信仰」なども伝わる。任那朝貢から３００年後、百済国から高度に発達した文物や人材が渡来する頃には、弁辰渡来の文物や人が既存の大和風、大和心を代表する立場になっていた。

　ヤマト王権は半島に弁辰地方という橋頭保を確保した後、第二期として新羅国への侵攻を始める。「新羅は、３４５年に倭国から国交断絶を通告され、翌３４６年には都・金城を倭兵に包囲された。しかし、食糧が尽き退却する賊を追撃し敗走させた」と新羅本紀に記された。この戦争に対応するような記録は、日本書紀にはない。３４６年を復元年表に当てはめると「成務天皇の時代」になる。それは『思い出したくもない忌まわしい事件』だった。倭国統一を目前にして、ヤマト王権の国軍が歴史的大作戦で新羅に大敗した。日本側の三韓征伐の記録が、復元３５５年の神功皇后による第一回新羅征伐から始まるのはそのためである。ウソの戦勝記録を捏造することまではしないが、国軍がはじめて大敗した記録を国史に残さなかった。そのために、成務紀の大部分とそれ以前の「ヤマト王権と新羅の国交」まで遡りこの戦争に関連する記録は全て切除した。日韓の国史を読むと、そこに“共通性”が見て取れる。“国史編さんルール”である。要約すると３つある。

　○　理由を問わず、在りもしない記録を在ったように「捏造」してはならない。
　○　記録の「改ざん」が許される例外がある。建国神話と王統を結合するためであれば、最も古い時代の王たちの在位年数を水増しできる。併せて、崩御年齢もそれに釣り合うだけ水増しすることが許される。
　○　「国威」を著しく貶めるような“古い時代の敗戦記録”は、あえて残さなくてよい。
国史を「事実の記録」とする立場の“古代中国”では、有り得ない思想である。歴史もどきの書は国史ではない。国史とは、後世の人々が受け継ぐべき文化遺産だという思想は「大国」が桁外れの苦難を経験して、ようやく辿り着くことができた境地だろう。滅んだ王朝の歴史を、後に興った王朝が国史に編さんしていった。“古代”中国は、正しく超一流国だった。『国にとって不都合な歴史は隠してもよい。秘密の公文書は何時までも非公開のままでよい。廃棄してもよい』などという方針は、その国の小ささのバロメータになるだろう。これは、国に限らず、国民・議会・役所・企業・新聞・テレビ・学校・地域社会・職場・家庭など、あらゆる「人の集団」にあてはまる。

第４　外国との戦争記録
　人類の記憶に最も強く残るものとは何だろうか。天災、飢饉、疫病、そして戦争。特に「戦争」は、人類の発展と伴にその規模を大きくした。小さな集落同士の殺し合いから、邑同士、都市同士そして国同士、さらに連合国同士の大戦争さえ勃発する。しかも、長期化すれば飢餓や疫病をも引き起こす。人々の記憶に深く残らないはずがない。戦争が国と国の間で起きれば、それぞれの国の歴史となりそれぞれの国に記録が残される。たとえ一

方の国が残さずとも、他方の国の歴史として「戦争の記録」は残るはずだ。４１４年の建立という好太王の碑文は、大王が３９１年に即位してから４１２年に３９歳で薨じるまでの「戦勝記録」をリアルタイムで伝えた貴重な史料である。建立した長寿王は子であるが、当時多くの人々が記憶する「公式記録」を基に顕彰した。ありもしない空想的内容は加えにくい。しかし、同じ碑文でも宮本武蔵の顕彰碑の内容は、佐々木小次郎以外は非公式かつ事実確認できない。つまり誰も批判できない。その点、４世紀後半から５世紀初めに韓半島で起きた「戦争の記録」は、倭・新羅・高句麗がそれぞれに残した。当時の韓半島の「状況」と当事国の「立場」を踏まえ、それぞれが残した戦争記録を対照すれば、それが“同じ戦争”であることや“記録の改ざん・抹消”の痕跡を明らかにできるだろう。さらに、在位５倍説で復元した“上古史年表”の信用性も検証できる。

〜１２世紀・三国史記〜
　高麗国の重臣金富軾（キムブシク）が「編さん責任者」となり旧新羅を高麗国の基礎と位置づけた。１２世紀初めの高麗国の「内乱を鎮圧した武人」であり「新羅貴族出身者」として国家意識や危機意識が強かった。そんな人物が編さんした「正史」だから、外国との戦争記録は可能な限り“国威”を傷つけない方針を打ち出した。また、高句麗出身派閥を抑えるため『半島を代表し外敵・倭と戦ったのは新羅である』と公告した。この点では奇妙なことに日韓の正史が見解を同じくした。そして、双方が“ウソの公告”を残した。
　○　３４５年、倭王が訖解王に国交断絶の書を送って来た。
　○　３４６年、倭兵が風島へ襲来し、進軍して新羅の都・金城を包囲した。籠城戦で持ちこたえ、食糧が尽きて退却する賊を精強な騎兵が追撃し敗走させた。
　○　３５０年春、コウノトリがなぜか王宮・月城に巣を作った。夏に大雨が降り続き洪水で平地が３〜４尺 (0.9〜1.2m) 水没し、建物は流され山崩れが１３か所で起きた。
　○　大水害の翌年から５年間（３５１〜３５５年）は、何も記録がない。
　○　３５６年、訖解王は薨去して、奈勿王が即位した。
３５５年当時、新羅は歴史的大水害の“復興途中”だった。訖解王が“戦争”を回避して帰順を選択したとしても不合理ではない。しかし、それが“国辱”とされ記録抹消に繋がったようだ。しかも、翌年４月に訖解王は死んだ。金富軾は、訖解王の苦渋の選択に共感したはずだ。それでも内乱続きの時代だったから、国王には“戦う姿勢”を求めた。
　○　３６４年、倭兵の大部隊が襲来した。倭人が多勢を恃んで直進するのを、千人の伏兵が不意を突いて攻撃した。大敗走する倭人を追撃してほとんどを殺し尽くした。
大水害から１０年が経ち国土復興なった新羅は、抗戦に転じた。倭兵は大部隊を編成し威圧しながら金城を目指して直進した。これを奈勿王は領内で待ち伏せ“桶狭間”のように少数で突撃した。大混乱に陥り敗走する倭人を追撃し撃退したようだ。
　○　３８８年、大地震。３８９年、疫病の大流行とイナゴの大発生で新羅は疲弊した。
　○　３９２年、新羅は「高句麗」に人質を送った。
倭軍の侵攻が続き、高句麗に帰順して援軍を求める他なかったようである。
　○　３９３年、倭が金城を攻撃して５日間包囲したが籠城で凌ぎ、成果なく撤退する賊を騎兵二百と歩兵千が挟撃し大敗させた。はなはだ多くを殺した。
　○　４０２年、奈勿王が薨去すると遺子・未斯欣を倭に人質として送った。

編さん責任者の金富軾は、３９３年に光彩を放った金城攻防戦の「一場面」のみ残し、倭と新羅"１０年戦争"の記録を全て抹消した。それでも"降伏"を示す「人質」の記録は残した。編さん方針として「改ざん」は避け、敗戦記録の"抹消"に留めた。

～８世紀・日本書紀～

　６２０年、"天皇記・国記"が聖徳太子と蘇我馬子により編さんされたとされる。その後６８１年、天武天皇の国史編さんの詔により川島、忍壁皇子ら６人の皇族、中臣連大嶋ら６人の文人からなる国史編さん会議が招集された。天皇記・国記の何がいけないのか。何のための国史編さん事業なのか。新たな国史編さんの「基本方針」はどのように協議・決定されたのか。古事記「序文」は熱弁を振るったが、肝心の日本書紀が何も説明しない。なぜ"旧国史"の天皇記・国記は伝わらないのか。それは"不都合だったから"というのが１つの答えになる。内容は簡潔に記され、上古の在位と年齢を伝承のまま伝えていた。天武天皇が求めた教訓的内容はなく、舎人親王が水増しする前の在位と年齢があった。

　７１１年９月、元明天皇は国史編さんを督励する詔を発した。天武天皇の詔から３０年も経っていた。その間、川島、忍壁皇子は亡くなっており、舎人親王があとを引き継いだ。親王は、父王が詔した時５～６歳だった。中韓との「戦争を知らない世代」の代表である。中韓を怖れる親世代をどのように見ていただろう。中韓は攻めてこないではないか。『委縮するな、胸を張れ、肩を並べよ、負けるな』と考えるのが自然だろう。そして、基本方針の最終決定により、１２６０年の水増し作業の研究が始まる。この研究の概要が口頭報告されたのを受け、編さん作業に従事する文人たちを叱咤激励したのが元明天皇の詔だったのではないか。前回とは異なり、今回は期限付きの詔だったのだろう。太安万侶ら文人は、大慌てで翌７１２年１月、とりあえず"試案"の上 古諸 事 の 記 を中間報告の添付資料として上奏した。便宜上"古事記"と題した。従って、１２６０年水増し"構想"は、古事記に取り入れられていた。また、もう１つの研究「古来の伝承に国策を反映させる工夫」も不十分ながら個々盛り込まれ始めていた。文人は、内外の膨大な量の歴史資料や伝承を１つ１つ丹念に考証しながら古い伝承を記録していく「基礎研究」に心血を注ぐだけでは足りなかった。「国家の起源を水増しする研究」と「強気の国策を反映させるために伝承を改ざん・抹消する研究」にも取り組んだ。そして、ついに正史は７２０年に完成した。

　日本書紀は『外国との戦争』を記録した。仲哀９年（復元２年・３５５年）の第１回新羅征伐、神功皇后４９年（復元１０年・３６５年）の第２回新羅征伐、仁徳５３年（復元１１年・３９０年）の第３回新羅征伐と続く。しかし、相手国は常に"新羅"だ。『三韓征伐』と言いながら、弁辰地方の小国や百済を相手にどんな戦争をしたのか記録しない。高句麗との戦争記録もない。時は流れ６６３年、日本は唐・新羅連合軍に敗れ半島から追い落とされた。その怨みは"新羅"に向けられ、正史に国策を反映させる原因になった。当然「新羅との戦争」記録が改ざん・抹消の的になるが、国威高揚の派手な演出も惨め過ぎるシーンのカットも、自作の"正史"の中でなら思い通りにできた。

　○　３４６年（復元・成務６年）の「金城包囲戦」は、日本書紀に影も形もない。日本書紀が記した長大かつ非現実的な在位をそのまま西暦換算すると、資料４のとおり３４６年は仁徳天皇３７年にあたるが、そこにはない。しかし、在位５倍説で年代復元した資料１のとおり、３４６年は"成務天皇の在位期間"にあたる。成務天皇の復元在位は景

行天皇と並ぶ１２年だが、記載量は１２分の１である。成務天皇の復元在位１２年の内、元年・１０年・１２年（崩御年）の記録が全てとなる。これ以外の９年分の記録が、消去されたようだ。この異常さは一体どうして起きたのだろうか。これを新羅の記録と対照すると、消去の理由が透けて見える。新羅の都・金城を攻めたが、長期籠城され成務軍は食糧が尽き撤退する。そこを追撃され半島を追われた。北九州の平定を後回しにして、半島侵攻に打って出たのが裏目に出た。ヤマト王権始まって以来の敗北の記録である。しかも、その相手は"新羅"だった。８世紀の人々がこの歴史を聞けば誰しもが「白村江の大敗北」とダブらせ士気は大いに落ちる。否、堕ちると考えるだろう。成務天皇の在位記録の異常さ、その崩御後の空位１年の存在、古事記がうかつにも記録した皇子の名を日本書紀が後で消したことなどから"８世紀の国策"により大幅に記録抹消されたことが強く疑われる。

〇　復元３５５年（復元仲哀２年）神功皇后率いる新羅征伐の軍船に付き従う"海の浪"が、遠く新羅の国の中まで及んだ。これを見た新羅王は、『建国以来"海水"が国の中まで上ったことなど聞いたことがない』と戦意を喪失し白旗を掲げ降伏した。

日本書紀は、突然「神話」に逆戻りした。その他、皇后の長い演説なども加わる。国の威信を取り戻すため良かれと思い古来の「伝承」を戯曲風にアレンジした。しかし、この脚色のおかげで"大水害から復興中の新羅は、刀に血をぬるまでもなく服従した"という古代の伝承は「創作」のレッテルを貼られた。１３００年前の日本人が遺した負の遺産だ。神功皇后という旗印を掲げた成務派革命軍は、九州一の強国を打ち破ると時を移さず半島へ侵攻した。幸運にも新羅に不戦勝し、弁辰地方に橋頭保を確保した。弁辰地方の小国群はさらに倭国寄りとなり、倭国は百済と新羅の間に割って入った。一方新羅は３５０年の夏、国土を全て流し去るほどの「巨大洪水」に襲われ疲弊していた。倭国を統一して力が余る倭の大軍を撃退する余裕などなかった。だから訖解王はわが身を差し出し、当座を外交戦術で凌ぎ可能な限り新羅を守ろうした。これが日韓双方に元々あった"伝承"のはずだ。しかし、日韓双方が国策として伝承を脚色し、あるいは一部抹消した。

〇　復元３６５年（復元摂政１０年）、第２回新羅征伐は、新羅の朝貢不履行を原因とした。卓淳国に部隊を集結させ大部隊で新羅を撃破した。その結果南加羅・安羅・卓淳国・加羅など"弁辰"７ヶ国を平定した。また、済州島を攻略して百済に与えた。

新羅はようやく国土の復興なって、奈勿王は抗戦に転じた。前回の不戦勝と同様に今回も新羅の戦意を挫けると軽く見た倭国は、大部隊で新羅を威圧する作戦に出る。新羅と国境を接する卓淳国に数だけ増やした寄せ集めの大部隊を集結させた。しかし、新羅を撃破したと主張するだけで新羅領内でどのように勝利したのか具体的な記録が一切ない。ただし、新羅がまだ影響力を残していた東部弁辰地方の７つの小国を完全に倭の実効支配に入れた。引き分けた双方が「自国の戦勝記録」だけを切り取って残した。

〇　復元３９０年（復元仁徳１１年）、新羅が再び朝貢を拒否したため半島へ出兵した。（大部隊の渡海は翌年３９１年？）だが、今回の倭軍は半島に「砦」を構えており「騎兵」も投入して平地戦に勝利した。数百人の敵兵を殺し４邑の人民を連れ帰った。

堅い守りの金城だけを攻める事の不利を学んでいた。新羅国内の全域を攻撃対象にした。補給の現地確保が出来れば、持久戦で苦しむのは籠城する側である。"作戦は長期化"した。日本側の戦争記録は、開戦当初に限られている。金城守備隊が城外に打って出た局面もあったろう。しかし、その勝利は戦局を変える決定打にならなかった。前回、弁辰の東部地

方７ヶ国を倭軍が実効支配するようになり「駐屯軍」を置いた。これで倭軍の半島における戦術の幅は格段に広がったようだ。この時期倭の勢いは止められなくなっており、百済は敵対より帰順さらに同盟関係の構築を模索した。倭国側に新羅の都・金城を陥落させた記録はない。騎馬隊を投入した。つまり“平地戦”に持ち込み勝利した。４つの「邑」を襲撃し人民を連れ帰った“開戦当初の電撃作戦”だけ残した。新羅は３９３年の首都攻防戦で勝利したと記したが、倭軍を国外へ敗走させたとは記してない。双方の記録は矛盾しない。仁徳天皇が始めた新羅との戦争は「長期戦」となり、半島への侵攻作戦はその後規模も様相も以前と異なる展開を示していった。籠城を続けた金城は飢えに苦しんだはずだ。

　○　３９９～４００年 (復元履中３～４年)、この戦局は履中天皇の在位中にあたる。しかし、日本書紀はそこに戦争記録を全く残さなかった。復元３９０年の開戦記録だけ残した理由は何か。半島側の三国史記は、百済が３９７年に太子腆支を、新羅は４０２年に先王の子未斯欣を倭へ人質に送ったと記録した。しかし、その人質記録も履中天皇の記録にない。というより、履中天皇の記録として残せなかった。なぜなら、既に２つの人質記録とも“使用済み”だったからである。神功皇后の第１回新羅征伐の戦果として新羅から人質を取ったと花を添えるため、未斯欣の記録を「転用」した。次に、百済から応神天皇に好を通じてきたと飾るため、腆支の人質記録を「転用」した。実際は２つとも履中天皇在位中の事件だった。それだけ「神功・応神時代の伝承」はパッとしなかったと言える。それをオーバーに賛美したから戯曲風 (創作) になった。とくに天皇に非ざる「摂政」には遠慮なくひどい脚色をゴテゴテに施した。その点は厩戸皇子と同様である。反面、８世紀の文人が“伝承の使い回し”を拒んだことが確かめられる。さらに人質記録とも関連する３９９～４００年の戦争記録を履中天皇の在位記録に残さなかった。４００年の金城陥落の重大ニュースは、精強と噂された高句麗軍の大部隊出現に胆をつぶし退却した倭軍の様子や安羅軍の活躍までも伝わっており、８世紀の国策により廃棄処分されたようだ。

　○　４０４年 (復元反正２年)、日本書紀には高句麗軍との頂上決戦など影も形もない。８世紀の国史編さん作業の過程で跡形なく抹消された。それは、資料２のとおり反正天皇の復元在位４０３～４０７年と重なる。８世紀の重臣が思い出したくもない２つ目の歴史だ。４０２年に新羅は倭国に人質を送ったという。つまり、倭国に降伏した。これで、韓半島の南半分は全て倭国に帰順した。百済、加羅、新羅を臣民としたのである。しかし、それは同時に倭国が北の軍事大国高句麗と直接対峙する立場になったことを意味した。しかも、高句麗は南進策を採り領土を急速に拡大していた。成務天皇が直球勝負に出たように、反正天皇も最大動員をかけて高句麗本土への突撃を命じた。だが、半島の先進地帯である旧帯方郡を占領しようとする倭の動きは完全に読まれ、相手にとって最も条件が揃った地点まで進んだところで最強の軍団に迎撃された。倭と百済・加羅・新羅のにわか混成軍は、統制も士気も挫かれ一目散に敗走を始めた。そして追撃され無数の死体を残しながら南へ逃げ帰った。敗軍の将たちは互いに責任のなすり合いを演じたはずだ。さらに、その争いはヤマト王権に飛び火して大王崩御後の「空位１年」という異常事態になった。日本書紀が、このような空位の「理由」を説明すれば、“半島での手ひどい敗北”が透けてしまう。それは、成務天皇の場合と同じだった。８世紀の重臣による歴史裁判で成務、反正という「２人の大王」は在位記録の徹底的な抹消という宣告を受けた。その執行は文人によって粛々と行われたから、今も日本書紀の中に“異様な空白”が残っている。反正天

皇の在位期間は5年と記されたが、在位6年の履中天皇と比べ記載量は8分の1である。しかも、大王の事績と無関係な『歯並びが美しかった』という内容が記述の半分を占める。成務紀以上の反正紀の「空白」が、好太王碑文が記した404年の倭と高句麗の大戦争が"史実"だったという補強証拠になるだろう。

~5世紀・好太王碑文~

　古代の歴史資料としての価値は、群を抜いている。日本書紀、三国史記とは決定的に異なる特長が多い。古代から蘇った軍神の碑文が、日韓正史の国策による歪みを撃破する。
　　○　記録された時代とそれを記録した時代が同じ。
　　○　四角柱の巨大石全面に漢字を余白なく刻印し、記録した内容がそのまま保存された。
　　○　記録の目的は父王の戦功を顕彰すること。国策を反映させる国史の編さんではない。
　　○　漢文で記録した。国際標準の中国皇帝暦と干支を正しく使用した。
　　○　任那の存在、倭の半島進駐を公定している。

在位が391~412年の好太王の戦功を、その子長寿王が414年に石碑に残した。4世紀末から5世紀初めの記録を8世紀や12世紀になって記録したのではない。記憶は生々しく、現場と現実を踏まえた記録だと言える。国策のために「改ざん」を施せば『作り話だ』と父子共に嘲笑され、顕彰にならない。ウソの弔辞になる。ただし「戦功」に敗戦は含まれない。それは歴史記録の消去以前の話である。石柱の四面はビッシリ1802文字で埋められ追加・改ざんを許さない。巨大な自然石は、今日まで1600年の風雪に耐えた。紙の文書では、そうはいかない。もっとも、風化又は故意により文字が削られることはあるだろう。実際に判読不能な箇所がある。さらに中国語の「漢文」で記された。

　3世紀末編さんの「魏志」が当時の満州人、韓人、倭人の様子を詳細に伝えた。中国の知識人が「東夷」と呼んだのも頷ける。ところがその1世紀後、高句麗王の巨大な石碑が"外国語"の漢文で刻まれた。碑文が「古代の文明開化」を象徴している。そうなると、半島に拠点を持っていた倭国にも文明開化の波が来ていても不思議ではない。

　日本書紀は、履中天皇4年（復元400年）の記録として『始めて諸国に国史（ふみひと）を置いた。これは、話し言葉を漢文で記す役目である。地方の実情を中央に報告させた』と記す。そのころ倭国でも「漢文」が急速に普及していったのである。パソコンが役所や企業に広く導入され始めた時期を彷彿とさせる。ヤマト王権の伝承記録に限って言えば、現代人が想像するより早く「漢文による記録」が始まっていたようだ。太安万侶は、漢字表記の苦心をまるで7~8世紀文人の専売特許の如く古事記の冒頭で訴えた。しかし、倭人の言葉を漢文で表す工夫は、そのはるか以前から倭国の知識人によって続けられていた。安万侶は、国史編さんが進まなかった理由を専門的・技術的な方向に話をそらしながら、とても分かり難く上手に弁解している。さすが官僚の答弁である。

　好太王碑文は、先王の戦功を編年体で顕彰した。戦功以外の事績を記さず、正に「軍神」として称えた。王は、391年（18歳）から412年（39歳）まで22年に及ぶ在位中、稗麗（契丹）・百済（2回）・粛慎・東扶余を攻略した。また、新羅救援のため倭軍を新羅城から追い、帯方界に侵入した倭軍を迎撃し殲滅したという。なお、任那"日本府"という倭人側の呼称は、任那にある駐屯軍本部、日本人街という意味だろう。

　　○　395年、王（22歳）は自ら軍を率い稗麗（契丹）を討って戦功を挙げた。（それに

~ 88 ~

続けて）百済・新羅は、元々属国として朝貢してきた。しかし、倭が３９１年から海
　　を渡って来る（進駐する）ようになり、百済□□新羅を破り臣民にした。
なぜか、王の戦勝記録でもない３９５年当時の「他国同士の戦争」記録をそこに置いた。
　○　３９６年、王は自ら軍を率い百済領に侵攻を開始した。合計５８の城と７００の村
　　を攻め取った。
その正当性を「外来の倭に臣従した百済に天誅を下すための聖戦だった」と主張。しかし、
領土拡大の野望に燃える青年王は、北方を強敵に塞がれたから南侵した。さらに、『倭が
３９１年から半島への進駐を開始し、３９５年までに百済・新羅などを支配下に置いてい
た』と半島情勢を振り返る。しかし、これも実際は、倭に南東部を脅かされた百済がその
防備に追われる中、手薄になった北部を好機到来とばかりに高句麗が奪い取る戦争だった。
百済は南北から挟撃された結果、国土の北側を大きく奪われた。攻守は逆転し、地続きの
高句麗が最大の脅威になった。そのため、海の向こうから鉄を求め主として新羅を狙う倭
と同盟を結ぶ他なかった。高句麗こそ百済に親倭策を採らせた張本人だった。だからこそ、
子は父王の名誉のため石碑に「他国同士の戦争記録の一文」まで置いた。これは“韓半島
の聖戦”だったと強調しなければならなかったようだ。
　一方、日本書紀は応神天皇２８年（復元３７５年）、高句麗の朝貢使節が「高麗王が日本国
　（王）に教える」という国書を持参したときの様子を記録した。これを読んだ太子は、そ
の無礼な「内容」に激怒し高麗の使いを責め、その場で破り捨てたとされる。王仁を師と
した菟道稚郎子（うじのわきいらっこ）は漢籍に良く通じた太子だったから、自分で上表文に
目を通し独断で破棄することも可能だ。しかし、国書の内容は８世紀まで伝わっていただ
ろう。半島から追い落とされ中韓の侵攻に怯える状況が今も続く８世紀初めの重臣は、そ
れを国史に残さない決定を下した。『新羅から手を引けという要求を呑まなければ、倭を半
島から叩き出す。さらには海を渡って征服するぞ』という類の“恫喝”だったのだろう。
この国書の内容は、国策の名のもと完全に消去された。フビライ国書の９００年前、連合
国ポツダム宣言の１６００年前に届いた“外国からの勧告文書”だった。
　半島で戦国時代を生きる高句麗は、倭の動向を注意深く見ていた。新羅への神功皇后第
１回出兵（復元３５５年）、同じく第２回出兵（復元３６５年）、応神天皇１６年の機織り技術
集団「弓月」氏（秦氏）の帰属を巡る倭と新羅の紛争（復元３７３年）が続いた後に国書事件
は起きた。そこには、新羅からの働き掛けも当然にあっただろう。高句麗は、倭国の段階
的新羅平定計画を阻止しようと、対話と圧力で臨んできた。高句麗にとって、百済を攻略
するためには、新羅との同盟が重要なカギとなる。その新羅を近い将来倭が本格的に服属
させることになれば、同盟の意味は失われる。また、百済が倭と同盟を組めば、新羅の形
勢不利が決定的となる。これは、高句麗の南進にとって戦略上好ましくない。
　仁徳５３年（復元３９０年）、新羅の朝貢拒否を発端として第３回新羅出兵が現実になる。
その出兵記録に続き５８年（復元３９１年）１０月、呉国と高麗国が並んで「朝貢」したと
いう記録が出てくる。２度の高句麗使節来日記録は、無関係では有り得ない。今回は親善
のためと称する高句麗の微笑み作戦は、勿論スパイ活動の手段だった。恫喝と微笑みは、
古代から北の国の常套手段であった。この時は、呉国を伴って来た。呉国とは、８世紀こ
ろには日本での中国南朝の呼称になっていた。替え玉の呉国でなければ、北朝と対立する
南朝（東晋）が、同じく北朝と対立する高句麗と組んでいたことになる。ただし、高句麗の

関心は特に強かった。もし、「日本軍にシベリア侵攻の意志が無い」ことが判明すれば、極東防衛軍の主力を対独戦に投入できる。スターリンの放ったスパイ・ゾルゲは期待に応えロシアの英雄になった。これと同様に、高句麗の諜報員が欲しがった情報は、倭の半島出兵の目的、規模、期間、地域などであったろう。倭が引き続き半島南部全域への侵攻を続ければ、百済は対倭作戦に追われる。しかし、倭の侵攻が新羅に絞られていくならば、将来倭と百済が同盟する虞もある。南進を基本路線にする高句麗にとって、百済領への総攻撃のタイム・リミットを計る上で非常に重要な情報が倭国にあった。つまり、4世紀末の韓半島は「高句麗と新羅」、「倭と百済」が最も強く結びつく状況にあった。なお、「呉国と高句麗の朝貢」記録の直前に"暗号"が挿入されている。同年5月『南の道に、突然2本のくぬぎの木が生え、道を挟んで枝が一本に繋がっていた』という一文である。8世紀の文人は、4世紀の半島有事を振り返りながら「高句麗・新羅同盟」を「唐・新羅同盟」に重ね合わせた。そして、半島経営がどれ程難しいか再認識し、十分懲りたはずである。

- 　百済が「396年の敗戦の誓い」を破り、倭と軍事同盟を結んだ。399年、大王が平壌まで下ると、そこへ新羅の使者が来て『新羅は倭に占領され、新羅王は平民に落とされました』と窮状を訴え大王に援軍を願い出る。大王は了承した。

これは事実である。百済本紀は397年、倭に人質を送った記録を残している。大王は、事前の密約や交換条件を再確認し、倭軍の最新情報も得ておく必要があったので自ら平壌まで出向いたのだろう。

- 　400年、大王が新羅城（金城、現慶州市）救援の大軍を派兵すると、新羅城は既に倭が占領していた。しかし、高句麗軍が接近すると倭軍は退却・・（一部判読不能）・・逃げる倭軍を任那加羅従抜城まで追った。このとき、安羅人が新羅城を再占領した？
（それ以降結末まで判読不能）

倭と高句麗が歴史上始めて対決した「戦局」である。日韓共に「不快な記録」と言える。

- 　404年、倭は不届きにも高句麗領内の帯方界に侵入した。倭は船団まで投入した。大王は自ら軍を率い平壌を出発。そして双方の先陣が衝突して大会戦が始まった。高句麗軍は倭軍の出鼻を挫くと、圧倒して潰敗させた。敵兵を無数に斬殺した。

ヤマト王権史上、半島における2度目となる"思い出したくもない大敗北"だった。韓国にとっては、どうでもよい記録である。なお、3度目は663年の白村江の海戦である。

- 　407年、大軍を派兵し戦争に勝利した。（相手国の名は判読不能）

この相手国は"百済"だろう。この時破った娄城と同じ「娄」の字を名に冠する城が、396年の百済戦で6つ登場した。百済以外の城では、1つとして出てこない。各地で合戦となり敵兵を斬り伏せ討ち破り、1万領余りの鎧や数えきれない程の軍用品を捕獲した。また、本土帰還の途上「娄城」以下5～6か所の城を攻め落とした"百済北部での合戦"だったようだ。もしも、404年のリベンジのために倭・百済連合軍が集結を始めたため高句麗が先制攻撃した合戦だとすると、倭軍も相当数いたことになる。この年は、反正天皇在位の末年にあたる。そして、空位1年がそれに続いた。

　外国との戦争記録は、三者三様の表現になる。しかも、記録したのは、戦争した本人たちではない。新羅本紀は800年後、日本書紀は400年後、好太王碑文は没後2年に完成した。また、当事者本人の立場と編さん者・顕彰者の立場も異なる。視点も違うだろう。しかし、「事実」に関して「不一致」は認められない。表現の差は、喧嘩や紛争の当事者が、

自分を正当化し相手を悪く言うのと同レベルに止まっている。三者は共に、自分の立場から戦争という事実を見て記録した。それ以上でもそれ以下でもない。ただし、記録者が「国策」を持ち出した時は、要注意となる。「改ざん」「抹消」さらに「捏造」さえある。なぜならば、それを正当化する"大きな圧力"が加わるからである。それでも、正史や顕彰の目的、多くの人々の合作という点で一定の抑制力が働いたようだ。

　日本書紀が記録した上古の在位を「５倍説」で復元し、それを西暦換算して年表化すると、日本側の戦争記録と半島側の戦争記録は、内容が符合し、時期も±１年程度のズレで符合する。併せて論より証拠、在位５倍説で復元した"上古史年表"の信用性が±１年程度の誤差で裏付けられた。(戦争という最も悲惨で激烈な記憶の伝承記録が証明した) さらに、日本書紀や三国史記が「日韓共通の文化遺産」であることも合わせて再確信できた。

　　古代半島での日韓、日朝戦争の記録 (時系列表)

	西暦年	A 日本書紀 (復元年代)　　　B 三国史記　　　C 好太王碑文
初戦	３４５	B 倭王から国交断絶の書が届いた
	３４６	B 金城攻防戦　訖解王×成務天皇　退却する倭軍を追撃し敗走させた ※ この戦争は、新羅が防衛して勝利した。
不戦	３５０	B 夏大雨が降り続き平地は水没し建物は流され山崩れは１３か所で発生
	３５５	A 第１回新羅征伐　神功皇后×訖解王　前代未聞の海水を見て降伏した ※ この戦争は、新羅が大水害の復興中のため白旗降伏し日本は不戦勝した。
抗戦	３６４	B 金城攻防戦　奈勿王×神功皇后　直進する倭兵の大軍を奇襲し殲滅
	３６５	A 第２回新羅征伐　神功皇后×奈勿王　弁辰の７ヶ国を平定した ※ この戦争は、双方が引き分けた。
十年戦争	３９０	A 第３回新羅征伐　仁徳天皇×奈勿王　平地戦に勝利、４邑の人民を連行
	３９１	C 『この年から倭が海を渡って来るようになり』 (395年に事変を回想する)
	３９３	B 金城攻防戦　奈勿王×仁徳天皇　籠城し退却する倭軍を挟撃し殲滅
	３９５	C 『倭が百済□□新羅を破り臣民にした』 (事変から４年経った現況説明)
	３９６	C 高句麗が百済北部へ侵攻　好太王×阿莘王　城５８、村７００を奪う
	３９７	B 百済は倭に帰順　阿莘王→履中天皇　太子腆支を人質に送る
	３９９	C 高句麗が新羅の派兵要請に合意　好太王－奈勿王
	４００	C 高句麗が新羅へ派兵　好太王×履中天皇　金城に至り退く倭軍を追撃
	４０２	B 新羅は倭に帰順　実聖王→履中天皇　先王の子未斯欣を人質に送る ※ この戦争は、十年戦争となり一進一退しながら日本が優位に立った。
頂上戦	４０４	C 高句麗の本土防衛戦　好太王×反正天皇　帯方界で迎撃し潰敗させた
	４０７	C 百済北部の掃討　好太王×腆支王　四方で合戦に勝利大戦果をあげた ※ この戦争は、日本・百済とも高句麗に大敗を喫しこれ以降形勢は逆転した。

※ ７世紀後半に新羅が統一するまで中国、高句麗、百済、新羅、加羅、任那、日本が入り乱れて古代戦国時代が続き半島情勢は列島人の予想を遥かに超えて変遷した。太平洋戦争同様、開戦の快進撃は長続きせずあとは押され続け敗戦国で終わった。それが「半島の戦史」を詳しく語らない理由である。

第5章　捜査的な視点 ～行動理解の公式～

　ここで述べる捜査的な視点とは犯罪捜査にだけ用いられる「専門的・技術的」ノウハウではない。「捜査上の秘密」又はそれに準じるものでもない。日常に潜む犯罪や悪意ある攻撃から身を守る上でも参考になる「ウソを見破る経験則」のことである。この視点を欠いていれば"日本書紀のウソ"を暴き「古代の伝承」を復元することなどできないからである。歴史研究者も、常に「人のウソ」と向き合うべきである。

第1　ウソの免疫

　動物の中にはカッコーのような狡猾な鳥もいるが、嘘の才能は人間が群を抜いている。多かれ少なかれ、意識して、または無意識に嘘をつく。『私は、嘘はつきません』と言いながら嘘をつく。その嘘にすぐ気付く人もいれば、気付くのが遅い人もいる。また、気付き易い嘘もあれば、気付き難い嘘もある。

　そもそも、人はなぜ嘘をつくのか。その答えは"人にとって必要だから"だろう。もし、嘘のない世界に住んでいたら、隠し事は何もないし、できない。思っていることは、全て口をついて出るし、出てしまう。議論、論争、掴み合い、殴り合い、殺し合いは、何時でも何処でも誰とでも、起こりうるだろう。百年話し合ったところで、分かり合えないこと、好きになれないこと、妥協できないことは山ほどあるからだ。また、嘘は人間社会のストレスを和らげる。あまり嘘をつかない人は、真面目だが方々で他人と衝突する。そのストレスは一生の間に積もり続ける。理想の人間社会は、嘘のない「ストレス社会」ではなく、大抵の嘘は全員が気付いている「免疫社会」だろう。

第2　人の行動原則　　※ 状況＞立場＞動機＞行動

　人にとって嘘が「必要なもの」なら「嘘をつくな」といって押し問答を続けるよりも、その人にとって「なぜ、その嘘が必要だったのか」を見極めていく方が、事実の解明に繋がっていくことが多い。ましてや「事実」に対する「感情や認識」は、その人の心の中にある。それを、その人の言葉で表現する。全くと言ってよいほどその人の主観的な世界であり、その人の"土俵"である。だから、感情や歴史認識に関して論争が始まると、より感情的、より主観的な人の方が一見優勢に見える。しかし、人の「行動」は社会的、客観的な世界の中に存在する。必ず外部に痕跡を残す。誰も見ていない場所で起こされた事件であっても、その事件を起こした人間がその動機をもつに至った「立場」や、その立場に置かれることになった「状況」は、客観的に見える。隠しても隠し切れないものである。しかも、"立場"は「誰が」ではなく「誰でも」当てはまりうる。ヨーロッパ人とアジア人・アフリカ人、男と女、親と子、老人と若者、富裕層と貧困層、都会の住民と田舎の住民、抜け道のドライバーと地域住民、自転車と歩行者、教師と生徒、売り手と客・・・挙げるときりがない。どちらの立場になったかで人は態度も行動もがらりと変わる。さらに、"状況"は、好むと好まざるとに関わらず人を巻き込む。戦争、災害、気候変動、経済恐慌、少子高齢化、過疎化、家族制度の変容、家庭崩壊、雇用制度や勤務評定の変更、倒産・解雇、国と自治体の債務超過・・・こちらもきりがない。

～ 92 ～

敗戦後の荒廃した時代には、捨て子が多かった。罪も穢れもない生まれたばかりの赤子は、この世の苦難を背負わせるため遣わされた「天使」なのか。この世には母も、誕生を祝う家族も初めから存在しないのか。いくら泣いても母は現れない、抱き上げてくれない。本籍・氏名とも、保護した場所の市区町村長が決める。自分は一体誰なのかが分からないという人もいるだろう。その一方で、何の落ち度もない女性に対して本能のまま悪逆非道の振る舞いを執拗に続け、あたかも女性の人格を意図的に破壊しようとする「悪魔」のような男もいる。そして、天使のような無垢の赤子と目の前に座っている悪魔のような男が全くの同一人であると知る。そうなれば「人間とは何か」という疑問が生じる。『罪を憎んで、人を憎まず』という言葉は、古い時代からあった。罪は罪として処断するが、人は人として扱う。今の時代よりもはるかに厳しい生活を送った「昔の人々」の人生経験から出た言葉であろう。人の「行動」は多くの場合「立場」と「状況」によって決定される。それが「現場の現実」である。机上の空想世界とは全く異なる。

第3　時系列表

　分かっている範囲で、人の行動を時系列の表にする。もし、自分の立場、自分が置かれた状況を今一度はっきりさせたければ、自分のとった行動を全て時系列の表にして、他人のように眺めれば立場も状況も見えてくるはず。そして、その時の意思決定"動機"という外部からは決して見えないものまで客観的に浮かび上がってくるだろう。自分のことをもっと立派な人間だと思っていたなどという感想も出てくる。日記をつけている人が、何年かしてから自分の日記を読み返すのと同じことである。

第4　筋読み

　犯罪発覚の初期段階では、捜査情報は少ない。しかし、捜査方針が決まらねば一歩も前に進めない。その時過去の事例が参考になる。「誰が」ではなく「誰でも」という人の行動特性に着目して「よく似た事件」を様々な意味での情報とする。そして、現段階としての可能な範囲の「仮説」を立て具体的な捜査を開始する。しかし、仮説はどこまで行っても仮説であり「事実」とは区別される。事実発見のための「手段・方法」に過ぎない。仮説は信仰の対象ではなく、裏付けの対象にすぎない。仮説は柔軟な発想から生まれ、裏付けは馬に食わせるほどの様々な検証結果から生まれる。従って、筋読みは、段階的に見直される。また、責任と経験、さらには、他人に対する共感がなければ、単なる興味本位と無責任な独断が暴走する「邪推」となる。インターネット上の誹謗中傷の例を挙げるまでもなく、危険で迷惑な非人間的なものに堕ちていく。仮説を立てることは誰でもできるが、それを裏付けるのは労多く難しい。

第5　裏付け証拠

　刑事訴訟法第317条は「事実の認定は、証拠による」と刑事裁判の大原則を定めている。過去の事実につき白黒決着をつけるには「論より証拠」である。近年ドライブレコーダーの普及により、交通事故の当事者・関係者が無益な争いやストレスから解放されたという話をよく耳にするようになった。しかし、その一方で「それが何の証拠になるのだ？」という言葉もある。証拠と言っても、ピンからキリまであるからだ。さらに、それは証拠

ではなく単なる"主張"だろうと反撃されることもある。また、殴り合いの喧嘩を、一部分だけ切り取った映像を見せて『一方的に暴力を振るわれました』と騙す手口がある。これを国家権力や中立であるはずのマスコミが用いることもあるだろう。所詮は"人間"がすることである。従って、証拠は、それ自体が「客観的なもの、合理的なもの、科学的なもの」であるか否か、採用する側も責任を持ってよく吟味しなければならない。出所の怪しい証拠を掴まされて、国会質問で追及したはずが文字通り自身の墓穴を掘ってしまった実例もある。「証拠」なるものは、表側からだけでなく裏側・側面・上方・下方からも見るべきだ。

　なお、ここで言う「事実」とは、特定された事実をいう。『昔々、ある所に、おじいさんとおばあさんがありました』で始まる話は、いつのことか、どこなのか、誰のことなのか、全く特定せずに展開される"お話"である。１０年前か１０００年前か、ハチ公前か南極点か、７０歳か１００歳か、どこの誰のことか全く分からない。つまり、作り話かそれに等しい話である。だから、話し手は何の責任も感じない。時にアレンジを勝手に加え、時に省略する。『例えばだけど、こういう事かもね』などという「仮定の話」も要注意である。『仮定の話には、お答えできません』と正論で切り返す総理もいた。実在した人物の具体的な事実を綴る国史・正史と、架空の登場人物を使って難しい教義を分かり易く伝えようとする神話・民話は、全く異なる世界にある。ただし、元々歴史的事実の伝承だったものが伝承されるうちに曖昧になっていき、いつの間にか神話や民話に姿を変えられることがあっても不思議ではないだろう。

第６　事実の向こうにある真相
　１個の事実は、それだけでは全体像を把握することに繋がらない。幾つもの事実を積み上げてこそ全体像＝真相が見えてくる。１～２個の事実が筋読み・仮説と符合しても、それだけで真相だと決めつけるのは短絡思考・手抜き捜査である。追っていた真相が、当初予想していたものとは真逆なものだったという経験は珍しくもない。

　また、社会常識、健康・医学常識、科学常識などが覆ってしまうことなどよくある。日本の主要新聞社が世紀の大スクープだと称して全世界を駆け巡った記事が世界の常識となってから久しく経った今、それが一晩で「誤報」となる。日本で最も権威のある科学研究機関が威信をかけて全世界に発表した夢の万能細胞も、瞬くうちに夢と消えた。仮説や自説は、発表・主張する側に本当であって欲しいという強い願いがある限り、信仰の対象になりかねない。母親が一生懸命に不良息子をかばうようなもので『信じています』が繰り返される。「信仰」は「事実」を圧倒する。しかも両者の峻別はとても難しい。

　信仰が形を変えて登場すると「先入観」になる。意識的に洗い流そうとしても落ちないシミのようだ。汚れは落ちてもシミはそうそう落とせない。気が付かないうちに入り込み、真理のような顔をして居座る。さらに、何が先入観なのかが簡単には分からない。捜査現場でもひどく足をすくわれる。だから、この事件での先入観は一体どこにあるのかと、自分で意識して探さなければならない。スクラップ・アンド・ビルドという言葉がある。「発想」は、いつでも１８０度転換してみるべきである。

第6章 上古通史 ～王・大王の大業～

　ヤマト王権という集団は、古代世界をどのように進んでいったのか。日本書紀の記録から概観してみる。すると川の流れのようにその時々に様々な局面を迎えていたことが分かる。神武天皇～推古天皇までの４５０年には『８つの時代』があったようだ。

国造り３８年　1神武　2綏靖　3安寧　4懿徳　（空位1年）
　西暦１８２年、奈良盆地に「ヤマト」という小さな国が建国された。しかし、初代の王はよそ者であり、受け継ぐ地盤など何一つなかった。全部新しく自分たちの手で創っていった。統治システム・社会の身分構成・祭神。後世になり「ヤマト」という国名に対して、山戸や山門など地形を表す漢字を当てず、大いなる人の和という「大和」を当てた。このことからも分かるように『苦労人・神武天皇の建国方針』は、国造りの根本に据えられ、その後もずっと継承され「日本国のかたち」とされた。近隣アジア諸国の歴史や社会構造とは大きく違った。戦後、占領軍が日本に民主主義をもたらしたと勘違いしている人もいるが、建国当初から自由と平等の思想は萌芽していた。各時代を通して外国の社会実態と比較してみれば、自明なことだろう。他者への際限ない抑圧や支配、敵の完璧な殲滅、富と財産の極端な独占は、この国では異常事態とされてきた。この国造りは、今日に至るまで日本人にとってとても有り難いものになった。

富国強兵７５年　5孝昭　6孝安　7孝霊　8孝元　9開化
　薩摩半島最西端に、東シナ海の大海原に突き出る岬がある。そこは鹿児島県南さつま市である。岬は鋸の歯のように入り組んだ地形となり、天然の良港を幾つも生んだ。そして、台風のように太平洋を北上し日本列島を直撃する巨大海流「黒潮」は、沖縄諸島の手前で分岐して「対馬海流」を生む。対馬海流は北上し、済州島の南で黄海～南中国方面へ流れ込む分流を生む。さらに、主流は対馬と北九州の間を通り抜け日本列島沿いに樺太まで達する。また、対馬と韓半島東南の間を通り抜け韓半島の東に沿って北上する分流も生じる。このことは、薩摩半島が北九州や山陰さらに韓半島などと古い時代から海の道で繋がっていたことを端的に証明している。また、霧島や桜島から立ち上る噴煙は、火山灰の分厚い地層を形成した。そして、このやせた土地は農耕民にとって最も厳しい自然環境となり人々を苦しめてきた。その一方"大海原と不毛の大地"が南さつまの人々を海運・交易・海上戦闘に巧みな集団に進化させていったに違いない。それに合わせ「進取の気性・行動力・経営能力・外交能力・臨機応変・危機管理能力・忍耐力・団結心・信仰心」を養う。これこそ、農耕民・山幸彦が辛苦に耐え海幸彦の技をも習得していったという「神話」の歴史的真相であろう。１９４０年、皇紀２６００年の奉祝行事の一環として、古来土地はよく肥え風光明媚、人情は優しく穏やかな「宮崎」の海岸に、神武天皇にちなむ「日本海軍発祥の地」という石碑が建てられた。この頃の日本海軍は上から下まで、あらゆる場面で「事実」を「判断」の大前提に据えるという基本姿勢を崩していた。すでに江戸時代から、全国各地でご当地観光の振興には力が入れられていた。大いに役立つ広告塔になると考えた地元民や自称・郷土史研究家らが持ち込んだ企画を、海軍はいともたやすく丸呑みにした。

「先入観」や、誰も責任をとることのない「全体の気分」に流されたようだ。宮崎に立つ記念碑は、世界最強の海軍が慢心と怠惰を道連れに、太平洋の海底深く全艦を沈めて跡形もなく滅び去った歴史の記念碑でもある。それから７０年近く経って、宮崎の農産物ＰＲに大いに役立つ広告塔になってくれると期待した県民は、有名タレントを知事に選んだ。この時も当初のＰＲ効果は絶大だったが、なぜか他の知事選に出馬するという想定外の展開となり、急転直下の幕切れになってしまった。世の人は、同じことが二度あると三度目もあるというがどうだろう。日本書紀は神話の中で、神武天皇を海幸彦ではなく山幸彦の家系においた。そして、神武天皇は、日本人全体をも象徴する。すると、日本人の本質を海幸彦から厳しく鍛えられて成長した山幸彦の姿として捉えようとしたのではないか。今風な表現にすると"縄文の最強部族"アイヌとの争いに敗れ理想の地・北海道から追い出された弱小部族の縄文人は東北へ移住する。その地でも強弱に分かれ、エミシ族に追われ海岸を南下した縄文人はついに薩摩半島まで辿り着く。そして、苦難を通して海幸彦に成長した。そこへ、中国南部からはるかな旅路を経て韓半島へ辿り着き、半島の南端まで追われた移民集団があった。その中でも弱い者は追い出されてしまう。半島で行き場を失った者が、居合わせた縄文人にイネや鉄で渡し賃を支払い船で海の向こう側の博多・出雲・薩摩などへ移住した。その中のある移民者は、より気候温暖な鹿児島を選んだが、案内された土地は火山灰の降り積もるイネなど育ちようもない荒れ地だった。苦労を重ねるが報われず、定住地を求め放浪の旅をする。そして辿り着いたのが薩摩半島の最西端だった。ここで、貧しい農耕民の子は、縄文の海人に出会い受け入れられた。大変な苦労を経て、ついに強く賢いリーダーに成長する。そこから「歴史」が始まる。神話の海幸彦（縄文人）と山幸彦（弥生人）は、日本人の原形であり、「ヤマト」の国造りでも、海と山２つの文化（農業・海運・交易・軍事）の結集に力を注いだ。先見の明は、後の世に神武天皇と呼ばれる初代の王にあった。将来発展する条件を全てにおいて満たし、まだ手の届くところにあった"後進地"を見つけた点にあった。河川が多く水不足の恐れが少ない奈良盆地、瀬戸内の水陸交通の要衝、岬が自然の防波堤だった「古代河内湖」、水上交通に適した淀川・大和川水系、火力を十分に供給できる森林、交易で得た鉄と火力による鉄器生産力、外敵を寄せ付けない生駒山系などがあった。特に武器の供給では、大和の国には天国・天座（あまくに・あまざ）という古代の刀工伝説が残る。実際に奈良地方には刀鍛冶の伝統があった。農業生産の向上は、人口増加による職業兵士と戦闘技術の向上に繋がり、鉄器生産は武具性能の向上と強力な武装を可能にした。

統一戦争４６年 10崇神 11垂仁 12景行

　崇神天皇は、突然に近畿周辺地域を平定した訳ではない。それ以前に富国強兵に努めた王たちがいたから、段階的に大国へ成長していったヤマト王権だった。基礎を固めていった８代の王たちは、歴史上その存在は必要不可欠である。小国が、幾つもの方面軍を編成し、大兵団、軍船、軍備、補給などを可能とする「財力」を支出できるはずもない。崇神天皇はヤマトの国を出て、機内全域を支配した。さらに垂仁・景行天皇による外周支配は、最後に"北九州の雄"を残すばかりとなる。一方、「古代の韓半島」は別次元の国でもなく、外周の延長線上にあった。そして韓半島と邪馬台国は、時に連携してヤマト王権に立ち向かった。このことは、当然の成り行きであり筑紫の磐井の時代まで続いた。

軍事国家３７年　13 成務　（空位１年）　14 仲哀　☆神功　15 応神

　崇神・垂仁・景行という大王３代は「英雄の時代」だった。しかし、その後の成務天皇
〜応神天皇までは、まさに軍国主義の時代と化した。半世紀を超えて長引く戦争は、豪族、
兵士、農民などを問わず、全ての人々にとって過大な負担のさらなる追い討ちとなってい
った。あたりまえに国中に厭戦気分が広がり、公然と反対する豪族も現れる。逃亡する兵
士・農民も珍しくない。そして、ヤマト王権に最後まで帰順を拒否する強大かつ先進の邪
馬台国と雌雄を決する大戦が残った。そんな中で、成務天皇の韓半島侵攻が大失敗に終わ
る。反戦・厭戦から、不満・抵抗そして暴動・反乱となるのは古今東西の歴史が証明して
いる。韓半島侵攻作戦の大失敗のため、ヤマト王権内で完全に信任を失った成務派は、先
手を打つ形で仲哀派に大王の位を譲った。そして、韓半島に対する再侵攻に関して両派は
激しく衝突し、調整不能となる。妥協点として邪馬台国の討伐を実施することとした。
　しかし、その後に機を失せずに韓半島侵攻に移ることでは、両派は平行線を辿った。そ
の一方で、邪馬台国を孤立させるまでに北九州連合体制の切り崩しが進んでいった。周辺
国は帰順してきた。ほぼ確実に邪馬台国に勝利できる。その後時を移さず、九州各地から
集めた大兵団と降伏した邪馬台国の兵団により総攻撃をかければ、韓半島は新羅も百済も
ヤマトに帰順するだろう。今、百済は高句麗に攻められ、新羅は大水害で疲弊している。
『刀に血をぬらすまでもなく金銀の国を手に入れる事も出来る』と武内宿禰ら成務派は主
張した。それは、彼らが切に望む名誉回復となる。さらに将来、仲哀天皇の後継者選びで
再び大王の位を取返せる可能性が大きくなることも意味した。派手なアピールや大風呂敷
の長演説。果ては、大王の暗殺まで突き進んでいくのは、そうしなければ自分たちがヤマ
ト王権から蹴落とされることが分かっていたからだ。仲哀天皇は、あまりに若く即位し、
健康で逞しかった。長期政権となり、仲哀派一色に染まっていく予感に包まれただろう。
この時代は、後の世の国史編さんに携わる文人が手を出すまでもなく、当事者による事実
隠ぺい工作、歴史の書き換え等が徹底して行われただろう。一方、後世の文人も天皇も伝
承を怪しんでいた。しかし、確たる新証拠が出ない以上は、既成事実となった"ヤマト王
権の歴史"を覆すこともできず、またそうすることが妥当とは言えなかったのだろう。

東アジアの列強９９年　（空位２年）　16 仁徳 17 履中 18 反正 19 允恭 20 安康 21 雄略

　ヤマト王権の人々にとっても凄まじかった軍事一辺倒の時代は、応神天皇崩御と共に幕
を閉じた。武内宿禰のような重臣の突出を警戒したヤマト王権の人々は、その反動から大
王専制へ向かう。このとき、誰も暗殺の時代を予想していなかっただろう。強い立場の大
王こそ国を安泰に向かわせてくれるものと期待した。しかし、大王専制は、実際には血も
凍るほどの恐怖と殺戮の時代を王家に招き入れてしまう。この時代の即位は、大王自身が
血塗られていた。それも、近親者の血で。ヤマト王権の指向性は常に内向きとなり、猜疑
心と血にまみれ、それが次々に連鎖していった。ヤマト王権にとって最悪の時代と言える。
しかし、統一国家として国力は強化された。

国家体制の模索３２年　22 清寧　☆飯豊　23 顕宗　24 仁賢　25 武烈

　ヤマト王権内の被害者を中心として、大王専制に対する反動が起きる。王位継承戦線か
らの離脱である。王位に対する魅力が失せてしまった。大王の後継候補がいなくなるとい

～ 97 ～

う異常事態が起きた。その結果、暗殺の被害者側が返り咲き次々に「意外な人物」が即位しだした。しかも、適任とは言えず自由奔放、慣例無視の傾向に流れた。そして、武烈天皇の登場でその反動も終わりを迎える。反動への反動は、仁賢・武烈天皇という親子2代の時代に起きた。歪んだ劣等感からの強権発動とそのエスカレートが原因だった。再びヤマト王権内に血生臭い惨劇が繰り返された。しかも、王族のみならず、その近くに侍る人々や近習の者・使用人に至るまでヒステリックに処断される時代だった。

重臣政治63年　26継体　27安閑　28宣化　29欽明

　暗黒の歴史を通して、ヤマト王権が辿り着いた大王体制のあるべき形は、
　○　大王の専制化を抑えるための大王と重臣の協同体制
　○　重臣の突出を抑えるための群臣会議
であった。このシステムが守られていれば、ヤマト王権の人々が再び暗黒の時代を迎えることは無いだろうという体制が作られた。

高度成長57年　30敏達　31用明　32崇峻　33推古

　允恭天皇の時代から南朝の中国（晋〜宋）と直に外交関係を持って以来、徐々にヤマト王権の人々は単なる舶来品・高級品志向を脱し、先進国の文物そのものを自国に取り込みたいと望むようになった。苦痛に耐えながら身体を鍛え、強く・速く・逞しくなる喜びを全身で感じていた"少年"が、ある日突然、知・情・意の世界に目覚めた"青年"に変貌したようだった。大王やその取り巻きの人々は、競うように文化レベルを上げていき、素朴で野卑な時代は過去のものとなっていく。大王みずから漢文を習得し"狩り"よりも"詩歌管弦"を好むようになった。そして、大王は"重臣の手本"という立場になった。

〜　国際標準 vs. ヤマト標準 〜

　413年、ヤマト王権が初めて国際社会＝中国にデビューした時、晋の皇帝に宛てた外交文書に倭国王の署名はなかったようだ。これを指摘された允恭天皇側は、その後も本名を名乗らず形式的な"外交ネーム"を適当に使用しながら南朝の歴代皇帝に対して"国際名誉称号"を求める国書を送った。突飛な外交スタイルだった。600年、推古天皇の時代になってからも隋の皇帝宛て外交文書の差出人欄は、"男名前"で書いてある。なぜなら、高貴な女性が本名を世間に明かさないのは"島国の常識"だったからである。

　※　允恭天皇は、敬慕する先々代（長兄）、先代（次兄）の大王を思い浮かべ 讃・珍 を用いた後、済 を自称した。雄略天皇もこれに倣って先代（実兄）を念頭におき 興 を用い、後に 武 を自称した。なぜなら、大恩ある"亡兄安康天皇"に国際名誉称号を追贈したかったからである。続く清寧天皇は亡父王に追贈するため、武烈天皇は偉大な外祖父・雄略天皇の外交ネームを襲名して「武」を用いた。それが「倭の五王」名義の"実体"ではなかったか。その後も"外交文書"が送付途中に消失し、書き変えられるといった事件が続いた。さらに"昭和"になってからも、日曜の朝真珠湾上空に日本海軍機の大編隊が殺到するまで"電報用紙"が一時的に行方不明になり先方への「宣戦布告」が少々遅れた。その一方で「トラ・トラ・トラ」や「ニイタカヤマノボレ」の相次ぐ至急電は、1秒たりとも遅れることなく関係先に届けられた。

～コラム07 王・大王の大業～

代	諡号	復元年代	（在位）	大業の本旨	紙数
1	神 武	182～196	（15）	奈良に「ヤマト」を建国し基礎を固めた。 ～国造りの時代・38年～	21
2	綏 靖	197～203	（ 7）		2
3	安 寧	204～211	（ 8）		1
4	懿 徳	212～218	（ 7）		1
	空位1年 219				
5	孝 昭	220～236	（17）	農業・海運・交易・軍事に力を入れた。 ～富国強兵の時代・75年～	1
6	孝 安	237～256	（20）		1
7	孝 霊	257～271	（15）		1
8	孝 元	272～282	（11）		1
9	開 化	283～294	（12）		1
10	崇 神	295～308	（14）	倭国統一に着手した。 ～統一戦争の時代・46年～	13
11	垂 仁	309～328	（20）		18
12	景 行	329～340	（12）		24
13	成 務	341～352	（12）	倭国統一後は半島へ侵出した。 ～軍事国家の時代・37年～	2
	空位1年 353				
14	仲 哀	354～355	（ 2）		7
摂 政	神 功	356～369	（14）		23
15	応 神	370～377	（ 8）		15
	空位2年 378・379			中央集権と大王専制を強めた。 ～東アジア列強の時代・99年～	
16	仁 徳	380～396	（17）		26
17	履 中	397～402	（ 6）		8
18	反 正	403～407	（ 5）		1
	空位1年 408				
19	允 恭	409～450	（42）		14
20	安 康	451～453	（ 3）		4
21	雄 略	454～476	（23）		33
22	清 寧	477～481	（ 5）	専横かつ暴虐化した大王専制を見直した。 ～国家体制模索の時代・32年～	5
仮 説	（飯豊）	482～486	（ 5）		
23	顕 宗	487～489	（ 3）		14
24	仁 賢	490～500	（11）		4
25	武 烈	501～508	（ 8）		8

26	継体	509～533（25）	大王と群臣による協同体制へ移行した。〜重臣政治の時代・63年〜	22
27	安閑	534～535（ 2）		6
28	宣化	536～539（ 4）		3
29	欽明	540～571（32）		47
30	敏達	572～585（14）	先進国「中国」の文物を直に移入した。〜高度成長の時代・57年〜	15
31	用明	586～587（ 2）		5
32	崇峻	588～592（ 5）		8
33	推古	593～628（36）		36

※ 紙数欄は、日本書紀（上）（下）全現代語訳（宇治谷孟著・講談社学術文庫）に占める紙数。

～コラム08　日本書紀の天皇評価（1）～

代	天皇諡号	容姿端正	優れた点	大器	暴虐	死因
1	神 武		○			
2	綏 靖	○		○		病死
3	安 寧＊					
4	懿 徳					
空位1年						
5	孝 昭					
6	孝 安					
7	孝 霊					
8	孝 元					
9	開 化＊					
10	崇 神			○		
11	垂 仁	○	○	○		
12	景 行					
13	成 務					
空位1年						
14	仲 哀	○				急死
摂 政	神 功 皇后	○	○			
15	応 神			○		
空位2年						
16	仁 徳	○	○			
17代	16天皇1摂政	5	4	4	0	

＊印は、先帝が崩御した年に即位した天皇。

～コラム 09　日本書紀の天皇評価（2）～

代	天皇諡号	容姿端正	優れた点	大器	暴虐	死因
17	履 中					病死
18	反 正	○				
空位1年						
19	允 恭		○			
20	安 康					暗殺
21	雄 略＊		○		○	病死
22	清 寧		○			
仮説	（飯豊）					
23	顕 宗		○			
24	仁 賢		○			
25	武 烈＊		○		○	
26	継 体		○			病死
27	安 閑＊			○		
28	宣 化＊		○			
29	欽 明＊					病死
30	敏 達					病死
31	用 明＊					病死
32	崇 峻＊					暗殺
33	推 古＊	○				病死
17代	17天皇	2	8	1	2	

＊印は、先帝が崩御した年に即位した天皇。

第7章　事件史

　「初代」神武天皇～「33代」推古天皇まで４５０年。上古"３５人"の王・大王（神功皇后、飯豊青皇女を含む）が目指したものとは何だったのか。それぞれの時代に起きた出来事を「事件」として捜査的な視点で見てみたい。※ 在位5倍説、飯豊在位5年説による年数。

神武天皇　在位１８２～１９６（15年）　生誕134～崩御196　数え年63歳

　８世紀ヤマト王権の人々にとって、王権創設者・神武天皇は、人でありながらその業績は神の領域にある。この王なくして、その後のヤマト王権は存在しない。だから「神話」と「歴史」の接点に置かれることとなる。「皇統神話」の最終章を飾り「王・大王の歴史」の先陣を切る。神武天皇や東征に従った旧臣たちの体験談は、後世の人々に語り継がれ、その過程で伝説や神話になっていく。そのため日本書紀の「皇統神話」は、神武天皇の出身地・薩摩半島「吾田」地方（現・南さつま市）に伝わっていたであろう「移民伝説」をもとにした"天孫降臨"と、大和地方（現・奈良県）に残っていた「東征伝説」をもとにした"国譲り"を２大テーマとする。この点で日本書紀は「同じテーマ」を神話と歴史の双方で取りあげる変則的な書になった。また、皇統神話を複雑で分かり難くした理由は、ヤマト王権創設のもう１人の立役者ニギハヤヒの出身地「出雲」地方の伝承をも加えたことによる。しかも、この２つを何とか融合させたことからきている。しかし、それは「国譲り」にあたっての「降伏条件」をヤマト王権が信義と誠実に基づき守り通した証しでもある。このことからも、日本国は一流の国になる素質を古代当時から持っていたと言える。

［移民・出自］

　神武天皇の出自は、秀吉など多くの戦国大名と同様に、８世紀の日本書紀編さん者がいくら調べても満足なものは出てこなかった。なぜなら、代々続いている吾田豪族の家系ならいざ知らず、５００年以上も前に夢を追い求め出ていったファミリーヒストリーがその土地に残るはずもないからだ。確かに、土地の有力者の娘婿となり、分家・家の子郎党として本家に従属し、貧しく過酷な現状から移住を決めた一家もあったろう。しかし、いくら現地・吾田地方を調査しても、何の痕跡もなかったはずだ。ただ、吾田地方に伝わっていた「移民の歴史」や、中国大陸・朝鮮半島との「交流の歴史」が、地元の伝承として残っていたに違いない。神話を編さんする上での参考資料になる。その反面、何もないからと言ってウソの家系図をもっともらしく創作したり、家臣から系図を譲り受けた形跡もなかった。あったのは『日向国吾田邑出身の妻』と『子供』がいたという程度の伝承だった。また『東征当時の日向の国』は「８世紀頃の日向の国」と同じではない。「宮崎」に限らず「鹿児島」を含む"南九州全域"だったようだ。ヤマト王権による平定が進む過程で地方の国々の名称や境界線が定められた。アフリカ大陸を植民地化した西欧が、国名と国境線を創った過程と同じだ。景行紀には『日向の国と命名した』ときの経緯が記録されている。

　日本書紀編さん者は、神話と一線を画す「巻3」に妻の出身地を「日向国の吾田邑」だと記した。しかし、肝心の神武天皇が生まれ育った地や東征出発時の住所を「具体名」で記していない。「妻に同じ」とも書かなかった。そのかわり、１７９万2470年余り前の太古の時代に先祖ニニギ尊が定住して以来、代々『西のはずれの地』を治めて神武天皇に

~ 103 ~

至ったと記している。何となく、神武天皇の出身地も日向国の吾田であるような印象を与えるが、はっきり言わない。これについて"巻2の神話"が補足説明した。一書に曰くとして様々な8つもの説を紹介したが、結論は本文に『ニニギ尊は"日向"（ひむか）の"襲"（そ）の高千穂の峯に降臨した後、痩せた不毛の地を丘続きに歩いて良い国を探し求めた結果"吾田国（あたのくに）の長屋の笠狭崎"（かささのみさき）に着き、そこに定住し土地の神の姫との間に子を得た。子の一人は、隼人の始祖となった。しばらくして、ニニギ尊はおかくれになったので筑紫の日向の可愛の山（えのやま）の陵に葬った』と記している。ニニギ尊の移住地は神話の中で記したが、ひ孫・神武天皇の生地や住所は「どこ」ともハッキリ書かなかった。何も伝わっていなかったのか、それとも不都合があって記録しなかったのか。神武東征が伝承として伝わったのだから、出自についてもう少し伝わっていても不思議ではない。妻の出身地「日向国吾田邑」が伝わりながら、神武天皇が生まれた邑の名前をストレートに記さなかったのは不自然だ。ヤマトの国に来なかった妻のことは、神武天皇や手研耳命などが話さないと分からない。妻の出身地は話したが、自分の出自や故郷を語らなかったとは考えにくい。一方「吾田邑」は"日向国"だと記したが、地名から"薩摩国の阿多郡"（現・南さつま市）が第1の候補地となる。さらに"巻2の神話"は、天孫ニニギ尊が降臨した場所を"日向"の襲の高千穂の峯だと表現している。上古の日向は、7～8世紀の「日向国」とも、現在の「宮崎県」とも一致しない漠然とした地方（南九州）として使われていたようだ。天孫は降臨後、痩せた不毛の地を丘続きに歩き、良い国を求め吾田国の長屋の笠狭崎に到着し定住する。日本書紀は、この定住地の位置を"西偏"と表現した。「偏」には『かたよる・ひとえに』という意味がある。従って、笠狭崎は、『襲の高千穂からひとえに西、西のはずれ』となる。現在は、野間半島（南さつま市笠沙町）と呼ばれる岬が薩摩半島の最西端であり、襲の高千穂の西のはずれに位置している。ニニギ尊はそこで妻を得て子孫を伝えたとされる。なお、野間半島付近の幾つもの港は、古くから天然の海道拠点として西日本各地の港や、中韓の港と繋がっていたという。753年12月20日、鑑真和上を乗せた遣唐使船が坊津の秋目港に着いたという記録や唐人町が栄えた歴史も残る。古来、この西のはずれは、海幸彦・隼人族が多く住む海人の土地だった。"南さつま市"は、幾つも「条件」を満たしている。

　これに対して宮崎は、『日向の国と言えば宮崎でしょう』という一点のみである。記紀の記述や地理条件、歴史的背景や隼人族との関わりが希薄で、あらゆる面で客観的に符合しない。観光産業の育成・振興のため歴史認識を膨らませたと疑われても仕方ない。『日本海軍発祥の地』などと仰々しい石碑を好んで建てたことからもその意図が見える。

　"古事記"は、天孫ニニギ命は筑紫の「日向にある噴煙絶えない高千穂の峰」に降臨した（天上世界から飛び降りた）という神話らしいダイナミックな前置きに続けて、本題に進む。

　○　この土地は（海を挟み）韓国と真向い（人々は韓国から船で）笠沙岬へ通って来る。
　○　朝日が真っ直ぐ射す国、夕日が照り輝く国。
だと海上の船から見た印象的な景色を体験者の言葉で表現した。なお、高千穂の峰から笠沙の岬までの「ニニギ命の移動」や、この土地の「国名」を欠くため説明不足だった。

　そこで"日本書紀"は、移動の状況を追加した。それでも、やはり神武天皇の出身地を端的に「吾田邑」とも「吾田国」とも書かなかった。なぜなのだろう。曾祖父のニニギ尊が、「吾田国」に定住したと説明したから改めて書く必要はないと考えたのだろうか。

「南さつま市」は自然の良港を幾つも抱え、古代から海道の拠点として栄えた。遣唐使船も寄港し、戦国時代には宣教師も来航した日本の西の玄関だった。この地で「海人」として鍛え上げられた男たちならば、磐余彦（イワレ）のように航海術・交易・集団戦において優れた技術と経験さらには仲間を持ちあわせることも出来ただろう。

［東征・建国］

　神武天皇の業績は「東征」と「建国」である。その反面、即位後の業績が伝わっていない。日本書紀は『手研耳が長期にわたり国政を任されていた』と記録している。これは、彼が“年長の子”で東征以来の片腕であり、信頼できる人物だったということを意味する。太子として後継者として国政を担当したが、東征派のトップとして「吾田閥・吉備閥」を奈良地方に拡大させたことを心憎く思っていた者もいた。当然の反発だろう。仮説“親子関係”から神武・綏靖の年齢差は２８歳となる。これを仮説“神武年表”に当てはめる。すると、神武元年当時の綏靖天皇は２１歳。東征出発時はまだ１４歳だった。（古事記は、タギシミミの弟“キスミミの名”を記録に残していた。しかし、なぜか日本書紀は消した）青年はヤマトの地に慣れ親しみ、在来派とも親しむ。ここからクーデターのシナリオは生まれる。手研耳の業績は残されなかった。父王の妃は、若ければ世継ぎの王の妃になった時代である。内部の情報は全て在来派へ流れただろう。さらに東征派の側も二世の時代となり、変革は受け入れられた。記録では、神武天皇と皇后の二男“神淳名川耳”（綏靖天皇）が立太子したとあるが、これは『手研耳は、長らく朝政の経験があった。神武天皇から自由に任されていた』という記録と矛盾する。立太子は手研耳の記録だろう。神武天皇の鷹揚な人物像が西郷隆盛に似ていることは、ニギハヤヒとの降伏に向けてのトップ会談の場面や、戦後処理の進め方によく表れている。長らく苦労を共にしてきた“長男”に、頃合いを見て政権を担当させ、自身は隠居生活に入っていく父の背中が浮かんでくる。

　ところで、“東征軍の兵力”について日本書紀に記録がない。事実に関する史料がない以上「仮説」も立てられない。ここから先は、推理ではなく“空想”になる。現代の日本の総人口は１億２５００万人。古代の７０歳以上は稀なので、０歳〜６９歳人口に絞ると１億５００万人。その割合は８４％。奈良県の総人口１４１万５０００人にその率を掛けると、約１１９万人。西暦２００年頃の日本の総人口を多くて２００万人とする。現代の１億５００万人と比べると、その割合は１．９％。絞った奈良人口にこの率を掛けると、２００年頃の奈良は、人口約２万３０００人。現代の１５歳〜５９歳男子３５６０万人は、１億５００万人の３４％。すると古代奈良全域の戦闘可能年齢男子は、７８００人。このうち病気や怪我が多い時代に訓練を受け、武器を支給され、戦時に動員可能な者を多くて５割として、最大３９００人程度とみる。これが、未だ統一されていない奈良地方の全兵力である。その最大勢力にして奈良全域を統一するほど大きくもない「長髄彦軍」を全体の２割とすれば“７８０人”。対する東征軍は、無傷の基幹部隊が１００人、帰順した寄せ集め兵が４００人、合わせて“５００人”。これで互角の戦いになったようだ。当初の東征軍は、４人の司令官が各５０人の配下と小舟５隻を集め“２００人２０隻”の兵団だったが、戦死や離脱で「イワレとタギシ」親子の部隊を中心とする１００人〜１５０人程度の兵力に落ちていた。基幹部隊は、元々海運と交易さらには海賊を業とする瀬戸内の荒くれ者の集団だったろう。磐余彦が、決して約束を破らないリーダーだったからついて行ったに違いない。それは、１６世紀のコルテスやピサロら「征服者たち」とも共通する。

～ 105 ～

綏靖天皇 １９７〜２０３（７年）　１６２〜２０３　４２歳

　年齢を復元計算すると、１４歳で父と兄の東征の旅に従っていた。しかし『母は皇后。手研耳は異母兄』だと記された。つまり、８世紀の感覚では他人同然となり兄殺しにならない。東征派のリーダー手研耳を倒し即位できた理由は、在来派の強い支持と東征派一世たちが神武天皇同様に高齢化して第一線を離れ始めていたからであろう。しかも、東征派二世たちは、在来派の母の実家で育てられた。時代は征服者・手研耳の認識と完全に乖離していた。綏靖天皇の皇后は、事代主神の次女。神武天皇の皇后と姉妹関係にある。そして、日本書紀が事代主神と記録した人物は、帰順した在来派トップを意味する。つまり、ニギハヤヒこと物部氏族長が支援者だった。手研耳は父王亡きあとその皇后を引き取って面倒を見たつもりだったが、刺客の手引きをされてしまった。父王に比べ時代の動きや人心の変化を見通す力量に欠けた。父王のカリスマ性や人脈があればこそ朝政も担当出来たが、それらの賞味期限が切れる前に自身のものを築く事が出来なかった。『大室の中で一人休んでいた』という情景描写は、手研耳が「裸の王様」になっており腹心の家臣を持っていなかったことを表している。その結果、ヤマトの有力者たちを完全に掌握できず、先手を打つことなく終わった。秩序なき時代に未だ建設途上のヤマト国が、この先荒海で舵を切るには全く役不足な手研耳を見限ったのは歴史的必然だった。また、このときの暗殺の手口は、その後の王位継承の争いや他部族平定に当たっても用いられることになる。綏靖天皇は、父王が西暦１９６年３月１１日６３歳で建国の父としての一生を終えた翌年１月８日、３６歳で無事即位した。しかし、４２歳で『病気のため崩御した』という。在位は７年、上古１７人の王・大王で"病死"と明記されたのは、綏靖天皇と仲哀天皇の２人だけである。その時の人々に与えた衝撃の大きさが受けとれる。それほどに、新生ヤマト国においては「希望の星」だったといえよう。あるいは正反対に、邪魔者・仲哀天皇と"同じ運命"を辿ったのかもしれない。このあと、在来派が復権する。

安寧天皇 ２０４〜２１１（８年）　１８４〜２１１　２８歳

　東征派と在来派の対立を乗り越えたヤマト国ではあるが、建国して２２年を迎えた年の５月、２代目の王が崩御した。少年期から東征に従い多くの苦難を経験し建国の過程も知り尽くし人々の良き理解者だった王は、あらゆる立場の者から尊敬されたことだろう。その世継ぎの皇子は、このとき２１歳。３代目の王にして初めて"ヤマト生まれの王"が誕生した。しかし、この頃にはヤマト王権の人脈は、在来の諸豪族と結びつき複雑に絡み合っていた。神武天皇や手研耳の皇子たちもいたろう。もはや単純な対立構図は描けない状況となり、謀（はかりごと）を見抜くことは困難になっていた。そして、３代・安寧天皇の即位が厳しい状況の下で行われたことは確かだと言える。なぜならば、即位が父王の亡くなった翌々月の７月３日、年が明けぬまま行われたと記録されているからである。上古のヤマト王権では、崩御の年が明けるのを待って即位の式を行うのが当然とされていた。部族の首長が没したとき、その地位を継承する際の"倭人の慣例"だったのだろう。しかし、日本書紀はその間の事情を何も伝えていない。安寧天皇は、在位８年２８歳の若さで崩御した。何があったのか全く記録を欠く。父の綏靖天皇とは対照的に病死とも何とも死因も伝わらない。その安寧天皇に皇子があったとして"１０歳前後"だった計算になる。

~ 106 ~

懿徳天皇 ２１２～２１８ （7年） 181～218 38歳

　日本書紀は『安寧天皇が崩御したとき、懿徳天皇は"成人した皇子"だった』と記した。しかし、復元年齢から２人の年齢差は－３歳。安寧天皇の崩御年齢２８歳から懿徳天皇のその時の年齢３１歳を引けばそうなる。新帝が先帝より３歳年上なのだから親子関係はありえない。異母兄弟、従兄弟、叔父甥等の関係であろう。そして、懿徳天皇も在位7年３８歳で崩御してしまう。ヤマト王権の２・３・４代の王たちは"短命"に終わった。タギシミミの呪いというより、誰かが一度パンドラの箱を開けると以後次々に真似する者が現れる現象ではないか。そこには鎌倉政権草創期に外来派トップと在来派実力者が置かれたのと"そっくりな状況"があった。なお、古事記に「タギシヒコ」という御子の名が残る。懿徳天皇は非業の死を遂げた父の名を我が子に継がせたようだ。　　　空位1年 ２１９

孝昭天皇 ２２０～２３６ （17年） 181～236 56歳

　初めて「空位の年」が記録された。「先帝崩御の翌年」に即位記録がない。ヤマト王権とヤマト国にとって最大級の異常事態を伝えている。なお、上古の王・大王３４人が統治した約４５０年の中には、４回・5年の空位が記録された。建国からまだ４０年に満たない時期の「初めての空位」である。これでヤマト国は分裂して無くなると考えた人も少なくはなかったであろう。何があったのか伝わらない。しかし、懿徳天皇崩御年の翌々年の１月９日、孝昭天皇は無事に即位したとされる。日本書紀は先帝と新帝を親子と伝えるが"復元年齢"に差はない。まったくの"同年齢"だったことになる。即位の年４０歳だった。それでも在位は１７年に達し、５６歳で崩御した。この時代になると、皇后に「尾張系」の女性が登場する。ヤマト王権は地方豪族と姻戚関係を結んで勢力を強めていった。"小さな国ヤマト"が大きな国に成長していく過程を記録している。また、皇子の天足彦国押人命が「和珥」(わに)氏の祖となる。この家系は、その後多くの場面でヤマト王権に「妃」を送り出すほど栄えていった。

孝安天皇 ２３７～２５６ （20年） 189～256 68歳

　在位は２０年にも及び、６８歳の長寿を全うした。孝昭天皇の２番目の皇子と伝わる。しかし、復元年齢の差が８歳では親子関係はない。ほとんど記録が伝わらず、記された系図は矛盾する。しかし、日本書紀を全体からみると「欠史8代の存在」が逆に重みをもつ。もしも"最も古く最も記憶が曖昧"ならば、この時代は8世紀の日本書紀編さん者にとって「白いキャンバス」の様なものである。どんな創作も可能だ。しかし、そうしなかった。強烈な記憶を伝承の形で残した神武天皇の時代とそうでもない後の時代があった。今、ヤマト王権草創期を"復元年齢"で眺めると安寧・懿徳・孝昭・孝安の計4代は、神武東征の"戦後世代"であることがはっきりする。勝者のイワレビコ・タギシミミ・キスミミと地元の女性たちとの間で"ベビーブーム"が起きていた。やがて、ヤマト王権は二世の時代を迎えた。すると同時に、敗者のニギハヤヒ一族や地元の有力者らが、ヤマトの「国王の祖父・姻戚」になる時代をも迎えた。時は流れ、人も世も移り変わっていった。

　ところで、現代よりも夜が長く感じた古代の退屈な老若男女にとって「昔話」が大人気だったろう。用意するものなど何もない。記憶力の良い年寄りが１人いれば十分だ。夜毎に活躍して発言力と尊厳を与えられ大切にされた。年寄りがとても輝いていた時代だった。

孝霊天皇 ２５７〜２７１（15 年）　　208〜271　64 歳

　孝安天皇とは、１９歳年が離れる。母は、和珥氏らしい。在位１５年６４歳で崩御。事績は伝わらない。上古の有名人倭迹迹日百襲（ヤマトトトビモモソ）姫の父である。

孝元天皇 ２７２〜２８２（11 年）　　225〜282　58 歳

　孝霊天皇とは、１７歳年が離れる。在位１１年５８歳で崩御した。母は、磯城県主大目の娘。神武東征の論功行賞で、皇軍に帰順して兄磯城討伐に功績を挙げた弟磯城黒速の子孫だろうか。皇后・鬱色謎命（ウツシコメノミコト）は「穂積氏」で大彦命（崇神天皇の北陸道将軍）と開化天皇を産む。妃・伊香色謎命（イカガシコメノミコト）は「物部氏」（古事記は穂積氏と記す）で武内宿禰の祖父彦太忍信命を産む。別の妃は、武埴安彦（タケハニヤスヒコ）を産む。欠史８代と言うものの古代史の有名人の名が次々出てくる。

開化天皇 ２８３〜２９４（12 年）　　240〜294　55 歳

　孝元天皇とは、１５歳年が離れる。在位１２年５５歳で崩御した。事績は伝わらない。皇后は"伊香色謎命"で崇神天皇を産む。古事記は『孝元天皇の妃が皇后になった』と記すので、武内宿禰の祖父と崇神天皇は同じ母から生まれたことになる。日本書紀の復元年齢で計算すると、孝元天皇と開化天皇は兄弟または年の近い親子だったようだ。開化天皇は、妃も皇子もいながら伊香色謎命を皇后に迎えたという。孝元天皇の未亡人？を皇后に迎え、皇后が先帝との間で産んでいた"連れ子"を世継ぎにしたのか。日本書紀は黙して語らない。しかし、この後「物部氏」の女性を母とする崇神天皇の華々しい「大王の時代」が始まる。物部氏という在来派の勢力は、この頃にはヤマト王権にとって動かしがたいほど大きな存在になっていた。皇后や世継ぎの皇子の選定も、倭国平定という前代未聞の大事業着手も全てにおいて「物部氏」の一存で決められる時代になっていた。正に、物部氏全盛時代の幕開けであったと言える。そして、崇神天皇から武内宿禰に至る「物部氏の血を引く人々」が時を越えて堅い絆で繋がり、強い使命感を発揮して「倭国平定」を成し遂げていくことになる。古代ヤマト王権の歩みは、前期・物部氏、中期・蘇我氏、後期・藤原（中臣）氏をパートナーに選びながら続いていった。手研耳の「失敗の教訓」は生かされた。

崇神天皇 ２９５〜３０８（14 年）　　249〜308　60 歳

　崇神天皇は、開化天皇の"第２子"とされる。しかし、復元・親子関係から、この親子関係は否定される。開化天皇と崇神天皇の年齢差が９歳だからである。母は、皇后・伊香色謎命で「物部氏」である。崇神天皇の即位年齢は４７歳、在位１４年・６０歳崩御となる。すでに、４代天皇から即位は４０歳を超えていた。ヤマト王権の子孫がどんどん増えていった結果、その順番が来るまで長くなり天皇も太子も年齢が上がっていった。ただし、崩御年齢は近世に至るまでそれほど上がらなかった。従って、在位年数は長くならなかった。衣食住と医療の質に左右されていた。物部氏は、期待を込めて伊香色謎という身内の女性を孝元天皇の妃に送ったが、皇子は太子になれなかった。そこで、再度この妃を"子連れ"で次の開化天皇の皇后に送り、既に成長していた"連れ子"を後継者に指名させる計画で再チャレンジしたようだ。とても強引な手法がとられたが、それが崇神天皇誕生に

結び付いた。そして、その強引な実行力はヤマト国の周囲から始まり、さらにその外周へ平定作戦を広げる推進力にもなった。崇神天皇は、４７歳で天皇になるが、太子の時代から天下統一に目覚め行動を起こしていただろう。だが、平定作戦の長期化で働き手を兵士にとられた上に増税され、農民は逃亡し農地は荒廃していく。その結果反乱すら起きる。徳川の世よりも近代に生まれ変わった明治の世になり「百姓一揆」が増えたのと同じ社会現象があったことを日本書紀は伝えている。その打開策は、あったのだろうか。それこそ神頼みとなる。崇神天皇は在来の祖先神・大物主大神を熱心に祭った。また、長期戦争の時代は無理を人民に強いる点も、ガンバレ・ガンバレの精神主義に走る点でも古代と現代に差はない。そのためには、宣伝によるマインドコントロールの強化とカリスマ・アジテーターの登場が必要不可欠となる。戦陣訓・軍神・国策映画・軍国歌謡曲・大演説大会・五人組・婦人会・歩く広告塔等々際限なく登場させる。古今東西・各国共通となる。そして、崇神天皇があみ出した最強の切り札こそ倭迹迹日百襲姫に他ならない。彼女は、皇女であり"巫女"だった。人を震え上がらせる"神のお告げ"は、戦争反対を叫ぶ、上は王族・豪族から下は農民のリーダーに至るまでことごとく処断する正当な根拠となる。魔女裁判とは何か。例えばウソつきで嫉妬深い女が、何時も男たちにちやほやされる美女を陥れようと企む。『あの女が人のいない道で突然黒い鳥に姿を変え、空に飛びあがったのを見た。その場に堕ちていたこの黒い羽根を証拠に持ち帰った』とお上に訴え出る。耐え難い拷問を受け続けるよりも死を選び自白する女性に、宗教裁判所が火あぶりの刑を宣告し公開処刑するところで終わる。宗教裁判所の裁判官たちは、それが女の嫉妬によるウソだと分かっている。その上で、火あぶりにする。その理由は、宗教裁判所に対する恐怖心を煽り人民を絶対服従させていくためである。お上による人民弾圧は正当化され、人民同士は密告を恐れ黙ってしまう。おまけに、お上は密告者を何時でも作り出せるから便利だ。以来、物部氏の戦術として確立していったのだろう。伊香色謎という物部氏の女性は、崇神天皇の他に彦太忍信命という武内宿禰の祖父を産んだという。武内宿禰は、崇神天皇の先例を踏まえて、倭国統一を果たす。その際に、神功皇后と追号された"敦賀の巫女"を用いた。そして、この巫女は開化天皇の玄孫（やしゃ孫）・気長宿禰王の「娘」だと主張した。同族系（物部・穂積）の宿禰王ならば話をまとめることは十分可能だ。なお、これら一連の物部氏にかかわる歴史事実について、日本書紀編さん者はよく調べ上げ十分に整理した上で、後世の人に伝えるべき「伝承」として残した。そのキーワードとして、一見どうでもよいような些細な記録まで記した。倭迹迹日百襲姫は崇神天皇の宣伝省であり、魔女裁判所であったから、その墓をことさら巨大なものとしたことには意味がある。全ての責任と恨みをこの巫女である老皇女に背負わせたかった。従って、巨大古墳が伝承通り老皇女の古墳だとしても矛盾しない。崇神天皇は即位してから内政を固めた後、直ちに最高会議を招集して「遠国教化の大号令」を発した。開化天皇の兄・大彦命を北陸道、その子・武渟川別を東海道、吉備津彦を西海道、丹波道主命を丹波へそれぞれ将軍として侵攻させた。併せて、ライバルの異母兄弟・武埴安彦を妻もろとも滅ぼし、倭迹迹日百襲姫のお告げの力を借りて正当化した。ついに、奈良盆地に誕生した新興国ヤマトは１１５年かけて今や倭国統一に向け他国を一歩リードする最有力国にまで成長した。倭国一の「大きな国」を治める"大王"は、人民の戸籍をつくり税制を整えた。太閤検地のようだ。また「倭国を代表する国」として外交に着手し、崇神天皇６５年（復元１３年、西暦３０７年）に新羅の西

南に位置する「任那国」と国交を結んだ。崇神天皇は、在位１４年６０歳で崩御した。

　８世紀の文人は、"建国の父"は誰かという素朴な疑問にどう答えたか。これは、"日本建国"をいつとすべきかの疑問でもある。ヤマトに小国を建てた初代王とその建国年か。又は、倭国を代表するようになったヤマト王権の大王とその時代か。様々な意見が出されたはずだ。「ハツクニシラス天皇」は、古事記報告段階では崇神天皇とされた。しかし、当然反論が起きる。他国では、小国に過ぎないとはいえ国家の源流となる国の建国者を初代の王、つまり建国の父と呼ぶのが通例である。超大国の中国は参考にならない。始めから大きな国だったからだ。従って、参考とすべきは百済国とされただろう。両説の論争は続くが、ヤマト国らしい柔軟な折衷説に落ち着いた。『神武天皇と崇神天皇の二人にしよう』と。建国時代に王の陵墓の形を円墳・方墳どちらにすべきか議論した時も、それならば前を方墳・後を円墳にすればよいと決めた時と同じだ。ヤマトは「大和」を国是とした。

　なお誰も口に出さなかったが、はじめて倭国を統一したのは神功皇后と武内宿禰である。だから、僭称大王に在位を認め、その臣下が正史に長期登場することも許した。

| 垂仁天皇　３０９〜３２８（20年）　２５９〜３２８　70歳 |

　崇神天皇と垂仁天皇は、年の差１０歳、親子関係はない。天皇は、５１歳まで待って即位した。日本書紀は「夢のお告げ」により太子になったと伝える。崇神天皇の時代、倭迹迹日百襲姫の力添えがあったとすれば、垂仁天皇も孝元天皇ファミリーに違いない。年齢差から大彦命の孫ではなく子の世代ではないか。在位中、皇后の兄・狭穂彦王が反乱を起こす。鎮圧するが皇后も連座する。倭国平定の大作戦を遂行する過程では、ヤマト王権内に混乱は常にあっただろう。天皇は、母の弟・倭彦命の葬儀で、近習の者たち全員が生きたまま陵の周囲に並べられ埋め立てられる人柱の悲惨な殉死の光景を見て『古くからの習慣でも良くないことは止めるよう』言ったという。魏志倭人伝が卑弥呼の葬儀に際して多くの殉死があったと伝えていることと符合する。しかし、長引く大戦で徴兵される者や戦死する者が増えたため、作戦遂行上支障となる「人減らし」行為を抑制したものだろう。大英断により埴輪で代行させた。同様に、有名な野見宿禰と当麻蹴速の相撲も、格闘技を奨励して強い兵士の育成に本気で取り組んでいた当時の実情を示している。ヤマトの国軍における新兵教練は、生半可なものではなく後世に伝統として引き継がれただろう。現代も兵士の訓練は、世界中の国と地域で情け容赦なく過酷に行われている。相撲という当て字は、相手を殴り倒す格闘技という意味にとれる漢字。当麻蹴速は試合で死んだ。しかも、相撲の師範として不甲斐なかった咎により家禄・財産全てが没収されたという。こんな言い伝えが日本書紀に残されるほど、この当時の「軍事教練」は徹底していた。それは、明治維新から昭和２０年まで、近代日本が陸海軍共に猛烈なる訓練をやり抜いた記憶と重なり合う。垂仁天皇は在位２０年に及び、７０歳の長寿で崩御した。

| 景行天皇　３２９〜３４０（12年）　２８８〜３４０　53歳 |

　景行天皇は、垂仁天皇との年齢差２９歳、４２歳で即位した。倭国平定の大作戦はまだまだ続いた。戦争の時代が三代に及んだとき、大王として臣民を長期間の戦争に集中させ続ける手立ても尽きただろう。景行天皇が、その手立てとして用いたのは自分自身だった。ついに神武天皇以来、再び大王自身が戦いの先頭に立つ時代が訪れた。それほどヤマト国

の人民は疲弊し音を上げていたのだろう。父も夫も、後継ぎの長男も戦地に送り出されたまま帰ってこないような状況が、国の上から下まで身分にかかわらず起きた時代である。戦地は、どんどん遠隔の地へ遠ざかり、戦線は増々伸びていく。兵士と家族の音信は絶え１０年、２０年と過ぎて行っただろう。それが「大王親征」の理由である。そして、それは皇子たちにも例外なく及んだ。また、平定した地域がヤマトに反乱を起こさぬよう監督せねばならず、ヤマト王権の多くの子弟たちが各地の長として赴任させられた。妻子たちも同行する。近習の者、その家族たちも付き従う。西国から東征軍が流れ込んだヤマト建国時代以来、今度は逆に、ヤマトから人々が各地へ流出する時代を迎えた。これまでの社会常識も慣習も一気に変わっていったのである。この時代の人々は、王族・豪族も庶民も、男も女も、大人も子供までが、親しい人々との今生の別れ、美しい都や故郷を離れ遠く見知らぬ地へ流浪する旅、旅先での不慮の死、見知らぬ土地での生き別れなどを経験した。そんな人々にとって心から共感できる「悲劇的な物語」が生まれるのは自然なことだろう。都人が遠い異郷の地で死を迎える時、その魂は白鳥となって懐かしい都へ帰るのだと信じたい。白鳥になった小碓皇子の話は、流浪の都人たちの悲劇を象徴している。だから白鳥の陵は何か所も記録に残された。日本書紀編さん者は、小碓皇子の伝承の中に他の人物の悲劇も込められていることを承知の上で「年月日」のない伝承をそれはそれとして記録に残した。国史編さん事業としては、全くのルール無視の違反行為であるが「この時代のヤマトの国の人々の深い悲しみ」それ自体が歴史的事実だったので敢えてそうしたのだろう。８０年前の日本でも、多くの人々が深い悲しみを負った。風化させてはならない歴史だから、戦没者追悼の式典をはじめ、戦争の体験を伝える展示・書籍・詩歌などに「記憶」を留めようとする。古代と現代、死者を追悼する心・遺族の苦難に共感する心・平和を祈る心は変わらない。２０１５年、両陛下はご高齢を押してのパラオ慰霊の旅に出発された。

　景行天皇は、九州遠征に際して我が身の戦死も辛い行軍も恐れなかったが、敵を侮らず正しく恐れる健全な精神を持っていた。無謀な戦争は勇気をもって避けた。現場の実情を完全に掌握した上で、作戦計画を立てていたからである。日露戦争当時の司令官と共通する現場感覚と経験を持っていた。昭和の戦争指導者たちのような現場経験の軽視、机上論、大衆受けする感情論、一億玉砕をスローガンに掲げる自虐史観とは無縁な大王だった。ただし、７〜８世紀の重臣には、現実路線の景行天皇は不人気であった。その評価は、業績が残っていない王・大王と同列に置かれた。「日本書紀の天皇評価」で比較すると、垂仁天皇には及びもつかず、成務天皇と同列である。歴代の天皇に対する総合評価は、８世紀の日本書紀編さん責任者たる「重臣」の専決に任されたようだ。文人が記録し描いた大王の偉大さと総括のような評価が一致しない。木に竹を継いだようだ。景行天皇は、崩御の前年５ヶ月に及ぶ東国巡幸の旅に出たという。それが、武人大王の体調を崩した可能性がある。在位１２年５３歳で崩御した。

| 成務天皇 ３４１〜３５２（１２年） | ３００〜３５２　５３歳 |

　４２歳で即位した。景行天皇との年齢差は１２歳。日本書紀が記すような親子関係はなかったことになる。日本書紀に、景行５１年１月７日天皇が重臣と大宴会を開催したという記録がある。その時、太子だったはずの成務天皇は、武内宿禰と２人で警衛のために垣の外で警備にあたっていたという。これを見た天皇は、立派なものだと褒め、特に目をか

けられたという。成務天皇は、武人大王を心から尊敬し一途に大王に従い、自身の生涯の目標にしていたようである。また、そのひたむきさは景行天皇に通じたようだ。記録では景行４６年に太子とされたとある。これを５倍説で年数変換すると、景行１０年に太子、１１年に大宴会の警備、１２年に景行天皇崩御の記録が並ぶ。そうであれば、景行天皇はわが子である太子を垣の外で警備させたりはしないはずだ。それで特に目をかけたりもしない。これは通常親子では起こりえない光景だ。必死で大王に仕えようとする姿である。他人同士である。よくても、異母兄弟だろう。日本書紀は、景行天皇の「実子」小碓皇子が３０歳で早世したのは、景行４１年だと計算した。変換すると９年になる。つまり景行天皇は最愛の皇子を喪った翌年、失意のうちに成務天皇を太子に選んでいた。一方、この頃から成務天皇と武内宿禰は２人３脚で頑張っていたことが見て取れる。即位するとすぐに武内宿禰を大臣に取立てた。真面目で一直線タイプ、融通の利かない成務天皇にとって武内宿禰は、常々的確な助言をなし力になってくれる大切な腹心だった。

　ところで、成務天皇の「記録」は異例である。在位１２年にも拘らず、その事績についての記録がほとんどない。欠史８代並みだ。古事記も同じである。この頃の韓半島の歴史を見ると、倭国と新羅の関係がキナ臭い。西暦３４４年倭王からの求婚が拒否され、３４５年倭国は国交の断絶を通告、３４６年新羅の都・金城を倭軍が包囲したと新羅本紀に記されている。成務天皇の在位は５倍説で、西暦３４１〜３５２年となる。新羅本紀の記録通りの展開であれば、成務天皇は、功を焦るあまり新羅平定作戦に打って出たが、何らの成果も得られず韓半島から撃退されるという「大失態」を演じてしまったのではないか。あるいは、ヤマト王権の歴史に記せないほど不名誉な事件が起きたのかもしれない。すでに、古事記の段階で「削除」されているが、太安万侶ら文人が自己判断でやれるようなレベルではない。強大な力を感じる。おそらくは、８世紀の国策上正史に記録すべきではないとする「歴史裁判」があったのだろう。いずれにせよ、ヤマト王権の権威は失墜した。そして邪馬台国という景行天皇でさえ討伐を躊躇した北九州の強国は健在だった。さらにヤマト王権が推し進める「長く苦しい統一戦争」に抵抗する勢力が各地で大規模な反乱を起こしかねない情勢に陥った。積もり積もった大きな不満が内外で爆発したらなら、建国２００年足らずでヤマト王権は瓦解してしまうだろう。成務天皇は在位１２年６０歳で崩御した。皇后、妃、皇子の記録は一切なく、日本書紀は黙して語らない。そして成務天皇の崩御後、空位１年という目に見える異常事態が発生する。

> 空位１年　３５３

仲哀天皇　３５４〜３５５（２年）　３３０〜３５５　２６歳

　英雄の子は、成務天皇の崩御によってすんなりと即位したわけではない。その間、１年の空位があった。何があったのか記録はない。おそらく武力衝突ではなく、睨み合いながら新帝を決める話し合いがヤマト王権内で続けられたのだろう。このとき、武内宿禰は交渉の取りまとめ役として重要な役割を果たす。"成務天皇の皇子"を敢えて即位候補から外し、小碓皇子の忘れ形見仲哀天皇を立てた。これによって、先帝・成務天皇に対する不満や怒りを鎮め、併せて成務派の勢力後退を最小限に抑える事が出来た。そして、時が来るのをじっと待ったのだろう。武内宿禰は交渉術の達人であり、小碓派からも信頼を獲得する。小碓派の人々は、仲哀天皇を即位に導いてくれた成務派の人物のことを、時局を見極めることのできる経験豊富な協力者だと信じてしまう。自分たちに寝返ったのだと思った。

そのため、武内宿禰は引き続き参謀総長の重職に留まる事が出来た。若く政治経験もない仲哀天皇の運命は、この時から成務天皇の忠実な腹心だった男の手の内に握られることになった。武内宿禰は身近に仕えるようになって、仲哀天皇が、意志強固にして非常に頭の良い青年であり、その立派な姿かたちに相応しい大人物であることに驚かされただろう。折角、敦賀で見つけた『どんな人をも圧倒せずにはおかない神懸りの霊力を持った巫女』ですら、一笑に付してしまう。武内宿禰の目論見は、先帝の名誉を回復するための「新羅平定」だった。そのためには、九州を完全に平定し後顧の憂いを無くさねばならなかった。なぜなら、新羅侵攻の際に北九州の強国邪馬台国や九州中・南部の熊・襲に背後を突かれると、ヤマト王権軍は挟撃される形になってしまうからである。北九州勢は半島と長いつながりを持ち、海上戦にも強いためとても危険な存在だった。逆に九州勢を掌握できれば、大規模な韓半島攻撃軍の編成も可能となる他、半島直近に攻撃拠点を確保でき、大兵団の海上輸送などが可能となる。ところが、青年大王は邪馬台国の討伐は祖父景行天皇が果たしえなかったものであり大いに乗り気であったが、その勢いで新羅にまで侵攻することには大反対だった。両者の決定的な対立が表面化するのは、行動力に溢れた仲哀天皇を、熊襲反乱を口実に武内宿禰が現在の下関市豊浦へ誘ってからのことになる。天皇は、巡幸先の紀伊国から向ったという。このとき、武内宿禰はもう１人豊浦に誘った。敦賀にいた“巫女”で開化天皇から５代の子孫・気長（オキナガ）宿禰王の娘だという。武内宿禰とは同族であり、何らかの関係もあったと窺える。復元では、西暦３５４年６月１０日に大王到着、７月５日に巫女到着、９月に豊浦に宮を立て九州平定作戦の大本営とした。ここから３人は行動を共にする。当初から作戦は、参謀総長武内宿禰の計画によって進められ、本来は大王がそこにいる必然性はなかった。つまり３人が落ち合った目的は九州平定の地ならし、邪馬台国連合の切り崩しだけではなかった。まして「熊襲」討伐は大王を呼び出す口実であって、実際には吉備氏の鴨別に任せていた。武内宿禰にとって真の目的は、新羅侵攻作戦を大王に呑んでもらうことにあった。そのためには先ず、戦地で寝食を共にしながら、気心が通じ合うようになることから始めようと思ったのだろう。大王の豊浦在陣の知らせは、北九州で守りを固めていた国々に伝えられた。その結果、ついに奴国、伊都国の王たちが帰順を申し出た。西暦３５５年１月４日、大王は九州博多に上陸する。さらに奴国の中心地（大宰府）まで進み１月２１日、香椎宮に大本営を移した。しかし２月５日、急に病気になり翌日には崩御したという。在位２年、若干２６歳だった。しかも在位期間は、実質１年余りに過ぎない。この早すぎる死を日本書紀は『神の言葉を採用しなかったから』とし、古事記は『神が怒り死の国へ一筋に行けと命じたから』だとしている。おそらく、香椎宮では毎日のように激論が展開され、巫女の神懸りの説得が粘り強く続けられただろう。しかし、青年大王は全く聞き入れない。連日の激論は、亡き先帝の遺志を継ぎ、汚名を返上したいと願う者の心にどのような効果を与えただろうか。青年大王も、武内宿禰が自分を九州へ誘い出し、従軍巫女まで用意したその意図を知るに及んで、自分を操ろうとした武内宿禰を罵倒するだけではなく、さらに亡き先帝の失策をも非難したろう。双方が怒りに震えた激論は、２月５日の夜、突然終わる。そして、翌日の青年大王の急死は極秘にされたという。このとき、武内宿禰５６歳、巫女３６歳。

| 神功皇后 ３５６～３６９（14年） | ３２０～３６９　５０歳 |

　　仲哀天皇の“皇后”であるとされた巫女は、夫よりも１０歳だけ年上となる。３５６年、３７歳で即位し、在位１４年。５０歳で崩御した。その不思議な“即位と在位”を古事記は『大后』、日本書紀では『皇太后・摂政』と呼んでいるが、その生前においては“大王”と呼ばれたはずである。女帝第１号。ただし“僭称”大王である。大王「詐称」ではない。そうでなければ、国史・日本書紀で天皇にだけ与えられる“在位”もなく、即位前の応神天皇を摂政３年（復元・元年）に「太子」として従えることもない。また正史の中で、他の天皇と「並び称される」ことなどあり得ない。摂政・聖徳太子でさえそれはない。さらに摂政の位は、推古天皇の太子だった厩戸皇子のように女帝に代わって国政をすべて任せられた立場をいう。天皇が存在しないで、摂政が置かれることはない。もし神功皇后を女帝としなければ１４年に及ぶ「空位」が続いたことになる。応神天皇の太子時代こそ「女帝を補佐した摂政」だったというべきだろう。

　　この問題に初めて真剣に取り組んだのは、聖徳太子だったはずだ。推古２８年、太子は大臣馬子と相談して「天皇記」などを記録したという。当然このとき「女帝」の伝承に直面する。伝承を調べると、その「出自」・皇后「身分」・大王「在位」について？となるはずだ。太子が馬子と協議して出した結論は、一部「否」だったはずである。以後、ふつうに「大后、皇后～皇太后」だったとする結論が古事記まで継承されたのだろう。

　　しかし、８世紀の女帝の意向により、国史・日本書紀の中で、文人はナント聖徳太子と同じに「摂政」と呼んだ。さらに進めて、歴代天皇と並ぶ『巻９・神功皇后』として事績が収められた。これで大王に準じる「在位」が正式に追認され歴史的に確定した。後世、女性天皇の強権発動によって、神功皇后はその「皇后身分」のみならず「在位」をも歴史上不動のものとした。古事記は、この点で一歩譲って歴史書だとしても正史とは言い難い。何故なら天皇の「在位年」を扱っていないからである。古事記は、未だ煮詰まっていない“草案”に過ぎない。それは、正史という立場から離れてとりあえず深刻な難問をスルーしたからである。太安万侶は、その処世術で正式回答を８年先送りにした。

　　ところで、太子と天皇記についての協議を終え帰宅した馬子は、自宅で子や孫に古の「僭称」大王の歴史を興味深く語って聞かせただろう。蘇我氏は天皇記を持っていたともいう。すると、野心家の子や孫にどんな心理的効果を与えたか。ましてや気位の高いお山の大将のような若君は、この歴史事実をどう感じ取ったのか。そして、成長し自身の権力の座が人臣を極めた時、その次に何を欲しがったのか。歴史とは人々の何代にもわたる「経験談」でもある。一方の立場からこれを参考にする者があれば、その反対の立場からこれを参考にする者もいる。歴史は人々が共有するものならば、知らないより知っていた方がより迅速的確な行動を選べるだろう。後世、明智光秀は信長を入鹿になぞらえたようだ。

　　「女帝」の業績は、戦意高揚の宣伝と神懸りのお告げなど巫女の仕事に限られ“国政”については全く記録がない。古代の日本は、完全な祭・政分離だったことが分かる。この点、卑弥呼・神功皇后と呼ばれる有名な女性２人は、活躍した時代は１００年以上離れるがとても似ている。東アジア世界の古代シャーマンの系譜に繋がる特別な才能と運命をもった女性たちである。日本書紀編さん者が、自作自演でこの２人の女性を無理に結び付けたのは何とも残酷な話だった。一方は邪馬台国全盛時代のシャーマン女王、他方は１００年後にヤマト王権の討伐軍を叱咤激励して邪馬台国を滅ぼし、卑弥呼の３～４代後のシャ

ーマン女王の首を刎ねたという「間柄」だったからである。また、神功皇后の出産は青年大王急病から１０ヵ月と１０日後（２月５日～１２月１４日）だとわざわざ記された。日本書紀編さん者が意図的に入れたのか、元々伝承でそうなっていたのかは分からない。だが、女性が石を布で腹に巻きつけるのは妊娠を装う手段だろう。大切なお腹の子を石で圧迫するようなことはしない。いずれにしても、巫女だった３６歳の神功皇后が、初産で応神天皇を産んだことは歴史事実ではないことを控えめに伝えたかったのだろう。応神天皇は、神功皇后より３歳若いだけである。また、摂政３年・復元元年から応神天皇を太子にした。最早、親子でないことなど問題にもされない。邪馬台国の討伐による九州の完全平定と、武内宿禰が計画した通りの新羅侵攻を成功させ、仲哀天皇の幼い２人の皇子たちを殺害しその遺体を川底から執拗に探し出して復讐勢力の種を絶ったことが確認できた後には、もう何も恐れるものは無くなったのだろう。九州の香椎宮で仲哀天皇の皇后に選ばれたという「身分」を法的根拠にしたが、これに異議を述べる者など誰もいなくなった。急死する前１日だけ夫婦の期間があれば十分だった。それも『神のお告げ』とされた。

　なお、父王に続き幼い皇子２人が命を奪われる場面描写は、素朴でリアルなものである。２６歳の大王の皇子たちはまだ１０歳未満の子供だった。『赤い猪』とは、筋肉質でガッチリした体格の男。急に飛び出し兄の皇子を『食い殺した』とは、物陰から突然乱入し縁側に飛び上がった大男が、短刀で幼い皇子を何度も刺して血まみれにして殺したことを表現している。戦闘や勝負事では、食うとか食われるという言い方をする。弟の皇子は逃亡先で大軍に包囲されてしまう。従者に抱かれ宇治川上流の瀬田で身を投げた。その後、幼児の遺体はかなり下流の地点で発見され検分された。数え年８歳の安徳天皇が二位の尼に抱かれ『波の下にも都はあります』と壇ノ浦に身を投じる８００年ほど前のことだった。

応神天皇　３７０～３７７（８年）　　３２３～３７７　５５歳

　西暦３７０年に４８歳で即位、在位８年。５５歳で崩御した。日本書紀は、応神天皇の父は仲哀天皇、母は神功皇后であるとした。しかし、応神天皇は、成務天皇の皇子である。復元した年齢を比較すると、成務天皇とは２３歳差、仲哀天皇より７歳も年上、神功皇后より３歳年下となる。仲哀天皇が２６歳で崩御したとき３３歳だった。８世紀編さんの日本書紀は、神功皇后の摂政３年に数え年３歳（満２歳）の幼児が太子になったと堂々と記した。それを“在位５倍説・崩御年齢２倍説”で復元すると、応神天皇が歴史の表舞台に上ったのは、神功皇后の摂政元年（３５６年）である。女帝の太子として国政を任された。その間“摂政”役として１４年。さらに、大王として８年。併せると２２年にも及んだ。その晩年には太子・菟道稚郎子に国政を任せたというのもうなずける。苦難と忍従の生涯だったようだ。

　成務天皇・応神天皇・応神天皇の皇子という３者の家族記録の中から“父－子－孫”３代の記録の断片を探す。

～古事記～

○　成務天皇には、穂積氏（物部氏と同族）の先祖建忍山垂根の娘・弟財郎女（オトタカライラツメ）との間に和訶奴気（ワカヌケ）という名の御子がいた。

○　応神天皇には、若沼毛二俣（ワカヌケ・フタマタ）という名の御子がいた。若野毛二俣とも記す。

〜日本書紀〜
○ 成務天皇には、皇后や皇子などの記録が一切ない。 ※ 完全に抹消された？
○ 小碓皇子の妾（おみな）・弟橘媛（オトタチバナヒメ）は、穂積氏の忍山宿禰の娘。
○ 応神天皇には、稚野毛二派（ワカヌケ・フタマタ）という名の皇子がいた。
○ 稚淳毛二岐（ワカヌケ・フタマタ）皇子は、允恭天皇の皇后・忍坂大中姫の父。

次に、これらの記録と記録を繋ぐ“関連性”を探ってみる。

○ 古事記は、記録量が極めて少ない成務紀に「ワカヌケ」という御子の名を一人だけ記した。しかし、日本書紀はこの記録を完全に消した。文人は、歴史事実の断片を残したかったが、8世紀の歴史裁判で「完全抹消」の判決が下った。
○ 有力者・穂積氏の忍山は、娘2人を次期大王の有力候補者2人にそれぞれ嫁がせた。
○ 応神天皇は、父・仲哀天皇と母・神功皇后の間に生まれた皇子だと正史で公定したから、その親子関係が疑われるような「記録」は歓迎されない。だから抹消された。
○ 応神天皇は、お気に入りの皇子に自分の皇子時代の名「ワカヌケ」を継がせ、皇子たちの中で特に高い地位（皇后を送り出せる家格）を与えた。
○ 二俣・二派・二岐は、分かれ・2代目・二世・息子（ジュニア）などを意味する。

すると“筋書き”が浮かぶ。“半島で新羅に敗北した成務天皇”の皇子が王位を継承していた事実は、歴史から消された。代わりに伝説の英雄ヤマトタケルを祖父に、戦いの女神神功皇后を母にもつ応神天皇が王位を継承したと記した。8世紀のヤマト王権の人々は、正史の中で『自分たちは、伝説の英雄や戦の女神の“子孫”である』と宣言した。

［日本書紀の線引き①］〜水増し範囲〜

　日本書紀編さん者は、上古の王・大王の記録を残すにあたり、前半と後半に分けるラインを引いた。応神天皇までは「在位年数」及び「崩御年齢」を全て記した。しかし、仁徳天皇以降は崩御年齢を記さない例が多い。より古い時代は全て記しながら、記録量が格段に増えた近い時代になると逆に記さなくなる。しかも「崩御」は即位と並んでとても重大な出来事である。このような編さんは、明らかに不自然、不合理である。なぜ、崩御年齢を記さなかったのか。在位年数と崩御年齢が分かれば、逆算して本当の即位年齢が分かる。すると「先帝と新帝の年齢差」が見えてくる。その結果、年齢差で「親子関係」が否定されると「王位継承」の根拠が不明になる。さらに王・大王の別れだという「高貴な身分」の根拠まで不明になってしまう。ヤマト王権の人々にとって「系図」は、上古の王・大王から自分たちに至る身分継承が正しく行われたことを証明する。従って、系図にある「大王の親子関係」を否定するような国史編さんは歓迎されない。怒り狂う人も出てくる。王位継承の正当性や高貴な身分に「疑惑」がもたれてしまうからだ。しかも、その王位継承が時代的に新しければ新しいほど疑惑は現実味を帯びる。詰まるところ、大王の権威に疑惑の視線が向けられてしまう。その一方で、王位簒奪を狙うような者があれば、彼らにとってそれは追い風となるだろう。「天皇記」編さん当時の蘇我氏は、ヤマト王権乗っ取りに向けて「軍事力増強」だけではなく、王権継承の正当性に異を唱える「理論武装」もしたはずである。そして、自分たちの方が王位に相応しいと主張する。近習の者たちに、そう呼ばせていたとしても不思議ではない。蝦夷が自宅で保管していたという天皇記は、どんな編さん方針で作られ何が記録されていたのだろう。編さんを担当した文人は当然「写本」

も作成したはずだが『事変の際に天皇記は焼失した』とされる。これで、後から編さんされた日本書紀が"比べるものもない"存在になった。　　　　　　空位2年　378・379

仁徳天皇　380〜396（17年）　生年不詳〜396　年齢不詳

　崩御年齢不詳。従って、親子関係の裏は父とも子ともとれない。空位2年を経て即位。在位17年。この聖帝は人民の暮らしを思いやったことで有名である。『租税を3年停止し、労役は在位10年10月初冬になり初めて命じた』と日本書紀は記した。しかし、5倍説では「在位2年目」から収穫に租税を課し、その収穫が終わり農閑期を迎えてから労役を課したことになる。即位してまる1年、税・労役を免除した王や大王の前例はない。人民が「聖帝」と崇めたのも納得できる。その反面、この善政は倭国の統一戦争が終了して暫くは、農地が荒廃し人民が疲弊していた様子を言い表している。思い切った減税策を採ったことで民間の活力を回復させた。その政治手腕を日本書紀は褒めているのだろう。崇神天皇から応神天皇までの軍事一辺倒の時代が終わり、人民が喜んだのはあまりにも当然のことだった。戊辰〜日清〜日露戦争が終わり、大正期を迎え一息ついたころと似ている。

　その一方、仁徳天皇には聖帝とは全く別の顔がある。国政に有能で老練な大王は、即位以前の権力闘争では残忍な一面を見せた。応神天皇の後継候補は、皇后が産んだ？という仁徳天皇・皇后の姉が産んだ大山守皇子・和珥氏の妃が産んだ菟道稚郎子の3人に絞られた。このうち、父王は菟道稚郎子を太子（大王の後継指名を受けた地位）に選んだ。正妻の子が、身分の低い異母弟に怒り嫉妬するのは当然のことだろう。当時の感覚では「異母兄弟は他人」に等しい。太子は、高句麗王の無礼な国書を破り捨てた逸話を残すほど勝気な性格。その一方で、百済の学者王仁を招いて師と仰ぐなど帝王学も修め大王への道を着々と進んでおり父王の期待に応えていた。応神天皇崩御の後、大山守皇子が仁徳天皇の密告により謀反の罪で討たれたという。これで1対1に持ち込んだ仁徳天皇は、心理作戦で太子を揺さぶり自害に追い込み王位を手中に入れたようだ。実際はその謀略がどんなものだったのか分からない。しかし、2年の空位は尋常ではない。しかも、正当な後継者を武力に依らず心理戦で倒したというから恐るべき人物だと言える。本当のところはよく分からないが、太子臨終の光景は異様である。仲哀天皇の暗殺を真似て、流血を避け剛力の者に首を絞めさせたのか。お悔みと称して確かめに行くと、突然息を吹き返し仁徳天皇を大いにあわてさせた様子がリアルに描写されている。脳に重大な障害が残った太子は、長らく回復しないままついに逝ってしまったのだろう。空位2年は、ライバル2人を取り除くのに必要な期間だったとなる。権力闘争の勝者は、時としてその顛末を身内に語ることがある。すると"それは次の世代に受け継がれ、同じことが身内で繰り返される"ようになる。これは、家族・学校・職場などどこでも起きる現象である。暴れ回った3年生がやっと卒業した途端、ずっとおとなしかった2年生が急に荒れ始める。

　ところで、仁徳天皇の"実像"は、日本書紀が記したとおりなのか。素朴な疑問が頭をよぎる。文人は「古事記」を提出したとき、在位水増しを前提にその範囲を神武天皇から応神天皇までとする見通を立てていた。だから「中の巻」は、在位5倍の水増しに見合うよう超高齢化した。これに対して「下の巻」は、雄略天皇を除き超高齢記録はない。古事記は下の巻の先頭に仁徳紀をおいて『崩御年齢は83歳』と明記した。しかし、8年後に完成した日本書紀は、在位の水増し範囲を仁徳天皇まで拡大しその在位を87年と記した。

～ 117 ～

その際、水増し在位に見合う崩御年齢（実年齢の２倍＝１６６歳？）を記さなかった。代わりに今度は「崩御年齢不詳」とした。なぜ、日本書紀は在位水増しグループで仁徳天皇だけ崩御年齢を不詳にしたのか。上古の在位を５倍して年齢も２倍したカラクリが露見することを恐れたからか。それとも、もっと深刻な理由があったのだろうか。

　試しに、古事記に記された"８３歳"を手掛かりに日本書紀のナゾの空白を埋めてみる。すると、父仁徳天皇崩御を受けて長男履中天皇が即位したのは６５歳。崩御時の親子年齢は、父８３歳、長男６４歳となる。親子は１９歳年が離れていた。しかし、もう一方の親子年齢は符合しない。なぜなら、仁徳天皇が８３歳で崩御したなら復元在位１７年を遡ると即位年齢は"６７歳"となる。空位２年の前年（崩御年）まで遡ると親子年齢は、父応神天皇５５歳、子仁徳天皇６４歳となる。こちらの親子関係は１００％あり得ない。

　古事記は、成務天皇の弟イオキイリヒコ命の子『ホムダノマワカ王』が仁徳天皇の外祖父だと記した。この系図に仮説"応神（ホムダワケ）天皇は成務天皇の御子"を繋いでみる。すると兄成務天皇―応神天皇親子と、弟イオキイリヒコ命―ホムダノマワカ王親子という２系統が並び立つ。応神天皇が５５歳で崩御したとき、従兄弟のホムダノマワカ王が６４歳だったとしても年齢的に矛盾しないだろう。そこで、仁徳天皇＝ホムダノマワカ王という仮説をたててみる。成務天皇の同母弟とその子も、政界のドン武内宿禰と深く繋がっていたはずである。応神天皇が崩御した後、大山守皇子と菟道稚郎子の２人を争わせて漁夫の利を得た「老獪な大王」は、武内宿禰の孫娘（年齢的には娘？）磐之媛と十代の頃から連れ添い１９歳で長男をもうけた。政界のドンが即位を応援してくれたから感謝の印に老妻磐之媛を「皇后」に持ち上げた。また、皇后の父（兄？）は半島利権で財を成した葛城襲津彦。だから、父と兄の権勢の下で皇后は他に例がないほど型破りで自由な振舞いも許された。

　武内宿禰と共闘を組んできた成務派内では、応神天皇亡きあとホムダノマワカ王が「派閥の長老」に選ばれたようだ。一方、新時代のエリートで勝気な太子菟道稚郎子は、政界のドンや派閥の長老を時代遅れの老人と見たかもしれない。しかし、老人２人が共闘を組み王位を奪取した。後世、弟の子孫たちは、何の事績も残らぬ「イオキイリビコ」を古事記は『太子の名を負う三王の一人』日本書紀では『日本武尊や成務天皇と並ぶ別格の存在』という"注釈"を入れた。その上で、記紀共に「応神天皇系図」に皇子を１人追加して、『仁徳天皇は応神天皇の皇子』とした。こうしてホムダノマワカ王は、死後一人二役を任された。系図上、応神天皇の従兄が皇子にされ、従兄の妻も一緒に"一世代"下になった。

　３０歳の若さで国史編さん委員会の座長に就任した舎人親王の呼びかけで ○ヤマトの国は中国に次ぐ長い歴史を有し白村江で大敗するまで無敵だった。○８世紀のヤマト王権の人々は"応神天皇からヤマトタケルや戦いの女神の血を受け継いでいる"という主張を新国史の中で強烈に打ち出した。そのため、□上古の在位を５倍水増しする □敗戦と混乱を記録した成務紀を大部分カットする □仲哀紀～神功紀～応神紀～仁徳紀の系図に手を加えるなどした。文人にとっては、文字通り「抹消・改ざん」作業の主戦場になった。その結果、仲哀天皇と神功皇后の皇子が応神天皇で、応神天皇と皇后仲姫の皇子が仁徳天皇だと記された。しかし、実際は兄成務天皇の血統、さらに弟五百城入彦皇子の血統へ王位は継承されていた。また、主戦場以外でも反正紀の大部分がカットされ、近い時代にも関わらず天武紀さえ『崩御年齢は分からない』などとするコメントが繰り返された。

　８世紀重臣の歴史観が国策になり、国史編さん事業は歴史事実に歴史認識を十重二十重

に織り交ぜる形に変容した。これは、古くて新しい万国共通の歴史教科書問題である。この問題の核心は8世紀と現代で何も変わっていない。「歴史好き」と「歴史嫌い」を生む。

[日本書紀の線引き②] ～実在と創作の境界～

　讖緯説から理論的裏付けを得て大国に相応しい起源まで年代を遡る在位年数水増し作業は、神武天皇からはじめて仁徳天皇まで来たとき終了した。在位の長さに見合う崩御年齢水増し作業も同時に終了した。しかし、呆れるほど長大な在位と年齢に『おかしいだろう』という非難の声も多かったはずだ。それでも在位年数水増しに固執した理由とは何だったのか。それは、日本書紀編さん方針として“架空の大王を創作する”ことなど選択肢に無かったからである。国史・日本書紀は「それ以上」でも「それ以下」でもない。

| 履中天皇　３９７～４０２（６年） | ３３３～４０２　７０歳

　６５歳で即位、在位６年。７０歳で病気により崩御した。仁徳天皇が崩御すると、皇后磐之媛を母とする兄弟間で王位継承争いが起きた。長男（履中天皇）が、三男（反正天皇）を使って、二男（住吉仲皇子）を殺害させたという。仲皇子の反逆が原因とされる。履中紀は『仁徳天皇は、在位３１年に長男を立太子させ、８７年に崩御した』と追記した。仁徳天皇まで在位は５倍に水増しされた。復元すると７年に立太子、１７年に崩御したとなる。長男は１１年太子を務め、父王崩御の翌年無事に即位した。古事記が記した仁徳天皇の崩御年齢“８３歳”で計算すると、履中天皇は父が１９歳のときの長子である。

| 反正天皇　４０３～４０７（５年） | 生年不詳～407　年齢不詳

　即位年齢不詳、在位５年。崩御年齢不詳（古事記は６０歳崩御）。歯並びの美しさを記録したのに、大王の「事績」は何１つ残されていない。そして、崩御後の空位１年。残っていなかったのではなく、残さなかったと見るべきである。成務紀よりも甚だしい「記録の削除」。日本書紀編さんの後からも“反正”（正しい状態にかえす）という諡号が贈られた。後世、ヤマト王権の人々から「直系」の祖として歓迎されない大王だった。だから8世紀の「歴史裁判」で最も重い判決が下された。ところで、その原因となる大事件を４１４年建立の「好太王碑文」（吉林省・中朝国境付近）が雄弁に語っていた。　　　　| 空位１年　４０８ |

| 允恭天皇　４０９～４５０（４２年） | 生年不詳～450　年齢不詳

　即位年齢不明、在位４２年。崩御年齢不明。日本書紀は、履中・反正・允恭３代の天皇は、仁徳天皇と皇后磐之媛の間に生まれた三兄弟であると記した。「倭の五王」に比定される親子・兄弟の年齢を計算するため、允恭天皇の空白の崩御年齢に古事記の７８歳崩御を埋めてみる。すると、仁徳天皇が８３歳で崩御したとき、長男６４歳、三男４９歳、四男２４歳だったとなる。四男は、磐之媛の高齢出産というより“別腹”だろう。

| 安康天皇　４５１～４５３（３年） | 生年不詳～453　年齢不詳

　即位年齢不詳、在位３年に暗殺された。崩御年齢不詳。父？允恭天皇が崩御した年に太子だった兄？木梨皇子①を打倒して年内に即位した。さらに翌元年、仁徳天皇の皇子で大叔父の大草香皇子②を攻め滅ぼし、その妻中帯（なかたらし）姫を自分の妃にした。また、

～ 119 ～

大草香皇子の妹、幡梭（はたび）皇女を自分の弟大泊瀬（おおはっせ）皇子の妻にした。在位2年、中帯姫を皇后に立てたが翌3年8月9日に大草香皇子の遺子・眉輪王（まよわのみこ）に刺殺された。

雄略天皇 454～476（23年）　生年不詳～476　年齢不詳

　即位年齢不詳、在位23年。病気により崩御、崩御年齢不詳。眉輪王に兄の安康天皇が暗殺されるやその日のうちに事件を知り"兄弟たち"を疑った。武装して兵を率い兄？の八釣白彦皇子③を殺害した。次に大臣の葛城円（かつらぎのつぶら）の家へ逃げ込んだ次兄？の坂合黒彦皇子④と眉輪王⑤を大臣⑥ともども焼き殺した。予め知っていたような素早さで4人を討ち取った。これでライバルの兄弟たち？とその支援者はいなくなった。さらに同年10月、履中天皇の皇子、市辺押磐（いちのべのおしわ）皇子⑦を狩りに誘って惨殺。続いて市辺皇子の弟御馬（みま）皇子⑧も道中待ち伏せて捕え処刑したという。多くの事件で多くの皇子たちが殺害されていった。その人たちの家族や関係者にも及んだろう。そして"反正系"以外は皆逃げ散った。ヤマト王権の人々は耐え難い恐怖と被害を経験した。8世紀に日本書紀を編さんした人々は、正史にこの大王を『太悪天皇』と記録した。大王批判が許された国である。　※ 復元年表から、倭王武に比定できる。

清寧天皇 477～481（5年）　生年不詳～481　年齢不詳

　即位年齢不詳、在位5年。崩御年齢不詳。皇后、妃の記録もない。独身天皇だったのか。年齢不詳とせず、特に『若干』（不明）と記した。死因も伝わらない。記録が残っていなかったからだと説明されている。しかし、この時代に記録が残らなかったというのは、成務、反正天皇の場合と同じことが言える。記録を残さなかった、消去した？後世の日本書紀編さん者が「伝承」を探したが何も出てこなかったという説明は？となる。父王の時代にヤマト王権は「血の粛清」がピークとなり、清寧天皇の代で突然終息したと説明している。それは、本当だろうか。ほとんど記録が残らない大王とは対照的に、復讐する側の顕宗、仁賢天皇の即位が実現する話になると随分詳しい。また、"美談"も残された。全くアンバランスであり、信用性はかなり低い。譲り合った美談の陰には必ず"醜聞"がある。人は醜聞を隠すために美談を持ち出し、あるいは作り出す。人の業績は、事実を伝える限り誰もが納得する。しかし、美談は大抵どこか不自然だ。ほとんどの場合に「裏」がある。

飯豊青尊 482～486（5年）　生年不詳～486　年齢不詳　※ 記紀共に在位を否定。

　上古の王・大王の「在位年数」をスルーした古事記は『清寧天皇の崩御後、天下を治める御子がいなかったので、日継の御子を探し求めると飯豊王（いいとよのひめみこ）が角刺（つのさし）の宮にいた』という記録を残した。一方、日本書紀は『清寧天皇の崩御後、太子？億計（オケ）王と弟の弘計（ヲケ）王が、なぜか位を譲り合い長らく位につかれなかったので、兄弟たちの姉？飯豊青皇女が角刺宮で"仮に"朝政をご覧になった』などと記した。

　古事記にも"即位した"とは記されていない。古事記上奏の際に"女帝説"を急ぎ取りやめたからであろう。そして、吹き飛んだ"飯豊在位5年"を顕宗天皇の在位に加え"8年"だと"特記"した。しかし、在位年数をスルーした古事記に1箇所だけ在位年数を記入するのも不自然なので、後続の5代にも在位年数を書き入れてみせた。その後、日本書

紀の完成に向けて歴史考証を徹底した結果、再び「女帝説」が浮上する。女帝説を堅く確信した文人は、飯豊在位5年・顕宗在位3年として時の元明女帝から事前に内諾を受けたはずだ。そうでなければ、神武天皇元年～推古天皇8年までを讖緯説の「１２６０年の枠」に収めるための水増し作業は完結しない。古代の官僚は、水増し年表を1年の隙間もなく完璧に仕上げていったはずだ。ところが、国史の完成前に母から娘へ「譲位」が先行した。その後で完成した正史の原案は、元正女帝から正式な承認を一部拒否されてしまう。今回も"飯豊紀"を削り、急ぎ前後を繋ぎ合わせて上奏し直した。しかし、１２６０年という計算式に突如生じた想定外の「5年の不足」を補正することはできなかった。文人側も、顕宗天皇の在位は3年だったと確信していたから、頑として古事記の例を踏襲しなかった。ついに西暦７２０年、讖緯説による原案より5年足りないまま、日本書紀は完成した。「本文の在位年数」をどう計算しても神武天皇元年～推古天皇8年までの在位と空位の総合計は「１２５５年」である。補正より完成を急いだ理由は、元明女帝の譲位後の健康不安にあった。国史完成を見届けた翌年崩御した。こうして"飯豊天皇"は永遠の幻になった。

顕宗天皇 ４８７～４８９（3年）　生年不詳～489　年齢不詳

　　即位年齢不詳、在位3年。崩御年齢不詳。幻の女帝・飯豊青尊は、市辺押磐皇子の"妹"であろう。これは"古事記の説"である。若い皇女を大王に選ぶとは考えにくい。そして、女帝の「太子」は、弟の弘計王である。"叔母"の庇護を得て可愛がられて育った。だから、当然兄を抑えて即位した。兄弟は同じ場所で育ってはいなかった。王位を譲り合った「美談」の裏側には、王位継承の「争い」があった。後で名乗り出たかは別として、結局のところ兄は弟の太子にしてもらった。そこには、天皇と太子というあまりに大きな「立場の違い」があった。このことが、後に凄惨な事件を引き起こす。弟から恩を受け太子に取立てられた兄は、3年に亘って「屈辱感」が骨身に沁みていった。しかも、それは兄の子に「復讐心」となって受け継がれた。

仁賢天皇 ４９０～５００（11年）　生年不詳～500　年齢不詳

　　即位年齢不詳、在位１１年。崩御年齢不詳。理知的で有能な大王であった。だからこそ、その裏の顔を他人に見せることもなかっただろう。しかし、弟の大王が崩御したとき、静かにその裏の顔をあげた。仁賢2年、先帝の皇后・難波小野王は、思わぬ罪により残酷に責め続けられ苦痛の内に無残な死を迎えるよりも自殺を選んだという。その罪とは、顕宗天皇の時代に宴席で太子のフルーツ皿に果物ナイフを"立ったまま置いた"こと、酒を酌んだとき太子に渡そうと"立ったまま呼んだ"ことが「不敬罪」に該当したのだという。そして、先帝の死後2年目にして追及された。「恩に着ます」という言葉はそのまま裏を返すと「仇で返してやる」に変わる。これは世間でよくあるパターンで恩をかけた側は大抵気が付かない。恩は人の急場を凌ぐが、同時に人のプライドを踏みつける。国によっては、乞食に小銭を恵んでやっても乞食は礼を言わない。恵んだ側も当たり前にそれを受け流す。かけた情けが仇となるのは、温情をかけた者がそれを笠に着るからだ。怨みは倍になり、仇を倍にして返されることにもなりかねない。先帝には皇后の他に妃や皇子たちもいたはずだが、いたともいないとも記録はない。先帝の近臣、近習も多く残されていたはずだ。先の皇后ですら自殺に追い込まれた。それ以外の人々は無事でいられただろうか。

武烈天皇 ５０１～５０８（8年）　452～508（57歳）　※ なぜか継体紀に崩御年齢を追記。

　在位8年。５７歳で崩御。父王崩御の年内に即位。秀才肌で有能な大王の顔と残酷な処刑を楽しむ異常な顔を持つ。法令に詳しく裁判や処罰を好み、日の暮れるまで国政を処理したという。継体天皇は、２４年2月1日『武烈天皇の天下となってから太平が続き、社会が停滞しても気づかず政治の欠陥も改めなくなってしまった』と無気力になった風潮を戒める詔を出したという。特に正史に残された詔である。さらに、日本書紀編さんに当たった文人が大王の暴虐をこれでもかと列挙した。処刑された男女の人々は一体何をしたのか。どんな人々だったのか。日本書紀は全く説明しないまま、次々と残酷な処刑場面を並べた。年代を遡って前の状況を思い起こすと武烈天皇の内心が見えてくる。仁賢天皇の7年1月3日、４５歳で太子となり既に国政を担当していた。従って5年の経験と実績を積んだ。なお、太子就任以前から父王をサポートしていたはずだ。また、父王崩御の年内に即位して、国政の遅滞を避けた。仕事が好きで熱心な大王だった。『世のために己の使命を全力で果たしている。だから、自分だけは許される』という歪んだ自己評価により『賢人親子を弄りつづけた連中に復讐する』と自己正当化し、顕宗派を身分の上下男女を問わず、次々と大小の罪状を見つけ出しては裁判にかけ刑の執行を見届ける。法に従う形式を採っていても異常そのもので快楽殺人でしかない。8世紀の人々は、当時の記録に胸を悪くした。実際の伝承はさらに醜悪だったろう。それは権力闘争とは異なる私的な復讐感情から起こり、歪んだ快楽追及へエスカレートしている。なぜこれ程の大王誹謗が正史の中で許されたのか。ヤマト王権の人々にとって二度と出現して欲しくない、系図に先祖だと記したくない大王だった。だから、自分たちの子孫に『ダメ！絶対ダメ』と念を押した上で、武烈天皇の皇女を"仁賢天皇の皇女"と書き改めた。

継体天皇 ５０９～５３３（25年）　452～(536)（85歳）　※ 崩御年が2説ある。

　５８歳で即位、在位２５年。病気で８２歳崩御と記された。しかし、別の説も記した。日本書紀編さん者は両説とも決定打に欠けると考え、曖昧に"併記"したというのか？
　○　『継体２５年譲位が行われ、その日に崩御した』という本文の説（継体紀・安閑紀）
　○　『ある本では継体２８年に崩御した』という"出典が不明"の説（継体紀）
また、『百済本記には、継体２５年に天皇・皇太子・皇子が揃って薨じたと載っており、継体２５年は"辛亥の年"に当たる』と本文で干支を解説した。いつもの太歳干支コメントではなく百済本紀を引用して「辛亥の年」を強調した。※ この干支問題は、P176で解説。
　2つの説を折衷してみる。重病を患う継体天皇は、苦労をかけた長子に何としても皇位を継がせたかったが自分の死後どうなるか不安だった。そこで確実に継がせるため譲位を強行した。なお、良い薬の処方を受け譲位後に容態は持ち直した。しかし、新帝安閑天皇は在位2年12月に崩御。その翌年2月、継体・前天皇もわが子の後を追うように崩御。さらに、新々帝宣化天皇の幼児が早世した。相次ぐ訃報が半島へ伝わりニュースが拡散するうちに表現は混乱する。"父王"を基準にすれば『天皇（継体天皇）・皇太子（安閑天皇）・皇子(宣化天皇の子)の3人が全員薨じた』と伝わった？「父から子への譲位」は継体２５年にあり、それから3年後「父王」は崩御したと2つの説で"真相"を伝えようとしたようである。ヤマト王権で最初の「譲位」は、継体・安閑天皇父子で行われた。つまり、応神天皇5世の孫(父)から6世の孫(連れ子)へ皇位は移った。連れ子キスミミ以来だった。

安閑天皇 ５３４〜５３５（２年）　４６６〜５３５　７０歳

　「譲位」をうけ６８歳で年内に即位。在位２年、７０歳で崩御した。父王とは１４歳の年齢差？父王即位のとき４４歳。皇后は“春日山田”皇女。安閑天皇にはもとより子はなく王位がその先へ移るおそれはなかった。それでも在来派は警戒しただろう。

宣化天皇 ５３６〜５３９（４年）　４６７〜５３９　７３歳

　兄王崩御の年内に急ぎ即位。在位４年、７３歳で崩御。皇后は橘仲皇女。父王崩御後に武烈派と合意したようだ。皇子たちに王位を望まなかった。在来派は、外来派「継体・安閑・宣化」父子の先まで王位が移ることを認めなかった。後世、北条氏も外来派「頼朝・頼家・実朝」父子の先まで“鎌倉の権力”が継承されることなど認めなかった。

欽明天皇 ５４０〜５７１（３２年）　生年不詳〜５７１　年齢不詳

　父継体天皇と母手白香皇后の皇子とされる。即位年齢は“若干”と記された。在位は、３２年にも及んだ。病気により崩御。年齢不明。欽明紀冒頭に『２匹の狼（大神）が血を流しながら争ったが、仲裁者により両者とも命を全うした』という寓話が載っている。正史にありのままを記したくなかったから武烈派と継体派の激しいバトルと調停、和解を寓話にした。安閑天皇の皇后が両派和解の功労者だったから、若きプリンスのため中継ぎを要請したが春日山田皇女はそれを断った。宣化天皇の皇女石姫を新天皇の皇后に迎えた。

敏達天皇 ５７２〜５８５（１４年）　生年不詳〜５８５　年齢不詳

　即位年齢不詳、在位１４年。病気により崩御。年齢不詳。母は石姫。皇后は推古天皇。

用明天皇 ５８６〜５８７（２年）　生年不詳〜５８７　年齢不詳

　即位年齢不詳、在位２年。病気により崩御。年齢不詳。母は堅塩媛。推古天皇の実兄。

崇峻天皇 ５８８〜５９２（５年）　生年不詳〜５９２　年齢不詳

　即位年齢不詳、在位５年。「暗殺」により崩御。年齢不詳。母は小姉君。

推古天皇 ５９３〜６２８（３７年）　５５４〜６２８　７５歳

　４０歳で即位、在位３６年。７５歳で崩御。６２０年（推古２８年）に天皇記・国記を編さんさせ“国史編さんの草分け”になった。一方、７２０年の日本書紀編さんに際して、推古８年から建国年まで１２６０年遡る“起点”とされたことも諡号の由来になったはずだ。また天皇としての意志が大変強固で、叔父馬子からの葛城県所望の申し出をきっぱり断るほどだった。元明天皇の母方も蘇我氏。推古天皇と生きた時代が３０年と離れていない。幼少期から「女帝の偉大な業績」を数々聞かされて育ったはずである。だから、元明天皇は「旧国史生みの親」推古天皇を手本として「新国史生みの親」になる決意をしたようである。

第8章　古事記と日本書紀の関係

第1　中間報告書

　古事記は、ヤマト王権の正史でも国史でもない。なぜなら、最も肝心な「王・大王の在位年数」が欠落しているからである。ではなぜ、太安万侶は元明天皇に"不備な古事記"を奏上できたのか。それは「表題」や「序文」から分かる。国史のつもりなら、"日本紀"にしたはずだ。また『女帝のご下問にお答えします』という趣旨の序文など必要ない。古事記は『作業はどうしている？どこまで進んだ？形にして見せよ！』と首長から厳しく下問された役人が、慌てて取りまとめた中間報告書（復命書本文と提出資料）だった。序文の中の弁解とお世辞の数々から、安万侶の額に汗がにじんでいた様子まで伝わってくる。

　そもそも「国史」の始まりは、聖徳太子を編さん委員長として６２０年に完成したとされる「天皇記・国記」まで遡る。しかし、６０年を過ぎて国史捏造を憂えた天武天皇が、６８１年に『国史編さん事業のやり直し』を命じたという。それから４０年もの歳月をかけ"新国史"日本書紀が７２０年に完成した。国史編さん事業は、天皇記・国記から日本書紀まで１００年を要した古代日本の一大国家プロジェクトだった。律令編さん事業と共に古代日本の文明開化の象徴だった。文人安万侶はこの大事業に後半から立ち会った。

　すると、７１１年９月１８日女帝がやり直し事業を"督励"した。責任者・安万侶は、翌年１月２８日に古事記ならびに序を提出して編さん作業の基本方針と進捗状況等を中間報告。それまでの作業の見直し・史料収集・歴史考証、さらに最終調整を経て７２０年、次の元正天皇の御世に至り国史編さん作業を完了。正史として承認された。その翌年の日本書紀講筵（こうえん）は、安万侶が生涯をかけた大任のおわりを飾る有終の美となった。

　しかし、この国史は、讖緯説・辛酉革命説を理論上の根拠にして上古天皇の伝承在位年数と伝承崩御年齢を長大化する改変が加えられた。古事記の段階で崩御年齢は加工されていたから、改変が承認済みだったことが分かる。そのため、天皇記以来１世紀に及ぶ古代日本の大事業として完成した正史だったが「歴史書」としての評価は低い。また、後世の人から見ると古事記・日本書紀が２つ並んでいる。８世紀の国家プロジェクトの現場には、意志力と知力に優る女帝・国威高揚を最優先する重臣・古来の伝承を残したい文人という"立場を異にする三者"が居合わせた。そして三者の間には軋轢があった。その所産が記紀である。古事記は、日本書紀の"試案"に過ぎない。本来なら後世に残るものではなかった。安万侶は『ここまで頑張ってやり続けて参りましたと形にして証明しなければ、女帝に納得して頂けなかった』と上奏文「序」の裏面に書いている。そして８年後完成した正史は、文人にとってひどく不満だったから『不備でも、より伝承を残す古事記を伝えよう』と考えた。それがまた『なんで似たものが２つもあるの？』という「なぞ」も生んだ。

　文人のリーダーは、約２０年間ずっと安万侶だった。それは経歴を追えば分かる。
・７０４年 従五位下に叙され貴族に列し、以後国史編さん事業の現場責任者になる。
・７１２年 遠くで重臣が見守る中、中間報告書を奏上して元明天皇の信任を得る。
・７２０年 苦節８年、完成した正史が舎人親王により奏上され元正天皇に裁可される。
・７２１年 天皇、重臣を前に講筵を取り仕切って説明責任を全うし大任を解かれる。
・７２３年 安万侶没す。※ 聡明な青年はこの大事業に全身全霊捧げ尽くし老学者になっていた。

～ 124 ～

第2　古事記「序」
　古事記は上・中・下3巻からなる。上巻タイトルは"古事記上巻ならびに序"である。日本書紀には無い"序文"が古事記になぜ必要だったのか。その答えは、安万侶が「供述人」として署名したこの供述書の中にある。実に明晰な短文の中に、10項目に及ぶ内容が詰め込まれている。

～序の内容・10項目～
① 神代の1　神代前史ともいえる古い時代の神々。(日本列島の創造)
② 神代の2　新しい時代の神々と天孫降臨。(日本列島への移住)
③ 神武東征　神武天皇による小さな国「ヤマト」の建国。(国史)
④ 歴代天皇の事業　崇神天皇以来、大きな国「ヤマト」で代々の天皇が担った大業。
　　※ 大国に成長したヤマト王権は、王の事績を「伝承」に委ねず「記録」するようになった。
⑤ 天武紀の1　内戦に勝利しヤマト王権を継ぎ、天下を統治した天武天皇の徳を絶賛。
⑥ 天武紀の2　帝紀と旧辞を調べ虚偽部分を削除して後世に伝えよとの詔。
⑦ 元明紀の1　元明女帝の徳を賛美。
⑧ 元明紀の2　天武天皇が求めた旧辞を形にして提出せよとの勅令。(711年9月18日)
⑨ 言い訳　国史編さん作業の遅延は、古代の言い伝えを文字に表す難しさが原因と弁明。
⑩ 各巻のテーマ　上巻(神代～イワレ)　中巻(神武紀～応神紀)　下巻(仁徳紀～推古紀)

　712年1月28日付の供述書は、1300年の時を経ても色あせない。なぜなら、国史編さん作業に長く携わってきた「現場責任者」が国史編さんの基本方針を表明しているからだ。古事記の序文に残されたが、それは"日本書紀編さんの基本方針"に他ならない。『今後、このような形で国史完成に向け作業を進めて参ります』という女帝への建白書でもあった。従って「序文」は「古事記」・「日本書紀」と並ぶ"独立した文献史料"である。国史編さんの基本方針を明らかにした「序文」を通して記紀を読めば、中間報告書レベルの「古事記」と完成版正史の「日本紀」(日本書紀は後の呼び名)の姿がより鮮明に見えてくる。

○ 日本書紀はこの「編さん骨子」どおり、神代を巻1と巻2に分けた上で始まる。
○ 巻3から神武東征・建国史を記した。※ 神話とは一線を画す歴史がスタートする。
○ 神武天皇から開化天皇までの在位中の事績はほとんど伝わらなかったから記述できなかった。もしウソの事績で飾れば「天皇への不敬」となる。その点"摂政"(神功后、聖徳太子)とは大きく異なる。"脚色"は「天皇の記録」ではないからである。
○ 崇神天皇から、記録が様々残されていた。歴代天皇はそれぞれに大業を継がれた。
○ 天武天皇のお言葉と断った上で、有力者の家ならみんなが伝え持っている国史は既に真実と違う虚偽を加えたものが多いと聞く。だから、今のうちに虚偽の部分を削除して正しい国史を編さんし後世に残したい。なぜなら、正しい国史は王権の存在根拠となり、天下統治の指針にもなるからだと主張した。そして、虚偽の部分と判定されれば徹底して削除した。特に、中韓との関係において「国威を著しく貶めるような記録」は、虚偽がないか重臣による歴史裁判で厳しく弾劾されねばならなかった。この方針を⑥として奏上し、女帝の裁可を願った。例えば新羅や高句麗との「一方的負け戦」や、中国が倭国代表と認め国交を結んだという「邪馬台国の存在」などは、古事記の段階で既に歴史から削除された。
○ 711年9月18日女帝は国史編さん作業を督励した。しかし、女帝は寛容であら

～ 125 ～

せられた。これまで選別、記録した分の「旧辞」を取り敢えず３巻にして差し出す
だけでよいとされた。それが古事記に帝紀の要"在位年数"記録がない理由である。
安万侶が⑦で元明女帝の徳を賛美したのは当然すぎる話だった。

○　７１２年１月の段階で仁賢～推古天皇までの旧辞をまとめる事はできず、欠史１０
代の有様だった。しかし、８年後に手つかずの１０代の天皇の旧辞を全てまとめ上
げた。さらに、元明天皇の御父天智天皇、重臣首座舎人親王の御父天武天皇、その
皇后で元明女帝とは異母姉妹にして夫君の母でもある持統天皇まで、古代から現代
のオールスターをまとめ上げた。中間報告書とは比較にならない質と量になった。
安万侶ら文人が、いかに心血を注ぎ日本書紀全３０巻を完成させたかが窺える。

○　敗戦記録がつきまとう成務・反正天皇は、記紀編さん上両者ともに系図のみとすべ
きだった。しかし、成務天皇の事績だけ一部記録された。なぜだろう。その答えも
序文にある。安万侶は「建国後初めて国や県の境を定めた」成務天皇の業績を、官
僚目線で高く評価していた。そして、この事績を古事記の中に明記したのは自分の
考えだったと序文で表明した。執筆責任追及と処分はどうなったのか。母子２代の
女帝が老学者を信任していたことはそれからの安万侶を見れば分かる。その３年後
従四位下に昇進している。そして日本書紀完成の翌年、第一回講筵で天皇、皇族、
重臣が居並ぶ前で「ご進講」を任された。

○　２度に及ぶ新羅征伐も"戦いの女神"の軍歴として不十分と批判されたからか、そ
れとも邪馬台国の歴史公証人である中国からの国際的な批判を怖れたのか。古事記
では、邪馬台国の記録は全て「消去処分」されたが、日本書紀では「処分取消し」
の決定がなされた。その結果、九州一だった邪馬台国を討伐した記録は「神功皇后
の土蜘蛛討伐」に名を変えて復活した。同様に、景行天皇が邪馬台国に押し返され
未完に終わった九州平定作戦の全記録も復活した。さらに、世界史に残る卑弥呼は、
神功皇后だったという構図を描き"摂政在位"まで認めた。これはヤマト王権に次々
と女帝が登場し、ついに母から娘の２代に及ぶ「女帝時代」を迎えたことと無縁で
はないはずだ。８世紀、女性は実に太陽だった。女帝２代の継承で天武天皇の皇子
は即位候補から外れた。そこには女帝と重臣首座との拮抗した関係が見える。皇子
は文人の反対を抑え、天下国家のため「国威高揚という国策」を国史に思う存分反
映させる奮闘を見せた。しかし、そこまでだった。女帝たちの結束力には勝てず、
即位はついに実現しなかった。巨星・天武天皇は皇子が１０歳の時崩御した。皇子
は、偉大な父の背中を見ながら帝王学を学ぶ機会に恵まれなかった。その代わりに
強い女性たちに囲まれて成長したようだ。そんな親王の意向を受け、安万侶は序文
の⑥で国策重視の国史編さん方針が天武天皇の意向であったように述べている。し
かし『天武天皇が聞いた』という話は、誰が天皇にしたのか分からない。安万侶は
『天武天皇がそう言われた』と述べているが、天皇から直接聞いたのか、いつどこ
でどんな場面で聞いたのか語らない。伝聞供述ですらない、伝聞の伝聞であると言
っている。つまりは、出所不明の怪しげな話である序文の⑥は、裏をひっくり返す
と"作文"と書いてある。因みに⑤は、女帝の目を偉大な天武天皇の「威光」で幻
惑させ、次の⑥の主張が天武天皇のお考えだろうかと疑問を抱く余裕すら与えない
トリック装置だった。

後に、天武紀は日本書紀の中では異例な上下2巻に詳しくまとめられた。天武天皇10年3月17日の記事に「天武帝が大極殿で川嶋皇子、忍壁皇子ら12名に帝紀及び上古諸事の記録を命じる詔をされた」とある。たったこれだけである。日本書紀編さんにとって最も重大な記録だが、序文の⑥にあった国史編さんやり直しの詔の趣旨説明が跡形もなく消えた。序文⑥で力説された天武天皇の発言内容は、やはり歴史事実ではなかったようだ。

第3　国史編さんの進捗状況

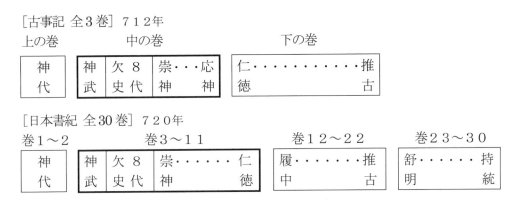

　古事記を提出した時点で「讖緯説の1260年に神武元年～推古8年をあてはめる」という「編さん方針」は決定していた。そして、在位年数の「水増し範囲」は神武天皇～応神天皇までとしようと考えた。だから、これらの天皇を「中の巻」に一括して収めた。
　しかし、検証は未だ不十分で水増し在位年数を記せる程度には至っていなかった。これら天皇の崩御年齢を水増しして記すに止めた。次に、在位年数を水増ししない仁徳天皇～推古天皇までを「下の巻」に一括して収めた。この時、仁徳天皇の伝承年齢83歳は、自信をもってそのまま記した。なお、検証作業は顕宗天皇で止まっていた。そこで仁賢天皇から推古天皇までは、取り敢えず「系図程度」にした。だから、安万侶は『国史完成まで今後も鋭意努力して参ります』と序文で誓った。これに対して元明天皇は、おそらく新国史完成の期限を付けた上で、序文にある「国史編さんの基本方針」を承認したのだろう。
　その後も日本書紀完成まで検証作業は続けられ、古事記案は様々補正された。その第1が、仁徳天皇を在位年数水増し範囲に加えたことである。文人の最終的な作業で計算誤りが判明した。文人にとって、神武元年～推古8年までの伝承在位を1260年に水増しする作業は容易ではなかったのである。第2は、仁賢天皇～推古天皇までの在位中の記録が十分に備わったことである。第3は、舒明天皇～文武天皇、さらに元明・元正天皇までもカバーできるようになったことである。720年現在の時点で、過去の歴代天皇の全てと、今上天皇（元正）の現在までを編さんした。しかし、譲位後の先帝の意向で「持統天皇」

~ 127 ~

までとしたようだ。元明天皇は「夫」である草壁皇子が即位しないまま２７歳の若さで世を去った後、最愛の「皇子」が年少ながら即位して文武天皇となり成長する姿を見守った。どれほど幸福であったことだろう。ところが、我が子までが２４歳という若さで先立ってしまう。女帝は、繰り返す悲劇に襲われながら、ならば幼い「孫」が成長し即位することをこれからの人生の目標にして生きようと決意した。だからこそ自身で即位し「皇女」にも中継ぎを求めたのである。この女帝の悲願は崩御後に叶う。また『ファミリーは１つ』という遺志も国史「続編」の中でしっかり生かされた。

　素朴な疑問『なぜ、古事記は神武天皇～推古天皇で終わっているのか』から出発して、１３００年前の記紀編さんの「流れ」を筋読みする。日本書紀最大の謎に迫るためである。
□「いつ・誰が」日本書紀の"在位水増し"を決定したのか。

①　７１１年９月１８日、国史編さん委員会は天武天皇が命じた国史編さんやり直し事業の"進捗状況"について元明天皇から報告を求められた。正に、青天の霹靂だった。

②　この時から舎人親王は、国史編さん事業に本気で向き合うようになった。そして名案『敗戦国が堂々と中韓に対抗するには、歴史の浅い国でよいはずがない。中国に次ぐ長い歴史が必要だ。国策として、ヤマトの歴史を水増しする』ことを思いつく。

③　委員長に文人が答えた水増し方法は『讖緯説・辛酉革命説を理論的根拠とし神武天皇元年～推古天皇８年まで１２６０年あったとみなす。そのため前半の天皇在位を５倍、それに合わせ年齢も２倍に水増しする』だった。文人の作業は、元々「天皇記」を下敷きにしていたから「神武～崇峻」紀までを基本とし、推古紀を加えることにした。

④　国史の編さん方針を大きく変える「許諾」を女帝に求めれば、『新国史にそんな突飛な細工をすればどんなものになるものやら。進捗状況だけでなく細工の具合が具体的にイメージできる"試案モデル"を作って見せてみよ』となる。当然の話だ。新国立競技場のザハ案はデザインを見たから具体的な問題点が噴出し破棄された。安万侶は、知力に優る女帝から『年明け早々に試案モデルで復命せよ』と命じられてしまった。

⑤　文人たちは降って湧いた難題に大混乱しながらもこれまでの作業成果を踏まえて取り敢えず応神天皇までの年齢を約２倍した新国史のミニ版「古事記３巻」を用意した。

⑥　７１２年１月２８日、現場責任者安万侶は、答申書にサンプル３巻を添えて復命した。

⑦　元明天皇は、漢文を自由に読み書きできる才媛だった。"速記風"の古事記３巻に目を通してから『心配したほどでもない。これで構わない』と期限を付して内諾を与えた。

⑧　文人たちは各人の担当ごと漢文で新国史執筆作業に取り掛った。また、作業に熟達していき編さん対象を飛躍的に拡げたが、先帝の意向で持統天皇まででよいとされた。

⑨　７２０年、先帝の健康事情を考慮した舎人親王は、当初１０年？を期限とされていた新国史完成を急遽早めたようだ。そして元正天皇に奏上した。そのため文人は５年の不足分を補修出来なかった。一方、委員長も十分に監修出来なかった。

⑩　７２１年、記紀の「産みの親」元明前天皇崩御。

⑪　７２３年、記紀の「育ての親」太安万侶没す。

第9章　神話

　　古事記上巻、日本書紀巻1・巻2に記された神代の話にウソはない。なぜなら、
はじめから歴史事実とは異なる"神話"と断ったうえで収録されたものだからである。
つまり、神話は「捜査対象」にならない。従って、興味深い内容であったとしても、
多くが本書のテーマから外れる。「参考」や「感想」を述べるに過ぎない。

第1　神代より古い縄文時代

　日本書紀は"神代の舞台"を「弥生時代」に設定している。魏志倭人伝の世界と同じよ
うな情景を描写している。8世紀の文人は、3世紀に郡使が見たという風景を参考にしつ
つ、未だ弥生時代が色濃く残る自分たちの時代の地方風景を神話のベースにしたようだ。
粗末な建物・機織り機・水田・ときには馬・鉄剣・鏡なども登場させた。それは、日本書
紀が記録した伝承が、そもそも弥生人に由来するものに限定されていたからである。その
一方で、弥生人には、渡来人1世とその子孫のみならず、弥生文化を受け入れた縄文人も
含まれる。ただし、彼らは「縄文文化」に寛容ではなかった。明治期の西洋かぶれと同じ
だった。ひたすら切り捨てた。だから、神話に縄文人固有の伝承を残さなかった。

　神武天皇とニギハヤヒが、講和をめぐる交渉で先祖伝来の武器を示す場面がある。お互
いにそれを見て出自が「高天原」であることを認め、心を開くことになる。つまり、日本
書紀巻3から始まる"ヤマトの歴史舞台"に登場する主人公たちは、渡来した者の子孫や
そのことを自称する者たちだった。そして、高天原を共通の起源とする祖先神を信仰すれ
ば、すべて弥生人とみなされた。その点について日本書紀は、天孫降臨から神武東征出発
の年まで、179万2470年余りの時が経ったと解説した。つまり、神武天皇の時代ま
でに日本列島に居住していた者は、全員が弥生人の資格を持っていると認定した。これに
対して、神武天皇の時代以降にやって来た移住者を「渡来人」と呼んだ。

　　※　日本書紀は、時として意味不明な記述を挿入した。179万2470年は何を意味するのか。
　　　　文人はデタラメを嫌う。必ず何らかのメッセージが隠されているはずだ。

長髄彦は徹底抗戦を主張し、講和派のニギハヤヒに粛清されてしまった。彼は、弥生人に
なりきれず時代から取り残される頑固な縄文人を象徴している。明治初期に甲冑に身を固
めた士族の反乱が続いたが、すべて鎮圧された。ずっと在来の祖先神を信仰する者もいた
だろう。中には、「土蜘蛛」と呼ばれる人々のように弥生文化を受け入れようとしない超保
守的な縄文人もいた。彼らは、山中の洞窟に居住し、テントをたたんで転々と移住しなが
ら狩猟採集生活をしていた。当然、弥生文化の人々とは相容れない。食糧不足は多くの場
合、穀物貯蔵の乏しい者から先に起こる。略奪と殺傷が生じ、常時敵対する関係となる。
憎しみあっただろう。この関係は、縄文人が弥生人に吸収されるまで続いたはずだ。その
過程で、弥生人は縄文人のとてつもなく古い歴史を意図的に消していったのだろう。

　ところで、日本列島には、4万年の昔から居住者がいたという。何処から来た人々なの
か。海流に乗り南の海を越えたのか、氷結した北の海を渡って来たのか。人骨の形状から
はインドネシアやフィリピンの先住民と共通性があるそうだ。いずれにせよ、長い年月を
経て大陸沿岸や島を伝い極々少数が渡って来ていたようだ。魏志倭人伝やアイヌ民話に、

～ 129 ～

「小さな人々」の言い伝えが残されている。彼らは、日本列島の先住民だったのだろう。２万年ほど前、シベリアの気温が１０度も下がる気候の大変動があったという。草原は砂漠化して、マンモスなど多くの動物が去った。当然ヒトもそれに伴い移動を始めた。東へ進んだグループは、ベーリング海峡を渡りエスキモーとなり北米のインディアンとなっていった。さらに南下して中米〜南米へ広がって、古代インディオの大帝国を打ち立てた。

シベリアを南下したグループは、モンゴル高原、中国、満州、朝鮮半島へ広がっていったという。このグループの「別れ」が樺太、北海道へ向かった。彼らは、それまでの石器人と違い、細石刃という黒曜石などを特殊加工したよく切れる小さな石器を持ち込んだ。さらには、その刃を木・骨・石に埋め込み、ノコギリ歯のような「替刃式の刃物」まで発明していたらしい。軽・薄・短・小のアイデア製品のルーツのようだ。また、芸術性に優れた祭礼用の土器を作り、美的才能を開花させた。これらの人々が北海道から沖縄まで広がって縄文文化は１万年以上も続いた。しかし、基本的に狩猟と採集の生活だったから、農耕民や牧畜民のように数千人規模の巨大な集落や、数万人規模の国を形成することはなかった。大きくても数百人程度の集落に止まり広い範囲に点在するように暮らしたという。縄文時代の食糧の花形は、栗・どんぐり・貝・サケなどのように、季節で大量に採集・捕獲できるものとなる。特にサケは、海では容易に捕獲できないが、秋になれば川を遡上するので食糧が尽きる冬を前に大量に捕れる。しかも大型（平均３・５キロ）で美味、保存も可能。縄文人の分布（東高西低）とサケの遡上分布（日本海側は鳥取、太平洋側は千葉まで恒常的に遡上）はよく重なる。縄文人は、マンモスを追って日本列島に来たと言われるが、それこそ歴史ロマン。実体のない幻だ。縄文人はサケを追って日本列島へやって来たというべきだ。ゾウは、知能が高く群れを作る強大な動物であり、アフリカで人間にとって狩りの対象になるのは銃器が発明されてからだ。常に生死の境に立たされるのは人間だ。石器時代の人たちは、弱っているか、死んだゾウを探していたろう。ゾウの骨や牙は拾い集めた。アジアでもアフリカでも、ゾウは人間に食い尽くされて滅んでなどいない。

同様に、ネアンデルタール人も滅んではいないだろう。少数は生き残るはずだ。全くいなくなるというのは、滅んだのではなく３万年前までに「同化」したと考えるべきだ。今もヨーロッパ人の顔形や筋骨に生き残っている。縄文人も滅んではいない。列島で人口を増やした弥生人に同化した。国の天然記念物「柴犬」は文明開化の時代を迎えて、もう少しで完全に外来種に同化して日本列島から１匹もいなくなるところだった。

なお、北海道はヒグマ本州にツキノワグマという生息分布があるように、最強の縄文部族アイヌは北海道、次に強かった縄文部族エミシが東北、その他の縄文人は関東から南へ移住していったと考えられる。北海道や東北は、縄文人にとって１万年もの間一等地だった。当然、強い者が残り弱い者は追われた。そして、より弱い縄文人はより厳しい環境の中で生きていくすべを学ぶほかなかった。列島内でも「人の移動」は常に起きていた。

そこへ半島から、弥生人の中でもより弱い立場の人々が列島へ移り住み、水田や養蚕を伝えた。弱い者たちが出会い、互いの長所を取り入れて弱点を克服し、最強の部族に生まれ変わろうとした。ここまでが日本書紀が記した神代より古い縄文時代であり、役割を終えると弥生時代に同化して消えた。

第2　高天原（タカマノハラ）と葦原中国（アシハラノナカツクニ）

　葦原中国が日本列島であることは間違いない。今も子孫として我々日本人が住むところである。では“高天原”とはどこを指しているのか。神武天皇やニギハヤヒの先祖である弥生人はどこから来たのか。周辺国の歴史を見ると「移民の歴史」があった。中国大陸各地で農耕や牧畜が広まり地方に国家が生まれる。それが、より大きな国に吸収される過程で生存競争は激化し、過酷な負担を強いられ、戦乱に巻き込まれる。すると、定住地を捨て新天地をめざし移住する人々が生まれる。中国の北からも南からも移民が発生しては流出する。その流れの１つが黄海沿岸を東へ進むグループとなり、韓半島を南下し定住を始めた人々がいた。そこには、もっと古くから日本列島を越えて島伝いに移動していった縄文人もいただろう。韓半島は、陸続きの中国からの移住者、もっと北方からの移住者、日本列島からの移住者が混在したはずだ。その中で、力を持ったのは農耕民であり、邑から国を形成してより大きな国となる。韓半島では西に馬韓、東に辰韓、南に弁辰と住み分けが進む。秦からの移民の多くは辰韓へ。その他中国南部の出身者は、半島を南へ進んだ。なぜなら、秦の人々は、楽浪郡等の同族を頼り、楚・呉・越などの出身者は、南方産イネの生育地として少しでも温暖な南部を選んだはずだ。そこで、ごく少数の縄文人に出会う。『海の南にも土地がある。船で行ける。自分たちは、時々行き来して交易している』等と聞く。その後、弁辰の人々と半島の縄文人は、混ざり合い半島に「弥生人」が生まれる。農耕による人口増加は、新たな移民の必要性を生む。日本書紀の「巻2」神代下は、移民事業の困難性を物語っている。なぜなら、希望者がいない。『誰か降りる者はいないか』と移民問題が深刻化した。弁辰の天照大神と縄文の高皇産霊尊（タカミムスビのミコト）は何度も移民事業に失敗して、共通の次世代・天孫ニニギ命を送り込んだとされる。

　なお、魏志「倭人伝」と「韓伝」は、北九州の倭人と弁辰の住人には、生活スタイルの共通点が幾つもあるように描写している。距離的に一番近い。しかも海上交通の中継地となる巨済島・対馬・壱岐という島々が飛び石状に連なっている。ただし、体格は似ていない。おそらく「文化」は大量に輸入されたが「体格」が似てくるほど人の渡来は多くなかったということだろう。この点で、明治期の文明開化と重なって見える。今でも、日本人の体格は、欧米は勿論のこと中韓と比べても大きくはない。戦後食糧事情の改善が進んで飛躍的に体格が良くなったが、一定のところで止まっている。縄文人も弥生時代に入ると、農耕文化の普及に伴い食糧事情と住環境が改善され、体格が大きくなったはずである。また、食べ物がどんぐり等の固い物から穀物中心になり顔の形まで変わった。現代においても「噛まない」食文化が進み、日本人の顔は小さくなっている。また、正座から椅子の生活に変わると足が長くなってきた。多くの縄文人が弥生人に“変化”したのであって、入れ替わったのではない。そのことを「ＤＮＡ解析」が完璧に証明してくれるだろう。

第3　兄と弟

　長男、長女など「跡とり」以外は、独立して出ていってくれという社会の風潮を受け、海を越えて日本列島へ渡る家族も現れる。海岸線に住む漁民や、列島各地から交易に来る倭人に頼んで船に乗せてもらい、新天地に渡る。生活用品、農具、イネ、蚕、それに運賃として喜ばれる鉄や鏡を持参する。移民は、大部隊ではなく少数の単位で進められ、まず北九州の港「博多」に到着する。そこから農地開拓が始まり、後に開拓村は「奴国」と呼

ばれた。南へ南へと進む開拓の流れは、有明海に至り筑後川の東西に筑後平野と佐賀平野を発見し、広い耕作地を開墾した。縄文人と同化・混血しながら弥生人は増え、ついには北九州一の強国・邪馬台国へ成長した。このように列島各地で、縄文人が専ら海岸地帯での狩猟採集生活と船による交易をやっており、先住民として仕切っていた。それに助けられ、許可され移り住んだ弥生人は、縄文人と同化しながら倭人化した。すると倭人の中で、農耕民が農地の広がりと共に人口を増加させ、最終的に地域の支配者になる。だが、先住民を兄、移住者を弟と呼んだ記憶は長く残り"海幸彦・山幸彦の伝承"になった。

第4　国譲り

　移住者が持ち込んだ農耕技術や養蚕は、器用な縄文人たちがすぐ学習し身に着けていく。また、移住者と先住民は新しい血を求め混血していった。その過程は、縄文のプールに半島から来た弥生人がバケツで水を注ぐようなもので、両者の水は別れることなく縄文の色に染まっていった。特に子供はすぐ染まる。その典型例が言語の習得。しかし、移住者が持ち込んだ伝承は家族に代々受け継がれ、信仰や風習も「新しい農村」によく根付いた。農村が生まれ、国に発展し、ついには戦争となる。人口が増えると、飢饉も大型化する。そして多くの人が餓死する。また、人口が増えた分だけ農地が広がらないと、慢性的な食糧不足となる。力ある者は力に頼り、略奪と国盗りの時代が始まる。古代戦国時代である。弥生文化は西から始まり、農地を求めて東へ進む。それにつれ、日本列島は弥生文化の前線が西から東へ移動していった。最早、必ずしも混血を伴わない伝播となる。縄文人がそのまま弥生人に変化し、狩猟採集生活が農耕生活へ変化していく。この流れの中で、戦闘人員の増加・海上戦闘能力や武器の向上・実戦経験の蓄積などの条件を満たしていった「西の集団」が東を目指す時代を迎える。「東征」というスローガンが生まれた。後世、ロシア人はウラジ・オストーク（東方を征服しろ）と叫び、都市の名前にした。しかし、攻撃を受ける東側でも、農耕技術と同様に新しい戦闘技術を取り入れ防衛する。明治時代の日本が西洋から技師・軍人を招いたように、東の集団は西から農耕・軍事の指導者や傭兵部隊ならぬ海人部隊を雇い入れたろう。神武天皇もニギハヤヒも時代が必要とした技能者・傭兵隊長だったのではないか。

　西の集団は、航海能力を高めると北をも目指した。倭寇の時代が始まる。「新羅本紀」によると、紀元前５０年に「倭人」が初めて辺境を攻めに来た。そして紀元前２０年、倭人の瓠公（ココウ）が外交使節の長となり馬韓王のもとへ派遣された。紀元１４年になると、倭人の大集団が襲来したという。そして、５７年に４代・新羅王に即位した脱解は、倭国生まれだったという。

　このような古代「戦国時代」にあって、海人の拠点・薩摩半島出身で岡山地方の傭兵隊長だった人物が、財力を蓄え私兵を率いて、将来性が見込め征服可能な奈良盆地を攻めた。しかし、そこにも傭兵隊長ニギハヤヒがおり激戦になった。講和交渉で互いの出自を明かしたところ、薩摩半島と出雲地方の「渡来系」弥生人同士だった。証拠の品としてニギハヤヒが先祖伝来の羽羽矢（ははや）と歩靫（かちゆき・歩兵用矢筒）を見せたので、神武天皇も取りに帰り同じものを見せたところ両者の心が通じ合ったという。ここから、流れが変わり抗戦派の長髄彦は粛清された。そして、共同統治に近い形としてヤマトの国が誕生した。従って、大陸型の一方的支配・隷属ではなく講和による穏やかな征服・統一の形をとった

～ 132 ～

ので「国譲り」という表現になった。この建国の歴史は、神話に投影され誰にでも分かり易い物語にされた。その際、出雲神話も収録された。結果的に八百万の神々が治める国とされ、基本的に民主主義に馴染み易い土壌がこの国に生まれた。その歴史的風土にしっかり根ざしていたからこそ、明治維新を東西の政権交代で終わらせなかった。「身分制社会」をも打倒した。日本は、アジアで初めて"市民革命"を成し遂げた特別な国なのである。

　ベネディクト女史の研究チームは、日本書紀の翻訳・分析まで手が回らなかったのだろう。アメリカ人は、戦後の日本を見て、自分たちの民主化占領政策の成功例だと分析した。そのつもりで、次はイラクだと安易に考えたらしい。国にも民族にも伊達に「歴史」があるのではないことは、自由の国アメリカの歴史を振り返ってよく分かっていただろうに。アメリカ建国史を忘れたのだろうか。アメリカはアメリカの建国史があるからアメリカなのだ。そうでなければ、ブラジルと双子の国になっていたはずだ。

第5　神武天皇の出自

　日本書紀は、この興味深いテーマを専ら「巻2」神代下で扱った。高天原を出て、葦原中国に移住した曽祖父ニニギを初代とし、それから4代のひ孫が神武天皇の世代だと公定した。意外と新しい。しかも、この点は「古事記」の伝承とまったく変わってない。4代とは、①移住者ニニギ、②山幸彦ことホヲリ（ホホデミ）、③ウガヤフキアエズ、④イワレビコ（後の神武天皇）である。

　その間どれくらいの時が経ったのか。古事記は"ホヲリの代"だけで580年と記した。と言うより、古来の「伝承」に8世紀の文人が"一文"付け加えた。さすがにこれはまずいと反省したようだ。日本書紀では神であり聖である"4代の神話"に手を加えるような不謹慎な真似はやめた。その代わりに、巻3"歴史"の冒頭部分に天孫降臨（移住）から東征出発まで179万2470年余りにもなったという解説を入れた。なんで、そんな計算になるのか。ホヲリ1人の代が580年だったと「例示」する古事記方式を改めたものの、今度は「ホヲリ」の名を消して「代々」を合算すると無限大の長年月が経ったと言っている。その一方で、神代下の巻でそれは「4世代」だったと明言し、巻3では東征出発時のイワレビコの年齢を45歳だったと記した。すると、その前の"3世代"の1人当たりの在位ならぬ1代の平均は59万7400年を軽く超える。建国前史なら、世界中のどんな国の伝承にも負けない数字になった。そして、天文学的数字になった理由をごく簡単に『神であり聖だった』からだと説明した。　※ なんと巻3「歴史」から祖父・山幸彦を消した。

　しかし、このことを裏側、つまり編さんした者の側から見れば、古事記・日本書紀ともに古来伝承された系図の"世代数"を水増し（創作）するようなことは、絶対にやっていないという説明になる。ニニギからイワレビコに至る「世代数」を神武天皇から始まる「歴代天皇の御代の数」と同等に扱い、大切に保存したのである。

　その一方で、移民から4代（8分の1）と伝わる神武天皇を限りなく「生粋の倭人」として描きたかったようである。それは、なぜだろう。日本書紀が完成した8世紀の日本には、660年に滅んだ百済の帰化人やその2代・3代・4代となる「子孫」たちが多くいた。その中には貴族や文人として迎え入れられた人々もいた。とても太刀打ちできない高度な学識や最新の技芸を備え、手も届かないような仏典や漢籍さえ持っていた。彼らは、宮中でも大いに活躍していたのだ。そうなると、在来のヤマト王権の人々にしてみれば、

ライバルの出現を警戒せざるを得なかっただろう。だから、神武天皇の出自を新来のライバルたちに重なるように描きたくなかった。今も昔も「移民」に対する警戒心と反感は、単なる感情的アレルギーだけから生じるものではない。優れた難民に自分の仕事を奪われることだってあるのだ。8世紀後半、ヤマト王権の人々は時代を変える衝撃人事を目の当たりにして、舎人親王が懐いた危惧が杞憂ではなかったことを思い知ったはずだ。身分の低い渡来系氏族の女性が産んだ「文人としては有能だが列外にいた子」が、親王として認知され有力な候補者たちを抑えて太子に抜擢された。さらに即位して桓武天皇となった。また、その母たる女性は死後、皇太后と呼ばれる地位にまで昇った。しかし、その陰では先帝の皇后母子が揃って廃され、皇后と太子の身分をはく奪されていた。そして、奈良の都に大輪の花を咲かせパワフルな女帝時代を現出させた天武系と蘇我氏は、完全に歴史の表舞台から姿を消した。入れ替わって、天智系と藤原（中臣）氏が大化の改新を継ぐべき正統なる後継者として、時代の主役に躍り出た。世の中も人も変わっていったのである。

　戦後80年の反対側に、解放80年がある。日本列島を新たな祖国に選んだ現代の移民者とその子孫たちは、スポーツ・芸能・学術・経済さらには政治など様々な分野で活躍している。この点においても、現代と8世紀の歴史的状況はよく似ている。大陸の動乱と統一が、難民の歴史を生む。そして、この歴史の大波は周辺国へ伝わり、海をも越える。そもそも、日本列島で1万年主役を務めた縄文人は、弥生人の登場によりその座を奪われたという歴史がある。だが、その反対側には、縄文人が渡来人を吸収したという歴史もある。

　ところで、神武天皇とニギハヤヒが互いの出自を示すため、先祖伝来の「武具」を見せ合ったという。それが出来たのは、先祖の形見が未だ100年も経っていない物だったからだろう。このエピソードからも、ニニギ移住の時代が意外と新しかったことが分かる。四男のイワレビコは仮説では134年生まれだから、そのとき父ウガヤフキアエズが30代ならば、父は100年ころ長男として生まれた。その時の祖父ホヲリが20歳位ならば、祖父は80年ころ次男として生まれた。曽祖父ニニギは、移住して早々に地元女性との間に3人の子をなしたという。すると曽祖父の移住は、計算上遅くとも70年ころになる。つまり、移住者ニニギは、西暦70年ころ鹿児島県南さつま市坊津へ船でやって来た？

　では、彼は「どこから」やって来たのだろう。高天原とはいったいどこなのか。雲の上に天上界が広がっていると言っても、それは話の中にだけある世界。高天原の"モデル"は地上にある。神話の伝承なら、古事記の方が日本書紀より「原形」を素朴に留めているのではないか。

〜古事記〜

① 　ニニギは、高天原から筑紫（九州）の日向の高千穂の峯に降りた。これは話としては当然の展開である。雲の上から地上に降りようとすれば、先ず地上（南九州）で一番高い場所を選んで着地するのが"筋道"である。ただし「高千穂」は「たか・ち・ほ」という倭人言葉の漢字表記であろう。"高い土地に生えた穂"のような峯だと形容している。高・千・穂の3文字は、文人が倭人言葉にピッタリな漢字を選んだようである。

② 　古事記には、降りた峯からどう移動したのか説明がない。なぜなら、伝承した人々にとって「その峯」は、話の辻褄合わせに登場させただけの"架空の場所"に過ぎないからだ。すぐに「移住した土地」の説明が始まる。言い伝えを吟詠した時代には、意味のない"飾り文句"に理屈っぽい解説などは付けなかった。だから素朴なのだ。

③　この土地は（海を挟み）韓国と真向い（人々は韓国から船で）笠沙岬へ通って来る。
　　（原文；此地者向韓国真来通笠沙御前）この一文から、ニニギが「どこから」やって来たか
　　分かる。また移住した土地と韓国の出発地とが航路で繋がっていたというその当時の
　　海上交通の状況まで分かる。

④　（さらに続けて）朝日が真っ直ぐ射す国、夕日が照らす国である。（原文；朝日之直刺国、
　　夕日之日照国）この一文から、この土地の南側は遮るものもない景色が広がっていた
　　様子が分かる。ただし、岬の先端がどの方角を向いているのかはっきりしない。薩摩
　　半島の最西端に突き出る野間半島南側付け根に古代屈指の良港坊津（南さつま市坊津）
　　がある。７５３年に鑑真上人が遣唐使船でついに渡日を果たした港である。８世紀の
　　文人は古い時代から続く有名な港を意識したに違いない。しかも、印象的な描写だ。
　　朝日に映えるこの土地を海上の船から見たのだろう。ヨーロッパから船でアメリカ
　　に渡った人々が、最初に自由の女神像を見た時の感動と重なるようだ。それは、文
　　人自身又は祖先の実体験から出た表現だったのだろう。

⑤　ホヲリは高千穂の宮にいて５８０年になった。陵は高千穂山の西の地にある。この
　　一文は問題がある。なぜなら、８世紀の文人が古事記「上巻」の編さんを終えた後
　　急ぎ付け加えねばならない注文が出たため「上巻の末尾部分」を別紙と差し替えた
　　"痕跡"だからである。その手順は、祖父ホヲリの記事を残し、父ウガヤフキアエズ
　　の記事と余白を"巻物"から切除する。これと同サイズの白紙にこの一文を書き加
　　えホヲリの記事の終わりとする。それに続けて、父ウガヤフキアエズの記事をもう
　　一度書く。出来上がった「別紙」を巻末に貼り合わせ稚拙な出来上がりになった。
何ゆえ、文人はそんな差し替えをしたのか。『移住してから４代では、百済の渡来人にそっ
くりだ。何とかならないか』という"上からの注文"に応じねばならなかったのである。
古事記は既に上古天皇の「崩御年齢水増し」に着手していたから、軽く考えたのだろう。
しかし、神武天皇より前の世代は「年齢」など全く伝わっていなかった。年齢を記載すれ
ば１００％ウソだ。曽祖父（天孫）と御父を守り"祖父の記事"に一文書き加えた。女帝へ
の中間報告の期限が迫り、その場しのぎにやった愚行である。当然、正史・日本書紀に
こんな手法は引き継がれなかった。文人も人の子、過ちを犯した。そして反省した。
～日本書紀～
①　ニニギは、高天原から日向の"襲"の高千穂の峯へ降りた。九州地図には「高千穂」
　　が２か所ある。古代ではよくある地名だったのだろう。文人は古事記に記さなかった
　　襲（鹿児島）の文字を追加して移住地に近い"南の高千穂"だと分かるようにした。

②　天孫ニニギが旅した土地は、痩せて身がない骨のような国だったので、良い国を目指
　　てひたすら丘を越えていった。そして吾田の国、長屋の笠狭碕へ辿り着いた。古事記
　　の笠沙（砂原）御前の漢字を笠狭（せまい）碕に変え、移動状況も加えて理屈に合う文章に
　　した。とても文人らしい筆の跡が残ったといえる。なお、現代ならヘリからロープで
　　高千穂の峯に懸垂降下し尾根伝いに野間半島まで下山できるだろう。

③　巻２の"神話"に続き、巻３の"歴史"神武東征出発前の場面でイワレビコは兄たち
　　や子に、ニニギ尊はこの西の偏（ほとり）を治められたと語る。（原文；治此西偏）つまり、
　　『この土地は、襲（鹿児島）の最も西寄りに位置する』と明言した。また、天孫降臨か
　　ら１７９万２４７０余年になるとイワレビコは話を続け、ニニギの移住から今日まで

～ 135 ～

どれ程の時を経たかについても言及した。

日本書紀は、古事記の拙ない手法は受け継がなかったが、イワレビコの言葉を借りて目茶苦茶な年数を挿入した。文人は、長い年月にわたり身を削るようにして編さんした国史に、なぜそんな"落書き"をしたのか。何かを訴えようとしたのだろうか。8世紀の文人は、当時の日本で「国史の意義」を知る数少ない人物だった。国史に不純物を混入したくなかったはずだ。上からの指示に対して『古来の伝承で事実を伝えるものは、そのまま後世に伝えるべきである』と当初は繰り返し反論もしただろう。しかし、国家組織の一員として最終的には国の方針に従ったはずである。712年1月28日に提出された中間報告書には「580年の時の経過」を慌てて加筆した痕跡が残った。

また、720年に完成した日本書紀には「179万2470余年」が初めから記された。文人は絶対にやってはならないことをやらされたのである。中間報告書に過ぎない古事記の時は『なんていうことだ』と呆れながらも従った。しかし、日本書紀の時には「神話」という聖域では伝承(4代)を守ったものの、巻3の「歴史」冒頭部分では「祖父ホヲリ」を"代々"と言い換えニニギの移住から有り得ない長さの時の経過をみずから書き入れた。絶対有り得ないウソと分かる数字にした。なぜなら、ヤマトの国の歴史がスタートする巻3の冒頭で『この国史にはウソが混入されている』と後世の人々に警告するためだった。そのため、読み手はヤマトの歴史を読み始めると同時に「注意事項」をも読むことになる。それが真相だろう。国史の意義を理解せず、目の前の現実だけに目を奪われ「国威高揚」という抽象的で分かり難い国策を掲げ、それを国史編さん事業に拡大していった権力者は誰だったのか。天武天皇から直接国史編さん事業の詔を受けた忍壁皇子は705年に薨去した。この時点で国史編さん委員会の重臣メンバーは、全員入れ替わったようだ。舎人親王30歳。重臣首座となり、その後国史完成まで指揮を執ることになった。

出来上がった古事記3巻を元明天皇に奏上する前に、安万侶ら文人から報告を受け「決裁」したのは舎人親王だった。ニニギからイワレビコまで「4代の時の経過」に焦点を絞り、古事記に一文を慌てて加筆し"580年大幅水増しした"ことと重ね合わせると、国策反映の動きは舎人親王が首座になってからだと分かる。さらに、日本書紀の「179万2470余年」という途方もない数字から、その水増しの要求が段々エスカレートして、ついに歯止めを失い痛烈な批判や皮肉さえ耳に届かなくなった様子まで見えてくる。

過去の「事実」から目をそらし、抽象的なるが故に自分勝手にどのようにも解釈可能な「民族主義・愛国心」なるものを「声高に叫び扇動するような人物」の多くが、結局のところ「全く責任をとらない人」だったというようなことは、80年前の敗戦を知る人ならいやというほど見てきたはずである。8世紀の文人は「事実」を歴史書に記すことの意義をよく知っていた。だからこそ、日本書紀の伝承が「国策」の名の下に歪められても、本来の伝承が「復元」され、その中にある「事実が伝わる」ことを願った。だから"暗号"を復元の手がかりとして国史の中に残した。

天皇の大業を見れば、一代の天皇の業績でヤマトの国が成り立ったのではないことは明白である。"志を引き継ぐ天皇・重臣"が続いたから国家の発展も成し遂げられてきた。もし、後継者たるリーダーが自身の「血統」だけに自己の存在根拠を見出すならば、代々の志が継承されることなど期待できなくなる。すると「大業」はそこでストップする。もし血統だけを論じるなら、先住の縄文人だけが純粋な倭人となる?すると、より純粋な

日本人とは縄文人DNAを一番多く残すアイヌの人々になるだろう。縄文人も弥生人もその後の渡来人も日本列島を"祖国"として共に辛苦を重ねるに至り倭人になった。それが"日本人"という民族である。祖先を遠く辿れば、バイカル湖・中国大陸・東南アジアなど様々に行き着く。一種類で国家を形成し、存続・発展させることなど不可能だろう。

[DNAと文化]
　列島・半島の地形、海流、自然環境などから、古代韓半島の南端部には"縄文人"が先住し、中国大陸から移民・難民の"漢人"が流入し、北からは高句麗などの"満州人"が南下したと考えられる。その中で「弁辰」地方は、南中国の難民が多く定住し「済州島」は長らく縄文人の島だった。「巨済島」やその周辺も同様である。南中国の難民と半島縄文人は既に半島南部で混ざり合い"弥生人"になっていた。そして人口の増加で移民が列島に渡来した。ニニギとニギハヤヒの名は発音も似る。一方、列島からも交易や鉄を求める縄文人や後の弥生人が「海人」として常に半島へ渡った。倭人瓢公とタバナ（タンバの）国出身・脱解王もその中にいた。古代の山田長政といえる。また、後世「倭寇」と呼ばれる海賊もいた。倭寇の歴史は、交易と表裏一体をなし古い時代から続いていたはずだ。つまり、日本海軍のルーツは紀元前まで遡る。大英帝国の海軍同様、強さには歴史的、DNA的理由がある。日本人と韓国人朝鮮人の違いは、長い歴史に根差す文化とDNAにおいて「縄文人」をベースにしているか否かにある。ただし、両者ともモルトではなく典型的"ブレンド民族"だという点で共通している。なお、漢人は清朝時代に支配者「満州人」の文化とDNAを多く受け入れた。その結果、彼らが魏志に記した「東夷」の特徴が、今や彼らの子孫のものになっている。一方韓国は、新羅が高句麗を併合して以来、その文化とDNAを大量に受け入れた。１２世紀の重臣金富軾は、高句麗主義者との１年にも及ぶ内戦を指揮した。そして鎮圧後は三国史記の編さんに没頭したという。すべては韓国の文化とDNAを守ろうとする戦いだった。７世紀後半の「半島統一」以来、文武両道の重臣が危機感を覚えるほど韓国は文化もDNAも変化していたようだ。しかも、その戦いは今も南北間の対立のみならず、韓国内でも２つの文化とDNAの対立となり続いている。ここに韓国社会が抱える「混乱の体質」の源がある。
　徐々に日韓は、近くて遠い国になっていった。変化したのは中・韓、古代から変わらないのが日・朝である。もし、日韓併合時代が続いていれば、現代日本人の文化とDNAは、古代韓国で起きた変化と同じ道を歩んでいただろう。中東やアフリカなどで今起きている民族や宗教対立による「内戦」は、大量かつ長期にわたり「難民・移民」を発生させる。その流れは、豊かだが労働力不足の西欧、北欧へと向かう。すると、ヨーロッパの中で新たな民族や宗教対立が生まれる。対立が無くなるには、数世紀は要するだろう。しかも、その時には西欧、北欧自身が現在とは大きく異なる文化とDNAを持つことになる。それが難民・移民を大量に受け入れるということである。
　アメリカは、アフリカから大量の人々を受け入れた。彼らを、又は彼らが、完全に吸収・同化するまで人種と民族の対立は続く。それは、移住の強制と関係しない。異なる文化とDNAが一度に大量に混入したことが原因なのだ。日本は、弥生時代以降大量の文化とDNAを受入れた。しかし"長期かつ少しずつだった"から文化の中核に縄文色は残った。移民の子供は、先住民の社会の中で育ち言葉も習俗・信仰も縄文の色に染まった。

~ 137 ~

～コラム10　難民と移民の時代～

中国	朝鮮	韓国 西部	韓国 東部	韓国 南部	韓国 南端	日本
2070～ 夏	満州人	黄海沿岸先住漢人			半島縄文人	列島縄文人
1600～ 殷						
1046～ 周						
770～（春秋）	[難民大発生] ○550年の戦乱 ○呉越の滅亡 ○斉晋の滅亡	⇒　[難民大移動]　⇒ ○長期かつ膨大な難民移動の常態化 ○中国南部から黄海沿岸を迂回する大移動 ○中国北部から東方への大移動				[移民渡来] 半島弥生人　列島縄文人
403～（戦国）	○長城の建設	○秦趙燕での長期かつ過酷な労役から逃亡				
221～ 秦	○燕楚等の滅亡	○征服地域への過酷な支配体制から逃亡				
202～ 前漢　B.C.	-108 楽浪郡 帯方郡　-37 高句麗	馬韓	辰韓	弁辰	倭人邑	倭
8～ 新　A.D.						
25～ 後漢		※187	新羅	加羅	任那	※182 ヤマト建国
220～（三国）魏・呉・蜀		百済				
265～ 西晋						
304～（五胡十六国）	～313					※355 倭国統一
317～ 東晋（380～ 統一）						
420～ 南宋						
439～（南北朝）						
479～ 南斉　502～ 南梁						
589～ 隋				～562		
618～ 唐	～668	～660	676			※ 復元年代
			統一新羅			

～コラム 11 春秋・戦国の亡国史～

		B.C 興 ～ 亡				B.C 興 ～ 亡	
1	曹	1046～487	山東	9	魯	1055～249	山東
2	陳	1111～479	河南	10	韓	403～230	河南
3	呉	585～473	江蘇	11	趙	403～228	河北
4	蔡	11C～447	河南	12	魏	453～225	山西・河南
5	斉	1046～386	山東	13	楚	771～223	湖北・湖南
6	晋	11C～376	山西	14	燕	1100～222	河北
7	鄭	806～375	河南	15	衛	11C～209	河南
8	越	600～334	浙江	16	秦	778～206	全国

北部・・遼寧　河北　山東　山西
中部・・江蘇　浙江　安徽　河南　湖北　陝西
南部・・福建　江西　広東　湖南

～コラム 12　半島・列島の住人～

高句麗	馬韓
○ 食物を節約し、宮殿を造ることを好む ○ 性格は凶悪性急、他国を攻め財を盗む ○ 言語・風俗・習慣は多く扶余と同じ ○ ただし、性格・気質・衣服は異なる ○ 支配階級は、耕作せず徒食者が多い ○ 歌舞好き、十月大集会の公式衣服は華美 ○ 国人は気力があり戦闘上手	○ 性格は強く、勇敢 ○ 規律が少なく、統制がとれない ○ 長幼、男女の区別がない ○ 跪いて拝むことをしない ○ 帽子をかぶらない ○ 五月の種まきや十月の収穫が終わると鬼神を祀り、昼夜歌い踊り飲酒する
辰韓	弁辰
○ 言語は馬韓と異なる ○ 秦人に似たところがある ○ 歌舞、飲酒を好む ○ 道で人に出会えば道を譲る ○ 婚姻・礼儀・風俗に男女の区別がある ○ 男女とも倭に近く、入れ墨をする ○ 鉄が出る、韓・濊・倭がみな従ってとる	○ 言語・法俗は辰韓と似る ○ 法俗は特に厳峻 ○ みな大柄 ○ かまどを西におく ○ 幅広の目の細かい布を織る ○ 長髪、衣服は清潔 ○ 瀆盧国（とくろ）は、倭と界（さかい）を接している
州胡（済州島）	倭人
○ やや小柄 ○ 上衣だけを着用する ○ 韓国と違う言葉 ○ 頭を剃る ○ 好んで豚や牛を飼う ○ 船に乗って往来し中韓で取引する	○ 男子はみな顔・体に入れ墨する ○ 帽子をかぶらない、布を頭にかける ○ 横幅の広い布を縫わずに着物にする ○ 朱を体に塗る、酒好き、長生き、多妻 ○ 盗みかすめず、訴えごと少ない ○ 法を犯すと軽くて妻子を没収し、重いと一家一族を滅ぼす ○ 国々に市があり、貿易を行う

※ 魏志東夷伝(抜粋)

～コラム 13　日本書紀の歴史と神話～

歴　史　巻3～30	神　話　巻1～2
～天上界の記述～	
～ 歴史に天上界は登場しない ～ 仮説　　半島南部 移民と縄文人が"洛東江"下流域で出会う。 呉越楚の移民　×　半島縄文人 父系(稲作・養蚕)→ 弥生人 ←母系(土器・漁労) 稲作で人口が増え"列島に移住"する者もいた。	高天原(たかまのはら)　～雲上の世界～ 八百万の神々が"天の安河"に集まる。 天照大神　×　皇祖・高皇産霊尊 　父系　　　　　　　母系 共通の孫ニニギを"地上に降臨"させた。
～列島の記述～	
内つ国(うちくに)　小さな国ヤマト 征服者　　　先住民 イワレビコ　×　ナガスネヒコ　抗戦派 　　　　　　　ニギハヤヒ　講和派 （双方が共に天の羽羽矢と矢筒を示した） 東征・建国 日本書紀神話の神々のモデルは誰？タケミカヅチ＝イワレビコ、大国主＝ニギハヤヒ、事代主＝ニギハヤヒの子ウマシマデを記録した。	葦原の中国(あしはらなかつくに)　日本列島 天神　　　　　　　国神 タケミカヅチ　×　大国主　講和派 　　　　　　　　　事代主　恭順派 （高皇産霊尊が天神に天の羽羽矢を授けた） 国　譲　り なぜか、古事記神話に登場した抗戦派タケミナカタが日本書紀神話に登場しない。ぶざまな描写に武門の物部氏から猛抗議をうけ消した？
～系図の記述～	
天孫は定住して"西の偏"(ほとり)を治めた。代々の皇祖は善政をしき、天孫降臨から東征出発まで"179万2470年"余りの時が流れた。 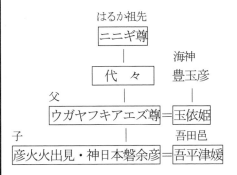 ※ 日本書紀巻3は"歴史"からイワレの祖父名を消した。やむなく孫の別名として残した？	天神　　　　　皇祖 　　　　天照大神　　　高皇産霊尊 　　　　　　　　｜ 　　　　　天忍穂耳尊　＝　栲幡千千姫 初代 曽祖父　　　　　　　九州の国神の娘 　　　　　ニニギ尊　＝　神吾田津姫 2代 祖父　　　　　　　　姉 　　　　　彦火火出見尊　＝　豊玉姫 3代 父　　　　　　　　　妹 　　　　　ウガヤフキアエズ尊　＝　玉依姫 4代 子 　　　　　神日本磐余彦尊　＝　言及せず ※ 神話なので、初代ニニギから4代がイワレだと記載しても特に支障はないとされた？

～ 141 ～

地図5

日韓の方位 (※ 点線は南さつま市坊津〜巨済島、鎮海区)

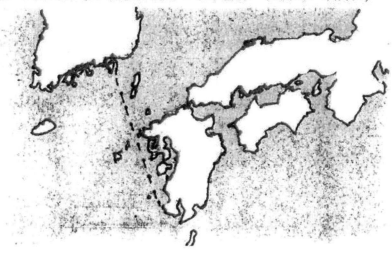

薩摩半島最西端 (野間半島〜坊津)

秋目浦

第10章 邪馬台国 ～論争の起源と決着～

第1 邪馬台国の所在地

邪馬台国はどこにあったのか。江戸時代から畿内説と北九州説があり、未だ結論は出ていないようだ。しかし、魏志倭人伝に日本書紀の景行紀・仲哀紀を重ね合わせれば、答えは出ているのではないか。

～魏志倭人伝～

東夷伝の中で「倭人伝」は異色である。すぐ前の韓伝は、地理、歴史、社会、住民などを百科事典のダイジェストのように編集している。しかし、倭人伝は全く違う。魏という大国が国家戦略として外交使節（武官）を派遣した時の「リアルタイムな現地報告」まで付け加えられており記載量も多い。時代に幅を持たせた序文と、政治的関心のある現時点のニュース記事からなっている。

中国にとって、韓半島は古くから燕、斉が地方経営として移住者を多く送り込んで来た地域である。のみならず中国各地から「戦乱と圧政」を逃れて、大量の難民が長期にわたり流れ込む「中国人居留地」と化していた。その流入規模の大きさは、期間・人数・地域のどれをとっても民族大移動と言ってよいレベルに達していた。当然、中国は宗主国の立場をとり、そこは中国が支配管理すべき地域であると看做していた。その支配拡充政策の拠点が、楽浪郡であり後の帯方郡になっていった。ところが、朝鮮・韓国では、先住民らによる邑から小国、さらにその連合体から国家を形成する時代を迎える。韓半島に「建国」の機運が強まり、中国が軍事的に押し返される状況に変わりはじめる。半島の南部では、2郡と馬韓・辰韓が睨み合う状況になった。

そんな時、東南の海中に軍事力を持つ倭という島国があるという情報がもたらされた。折しも、三国史記が記録した倭人襲来・倭人瓠公・倭国生まれの脱解王の登場と重なる。郡が、倭国の政治的利用価値について探り始め、先ずは外交ルートを開拓しようと考えるのは当然であろう。中国（後漢）から見て、倭の中でとりあえず外交相手に成りそうな国を見つけた。韓半島南端から島伝いの対岸にある奴国である。西暦57年、郡から報告を受けた後漢の皇帝は、倭の小国に破格の金印を授けるほど喜んだ。この未知の島国に「遠交近攻」のパートナー役を期待していたからである。それほど中国にとって韓半島の事態が切迫していたといえる。50年後には"倭国王"？として帥升の名も出る。流れ的には、奴国王を倭国王に擬制したとみることもできるだろう。中国（後漢）の焦りを感じる。

ところが中国の思惑をよそに、倭国内で大乱が続いたという。倭国大乱という言葉は、古代日本の戦国時代をイメージさせる。しかし、この大乱は九州北部限定の戦乱を指す。このとき、覇者として①対馬国②壱岐国③末盧国④伊都国⑤奴国⑥不彌国⑦投馬国を従えるのが新興の⑧邪馬台国だった。その象徴たる女王には、卑弥呼と呼ばれる巫女が共立された。統治機構が厳格に整備された連合国家の誕生は魏の皇帝を満足させ、238年卑弥呼に金印が授与された。これこそ倭を代表しうる国と認定したからである。これに先立つ229年「親魏大月氏王」という金印が授与された。この国は、ガンダーラに仏教文化を花開かせたことでよく知られる「クシャーナ国」という西の大帝国だった。中国は「親魏

～ 143 ～

倭王」の邪馬台国を西の大帝国と比較するような存在だと本気で認識していただろうか。魏は、遠交近攻の戦略に従い邪馬台国を手なずける作戦を開始する。２年後の２４０年、帯方郡太守の弓遵は、建中校尉（部隊長クラス？）の梯儁を邪馬台国へ派遣した。しかし、邪馬台国側は、外国使節を邪馬台国の国内にまで招き入れるほど不用心ではなかった。卑弥呼との面会は実現していない。現地報告がもたらされるが、魏の中枢は不十分とした。魏が把握したいのは、邪馬台国の軍事力、国力、弱点、半島出兵の意思と能力、軍事同盟の可否である。そこで２４７年、塞曹掾史（官職不詳）の張政を再び卑弥呼の下へ長期派遣した。張政は、現場のたたき上げでかなりこなれた諜報担当だったのだろう。特に郡使に選ばれた。しかし、邪馬台国の警戒心は堅く前回同様、古代の"出島"伊都国に留め置かれてしまう。第２回郡使張政の報告らしき文が残された。

　○　（郡使一行が末盧国から伊都国へ進む）草木が盛んに茂って、直ぐ先を歩く人の後姿も見えない。

　○　（伊都国に着く）郡使が往来し『常駐』する場所である。

この２つの文章は、とても重要である。なぜなら、郡使は、在原業平と同様に未開の地で案内人の後姿を見失った時の恐怖を味わった。体験した者でなければ吐露できない現場の状況を供述している。単に草深い道を進んで行ったと言っているのではない。こんな所でもし案内人からはぐれでもしたらどんな目に遭うか分からないと恐怖したのである。現地人にとっては、郡使が着ている服からして見た事もない物凄い財産なのだ。殺して奪い取る価値は十分ある。だから郡使の立場に立てば「当然の感覚」だった。日本の観光客がアマゾンのジャングルでガイドからはぐれそうになる感覚だ。このようなリアルな描写は、伊都国から先の説明には全くない。『ここまでは行った』と言っている。張政もまた『伊都国に缶詰めにされた』と言っているのである。それほどに邪馬台国は内外に対する警戒を厳重にしていた。時は、ずっと続く古代戦国時代という現実の真っただ中だった。ワルシャワ条約機構同様、条約加盟国の自主外交権や貿易の自由などを認めない。鉄のカーテンが邪馬台国連合を囲んでいた。例外なく中国使節も警戒され伊都国の先⑤〜⑧は高所から見渡し、現地人から説明を聞いたに過ぎない。「場所の移動についての体験談」ではない。ただし、郡使は観光目的で行ったのではない。スパイ目的である。滞在中は見える範囲を観察し、珍しい土産物をちらつかせ「協力者」を獲得して調査結果を持ち帰った。特に２回目に選ばれた張政は、その能力を見込まれたはずだ。実際、張政は簡単に帰ろうとせず長期にわたり滞在した。その後魏は滅び、魏志編さん者が「張政の報告書」を読んだ。

～魏志倭人伝が記した「邪馬台国の所在地」～

　倭人伝は、帯方郡〜邪馬台国までの全行程を 寄港地 や 国の主要地 を順に結び、区間ごとに「距離・方向」を列記していった。（邪馬台国の主要地は、都ではなく女王の宮殿になる）

A　郡使が 実測 した区間　　　　　　　　　　　　※ １里９０ｍ 換算の例 （短里）

　　１帯方郡（ソウル付近）〜狗邪韓国　　７０００里　　　　　６３０ｋｍ

　　２狗邪韓国〜対馬国　　　　　　　　　１０００里　　　　　　９０ｋｍ

　　３対馬国〜壱岐国　　　　　　　　　　１０００里　南　　　　９０ｋｍ

　　４壱岐国〜末盧国（松浦）　　　　　　１０００里　　　　　　９０ｋｍ

　　５末盧国〜伊都国（糸島）　　　　　　　５００里　東南　　　４５ｋｍ

B　郡使が高所から 目測 した区間

　　　6伊都国〜奴国　　　　　　　１００里　東南　　　　９ｋｍ
　　　7奴国〜不彌国（宇美）　　　１００里　東　　　　　９ｋｍ

C　郡使が 聴取 した区間

　　　8不彌国〜投馬国（三潴）　　水行２０日　南　　※ 換算不能
　　　9投馬国〜邪馬台国　　　水行１０日陸行１月　南　　※ 換算不能

　そもそも、郡使は魏の皇帝の命を受け邪馬台国“現地調査”のため北九州へ向かった。だから邪馬台国へ至る「行程・地理」を第一番に調査して報告しなければならなかった。

　一方、倭人伝の執筆担当者は後世に残る“正史”を編さんする使命を帯びていたから「事実を正しく伝える」ことを最優先に考えた。質量ともに優れた張政の報告書を読むと、最終のC区間だけが実測も目測もせずに“里数報告”されていた。だから、出所不明のC区間の里数は使えないと考えた。代りに、邪馬台国の役人が郡使の質問に答えたという「地理説明」（公式回答）を採用した。郡使が実測又は目測したA、B区間の里数だけ「表に出せる里数」だと認めた。C区間は実測も目測もしていない。“その里数”は、倭人から“裏情報”を入手した張政が“里数換算”したに過ぎない。だから、表に出せない『非公式記録』であると判定した。その結果、里数による“公式記録”は、

　　　　　帯方郡〜不彌国　　　　　　１０７００里　　　　９６３ｋｍ

となり、行程途中の不彌国でストップした。そして、邪馬台国以北の地理説明を終えた。

　次に、邪馬台国の北以外（東、南、西）に広がる「傍らの２１ヵ国」の名だけを列挙し、その南にはライバルの狗奴国があるとした。そして、邪馬台国を中心とした「地理説明」をすべて終わらせ、倭人の「風俗習慣」などに話を進める・・はずだった。

　ところが、倭人伝の執筆担当者は、帯方郡〜女王の宮殿までの全行程距離は、

　　　　　帯方郡〜女王国　　　　　　１２０００里　　　　１０８０ｋｍ

だと“唐突な一文”を書き入れた。邪馬台国以北の地理説明を終え、その他の方角の地理説明も終えた後から、北側の話を蒸し返した。しかも、なんでそんな“結論”が出るのか。それは言うまでもなく“8と9の距離情報”を張政が入手した上で里数換算した

　　　不彌国〜投馬国〜邪馬台国　　　１３００里　　　　１１７ｋｍ

という“報告”記録があり、それを踏まえたからである。執筆担当者は、はじめはこの記録を排除してABC区間を列記した。そして、次へ進む前に読み返した。するとC区間の距離だけが“倭人の言葉”になっている。しかも、不彌国〜投馬国、投馬国〜邪馬台国は隣接しながら、そこだけ不自然に遠く離れている。国土がどれほど広いのか全く不明だ。倭人の説明は、客観性も掴みどころもなく非現実的で不合理である。全く信用できない。事実と言えるのは『倭人がそう言った』という一点のみ。これでは本末転倒だと後悔したようだ。そして、唐突に何の説明もしないまま全行程の里数を１２０００里と結論づけ、後方にポツンと“一文”挿入した。この執筆担当者は、辰韓条に続き倭人伝でも「前後の整合性を欠く文章」を後世に残した。これこそ邪馬台国論争の“起源にして正体”である。

　ではなぜ、張政は、実測も目測もせず不彌国〜投馬国〜邪馬台国の区間を１３００里だと「皇帝に報告」できたのか。ここからが「本題」である。張政の滞在中も邪馬台国は隣国の狗奴（熊）国と交戦し苦戦していた。それを理由に「押しかけ軍事顧問」としてやって来た戦術教官張政は、親身に作戦指導したという。そのためには、明治陸軍がメッケル少

～ 145 ～

佐に関ヶ原の東西両軍布陣図を見せたように、邪馬台国の参謀たちも敵味方の位置・地形・距離さらには軍団の規模・制式武器などの情報を次々に打ち明けねばならなかった。張政の邪馬台国位置情報には十分な根拠があったから、魏の上層部は「皇帝に報告できる」と評価した。メッケル教官も、教えた数だけ日本陸軍の内部情報に触れたはずだ。

　しかし、古代中国最高峰の歴史書の編さんスタッフはそのプライドにかけて、不彌国～投馬国～邪馬台国までの区間距離を"出所不明の情報"に基づいて記さなかった。あえて邪馬台国の公式発表を選んだ。その上で"参考記録・１２０００里"を貼り付けた。絶対に"Ｃ区間１３００里"とは表現しなかった。ここでも魏の上層部・郡使・正史編さん者という立場の違いから、時代を超えた「相克」があり双方の主張は対立し平行線を辿った。

　ただし、魏志倭人伝から生まれた論争は"補強証拠"日本書紀の登場で決着した。景行天皇の九州征伐と神功皇后の土蜘蛛？田油津媛討伐の伝承が、外国人張政が報告した『不彌国～投馬国～邪馬台国の区間距離は南へ１３００里』という主張を具体的年代と客観的地理説明で裏付けたからである。古代起源の論争は古代８世紀に決着していた。それを江戸時代の学者が蒸し返し、今も引きずっている。その理由は「古代人の行動」を状況・立場・動機から理解、共感しようとする視点が「古代史の研究者」に欠けていたからである。

　現在の宇美町から八女市までの距離は、地図上の直線でおよそ「４０km」ある。古代の国と現在の市や町は、当然違っている。また、今以上に古代の山道は細く曲りくねって険しかった。難所を避けながら行けば「１００km以上」になるだろう。日本書紀の景行紀は、女神八女津媛が「山中に」宮殿を構えていたと説明した。１１７kmという数字は、Ｃの区間距離として客観的で合理的といえる。だが張政の８と９の里数換算の"根拠"は伝わらない。大切な情報源を諜報員のプライドにかけて秘匿し守り抜いたからだろう。

　郡使は実測して、帯方郡から韓半島南端の狗邪韓国までの長大な距離を７０００里と記録した。これは遊び遊山ではなかった。魏の皇帝に報告する記録なのだ。表も裏も、いい加減な距離を報告することなどあり得ない。その一方で邪馬台国の役人も、国防機密となる区間距離・位置情報を公表しなかった。それは現代も変わらないはずだ。"国家の急所"を公表・公開する国があるだろうか。この点、歴史上の人々が置かれていた現場や現実を一切無視して現代人が机上論を重ねれば、邪馬台国"女王の宮殿"までの距離は途方も無いものになるだろう。それは、邪馬台国の役人が望んだことである。しかし、彼らでさえ『そんな機密事項は話せませんよ』という代わりに、方便でそう伝えたにすぎなかった。

　ただし、その方向は「南」だとはっきり教えた。実際にその１世紀後、ヤマト王権の軍団が駆け抜けていった区間である。現代の国道３号線が、古代の道の姿を彷彿とさせる。３号線上に北から奴国・投馬国・邪馬台国が並び、奴国の西に伊都国・末盧国、東に不彌国が並ぶ。古代北九州地域にできた丁字路は、奴国から広がった古代の国道のようだ。

　長い期間にわたり半島から列島各地へ農耕移民が渡来したことだろう。ニニギの神話がそれを伝えている。持ち込んだイネのＤＮＡが、移民者の源流が呉、越、楚など揚子江付近の「中国南部」にあることを間接的に示している。「南方系の顔立ち」は、黄海を大きく迂回して半島経由で九州・山陰などへ渡来したようだ。その第一陣の開拓者が奴国を生み、東西へ南へと広がった。北九州の移民と開拓の道の一番「しり・しまい」に邪馬台国は生まれた。投馬国までの距離も長大な表現で答えたことから、邪馬台国と投馬国の関係が分かる。この２つの大国は姉妹国だった。玄界灘に面する６か国と筑後川の上流と中下流に

広がる２か国は、アメリカ開拓史の東部と西部くらいの違いがあったようだ。海上交易に強く歴史が古い北部と、筑後平野・佐賀平野に遅れて進出し、農業生産力で強大化を遂げた新興の南部。弟の南部が兄の北部を圧倒し監視しながら連合体制を維持していた。まるで"ワルシャワ"条約機構のようである。南部は、北部の旧都に強力な軍団を駐留させた。その目的は、外部からの侵略に備えるというよりも、連合諸国の離反に備えるためだった。また、北部の外交権を完全に奪い南部が掌握した。倭人伝は南北の力関係をそう解説している。神功皇后軍と戦った荷持田村の羽白熊鷲軍は、倭人伝が記した「一大率」にあたり、兄・夏羽の軍は「女王の宮室、楼観、城柵を常に守衛する」親衛隊であろう。古代人は、一大率の機動力を鷲のようだと怖れた。後世、日本陸軍最強と謳われた久留米連隊の新兵訓練総仕上げは、不眠１００キロ行軍だったという。戦いに先立ちヤマト王権は、岡（遠賀・おんが）の県主熊鰐と伊都の県主五十迹（イトテ）を帰順させたが、倭人伝の「奴国」と「伊都国」の王たちである。抑圧されていた北部を離反させてから南部２ヵ国を攻めた。

　ところで、歴史は繰り返すと言われる。後世の戦国大名・龍造寺隆信は「５州２島」の太守と呼ばれた。異なる時代の「北九州の覇者」たちの最大領域を比較すると、

　○　３世紀〜邪馬台国・投馬国・不彌国・奴国・伊都国・末盧国・壱岐国・対馬国

　○１６世紀〜肥前・筑前・筑後・肥後・豊前・壱岐・対馬

となる。両者とも九州勢同士の戦いに苦戦する中、最終的には九州征伐に来た中央の軍門に降る。全ては時代を超えて同じ状況の下、同じ結果になった。

　なお、邪馬台国は弁辰狗邪国にあった「倭人の港町」も影響下に置いたはずだ。縄文時代からの交流と交易を独占するためである。だから新羅と衝突する一方で協力関係も構築した。それに対し新興ヤマト王権は、外交経験未熟で新羅と国交をもつが長続きしなかった。そして、国家統一を阻んだ「邪馬台国」と半島支配の野望を挫いた「新羅」は、絶対に倒さねばならない「一対の敵」であり、倒すときは一緒だと決めていた。

〜旧唐書〜　倭国伝・日本伝　　※ 唐６１８年建国〜９０７年滅亡

　９４５年の編さんだが、７世紀前半に唐の都へ渡った「ヤマトの使者の供述」を伝えており興味深い。滅んだ唐の王宮書庫に３００年近く前の「日本国使節の入朝記録」が残っていたようだ。列伝第１４９の上「東夷」は、高麗・百済・新羅・ 倭国 ・ 日本 という５つの国名をあげ、中国正史で唯一"倭国と日本国"を区別した理由を憤慨しながら、

　○　 倭国 は、古の倭奴国である。［倭国伝］

　○　 日本国 は、倭国と"別種"だ。聞けば『日本はもと小国だったが倭国の地を併せた』

　　　という。（この出所不明な情報の真偽について）日本国の使者の多くが尊大で誠実に答えない。だから、中国は（日本の公式回答はウソだと）疑っている。［日本伝］

と簡記した。この一文は６３１〜６４８年ころ、唐が日本国の使者や上表文を取調べた時の記録である。大唐の社交界にデビューした「ヤマト」の人々は、実は家柄に劣等感を持っていた。だが、国交を結んだ相手は決まって同じ質問をする。彼らは、今も注目される「邪馬台国」に激しく嫉妬し、質問には居丈高に"同じだ"と公式回答を繰り返した。だが、"邪馬台国のそれから"については完全黙秘したから相手に強い不信感を与えた。かくして魏志倭人伝には"邪馬台国の公式回答"が残り、旧唐書日本伝には"出所不明の非公式回答"が残った。記紀以前、日本と中国は「邪馬台国論争」の火花を散らしていた。

帯方郡～邪馬台国（女王の都）　地図6

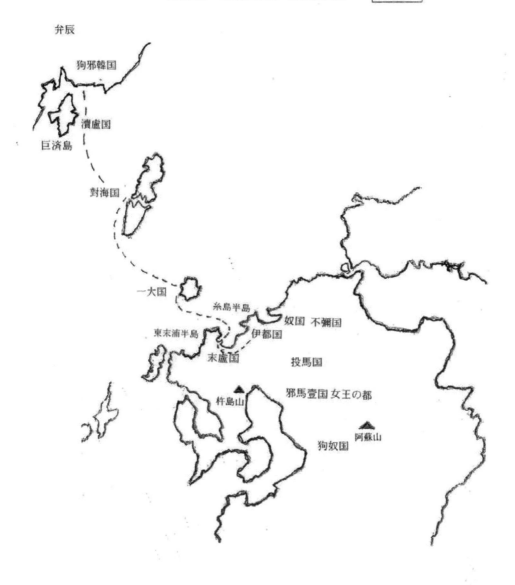

〜コラム 14　日中国交（初期）〜

		中国正史（後漢書・魏志・晋書）　　※ 編さんは、魏志が古い。	日本書紀
国交開始	５７	光武帝が漢の委の"奴国王"の金印を賜う。[後漢書]	
	１０７	"倭国"王・帥升が安帝に生口１６０人を献じる。[後漢書]	
		その国は、もと男王が７〜８０年治めた。"倭国"は乱れ互いに	
		攻伐すること歴年。そこで共に卑弥呼を立て王とした。[魏志]	
	１４７〜１８８ 桓帝(147〜167)・霊帝(168〜188)の治世の間(42年)"倭国"は大いに乱れ 互いに攻伐し歴年主なし。卑弥呼は長じても嫁にゆかず鬼道につかえよく妖 術で衆を惑わした。そこで共に立て王とした。[後漢書] ※ タイトルは、魏志倭人伝と後漢書倭伝。国名は、両者とも倭国を用いた。 　 だが、倭国＝邪馬台国か、邪馬台国連合か、列島全体かは不明瞭？			【復元年代】
			182 初代 神武
			197 二代 綏靖
中断	２０４	公孫氏が帯方郡を設置し、独立支配する。	204 三代 安寧
			212 四代 懿徳
	２２０	魏の建国	220 五代 孝昭
	２２９	クシャーナ朝の王に親魏"大月氏王"の金印を賜う。	
国交再開	２３８	６月、卑弥呼が初めて魏に使者を送った。	237 六代 孝安
		８月、魏が４万の軍で公孫氏を討伐、帯方郡を接収した。	
		12月、卑弥呼に親魏"倭王"の金印を賜う。[魏志]	
	２４０	楽浪郡太守弓遵は、梯儁を郡使として倭国へ派遣。	
	２４３	魏の「辰韓8ヶ国楽浪郡編入」の決定を受け郡と韓が全面衝突。	
	２４５	帯方郡太守に異動した弓遵が戦死。	
	２４６	５月、郡と韓の戦争が終結。	
	２４７	卑弥呼が「狗奴国との交戦」を郡に報告。魏は張政を倭国へ派遣。	
	年不詳	卑弥呼没す。邪馬台国の使節が洛陽へ上る。　　　[魏志]	
			257 七代 孝霊
中断	２６６	西晋の建国直後に"倭人"が入貢した。その後途絶。[晋書]	
			272 八代 孝元

～日本書紀の景行紀・仲哀紀～

　日本書紀は、ときに意味不明な説明文を入れる。景行１８年７月、大王は筑紫後国
（つくしのくにのみちのしりのくに）の三毛（三池）に着き高田の行宮に入った。そのとき「倒
れた大木」があり"長さ"は「９７０丈」もあった。１人の老人が『未だ倒れる前は、朝
日があたると杵島山が陰に隠れ、夕日があたると阿蘇山もまた陰に覆われた』と語ったと
いう。しかも"女神"の話の直前に入れた。これは何を意味するのか。１人の老人とは、
日本書紀編さん者が集めた"古い伝承"。倒れた大木は"邪馬台国"。その陰は"勢力圏"。
佐賀平野の西（杵島山）から筑後平野の南（阿蘇山）に及んだ。なお、古い時代の伝承は"大
宝律令以前の古い尺・丈"で表現されていたから、小碓皇子を１丈、仲哀天皇は１０尺と
記した。長身親子を３．０３ｍの巨人に描いた訳ではない。長さの「間」も高さの「丈」
も混用した時代の"１．８２ｍ"で計算すれば９７０丈＝ 1765 ｍになる。九州の最高
峰久住中岳（大分県竹田市）は、 1791 ｍ。これを８世紀の文人は知っていたことになる。
いずれにせよ『倒されるまでは"九州一"だった』という古記録を大切に保存した。

　なぜそんな暗号を挿入したのか。日本書紀は、編さん事業を督励した「女帝」、編さん委
員会の「重臣」、作業部会の「文人」ら三者で完成させた。しかし、三者が同じ考えでいた
わけではないことがようやく見えてきた。文人は、中国の国史などは当然に研究しており、
歴史書の意義も心得ていた。しかし、漢文を自由に読んだり書いたりできない重臣層にと
っては、そんな学問的な議論はどうでもよかった。国家や支配者層のプライドと立場を重
視した。ヤマト王権の正史に邪馬台国の歴史を残す必要はなく、残すべきでもないという
のが編さん委員会の決定事項とされた。しかし、国史の意義というものを知っていた文人
の中には、なんとしても後世に「歴史事実」を伝えようとした人物もいた。上司である重
臣に見つからぬように秘かに暗号化してこれを残したのである。職人肌ならぬ文人肌"面
従腹背の官僚"だった。ところで、ヤマト王権が平定する以前の九州地方は、文字通り古
代戦国時代にあった。北部を邪馬台国、中央部に熊国（狗奴国）、南部は襲国（隼人族）らが、
それぞれに勢力を拡大させ武力衝突を繰り返していた。そこへ近畿地方の覇者ヤマト王権
がさらに外周を平定して、ついに九州へ姿を現した。これは、中世戦国時代に豊臣政権が
九州北部の龍造寺氏・中央部の大友氏・南部の島津氏を従えた展開と似ている。

～古代、ヤマト王権の九州平定～　　※ 復元年代による。

　○　期間　３３１年８月～翌年９月（１年１ヶ月）

　　　　 景行天皇 ×九州全域（薩摩半島と北九州を除く）

　○　期間　３５４年７月～翌年３月（９ヶ月）

　　　　 神功皇后 ×北九州（邪馬台国と投馬国のみ）

～中世、豊臣政権の九州平定～

　○　期間　１５８６年７月～翌年４月（１０ヶ月）

　　　　 豊臣秀吉 ×九州全域

　なお、景行天皇の九州平定コースから２地域が外された。「北九州」と「薩摩半島」であ
る。襲の国を討つため現在の宮崎を南下して「大隅半島」の隼人族を平定した。それから
陸路で南九州を横断するが、葦北から足を北へ向けた。薩摩半島を除外した理由は何か。
祖先の故地だからか。なお、中国の正史「魏志」が倭人伝で倭を代表する大国「邪馬台国」
の女王は「卑弥呼」だと明記した。８世紀になっても中国は東方世界の中心であったから、

中国正史が公認したことは揺るがない歴史事実とされた。しかし、ヤマト王権の支配者層は、このことをプライドにかかわる大問題だとした。ヤマト王権よりも前に中国が倭の代表と認めた国が他にあったなどという事実は、なんとしても歴史から葬り去りたかった。

　だが、ヤマト王権であろうと世界の中心たる中国に対して文句や異議申し立てなどできなかった。しかも、それが歴史事実だということも分かっていた。帯方郡の郡使が行き来した当時、ヤマト王権に邪馬台国を倒す力などなかった。景行天皇の時代になってもできなかった。神功皇后の時代（仲哀2年＝355年）に9か月かけてやっと平定できた。

　そして8世紀、ヤマト王権は国史を完成させた。その際、中国正史に名を残した昔のライバルを、縄文の暮らしを続ける「土蜘蛛」と呼び蔑んで見せた。激しい嫉妬と憎悪がヤマト王権の人々の心の中に受け継がれていた。邪馬台国の末裔・筑紫の磐井の反乱がそれに拍車をかけたことだろう。だから、国史・日本書紀には邪馬台国の名を記さないことにした。そればかりか、自分たちが水増しして作り上げた虚偽年表を見て『丁度いい具合に重なるから卑弥呼は神功皇后（198～266年）だったことにしておこう』などと言い出す始末だった。邪馬台国の子孫たちは、自分たちの国のことが中国の歴史書に載っていることはよく知っていた。しかし、北九州勢力に再度大反乱を企てる気を起させるとの理由から、邪馬台国がかつてヤマト王権を凌ぐ程強大だったという歴史は、語っても記してもならないことが不文律になった。その結果、九州一の強国を破り355年に倭国統一を成し遂げた軍神・神功皇后の歴史的大功も単なる"九州の土蜘蛛退治"に貶められた。

第2　古代の国境

　古代の日韓国境はどうなっていたのか。第三者機関の調査報告が魏志東夷伝に残された。
〜韓伝〜　※ 韓伝は、① 韓伝序文　② 馬韓条　③ 辰韓条　④ 弁辰条　からなる。
　　○　韓は帯方郡の南に在り、東西は海で限られ 南は倭と接する。 　　［韓伝序文］
　　○　弁辰もまた12国ある。※ 辰韓条に含めて弁辰の小国名を記した。　［辰韓条］
　　○　弁辰瀆盧国は、倭と界を接する。 ※ 弁辰条を後から追加した。　［追加73文字］
〜倭人伝〜　※ 魏志全30巻（帝紀4巻・列伝26巻）の最終巻の最終ページを飾った。
　　○　"倭人"は、帯方郡の東南の大海の中にいる。島に住み国を作っている。
　　○　もとから、大小100余りの国がある。※ ここまでは既存の史料に基づき記した。
　　○　帯方郡から・・・ 倭 の北岸である狗邪 韓 国まで7000余里。※ 韓伝序文に合わせた。
　　○　(狗邪 韓 国から) 始めて海を渡ること1000里で対馬国に着く。
「三国志」は、魏志・蜀志・呉志合わせて65巻からなる正史で、陳寿（233～297年）が3世紀末に編さんしたとされる。「魏志」だけで30巻。その巻30に烏丸・鮮卑・東夷を順に収録。東夷伝は扶余・高句麗・東沃沮（ヒガシヨクソ）・挹婁（ユウロウ）・濊（ワイ）・韓・倭人を列記した。韓伝は、馬韓・辰韓・弁辰の順。この韓伝に続く倭人伝が魏志のラスト。

　倭人伝だけ読めば、日本は古代〜現代までずっと『対馬以南が領土だった』と納得する。だが、倭人伝の直前にある「韓伝」も読めば考えが変わるだろう。韓の東西は海で塞がれているが、南も海だとは記していない。『南は倭と接している』『弁辰の瀆盧国が、倭と界（さかい）を接している』と繰り返しているからだ。これでは、韓半島の南部に「倭の一部」が存在したと受けとれる。だが、そこに『倭人の国があった』とは記されていない。

　こんな場合には"行動理解の公式"に沿って文面を分析すべきである。当時の中国は、

韓半島の南で独立機運が盛り上がり、２郡が韓と武力衝突（２４３年〜）する時代を迎えていた。さらに北でも精強な高句麗軍が盛んに勢力を拡げ、将来２郡を滅ぼす（３１３年）おそれが現実味を帯び始めていた。だから超大国・魏の皇帝は、未知数の邪馬台国との軍事同盟を本気で模索した。そして調査と説得に郡使を２度も相次ぎ派遣するよう命じ、その「調査報告」を洛陽で待ちわびた。そんなとき“韓半島の南部”に倭が領土を確保しており「国」と呼べるものなら、郡使は“最優先でそこへ向かう”ことになる。そして軍事力・国力・同盟の意志などが調査報告され、それが東夷伝の記録にも残されねばならない。中国は、博物学的興味から未知の国を探検したのではない。巨大国家の内部でも実は難問山積し火の車、皇帝すら明日の命の保証もないほど切羽詰まっていた。その点では、古代中国も現代と大差なかったようだ。以上のとおりである。“韓半島の南部”に倭という中国にとって遠交近攻の希望の星は存在しなかった。弁辰狗邪国で見たのは日韓航路の“渡し場”だった。そこには当然のように倭人がいただろう。しかも郡使の訪問は、邪馬台国側から事前の承諾がなければ実現しない。日時・場所を指定した上で、水先案内と監視役の倭人が待っていたはずだ。郡使の船は、潮と天候を見定めてそこを出港し、瀆盧国（現・巨済島）という韓の目印の近くを通り過ぎた。そして外海を渡り対馬国という倭人の小国に着いた。それを郡使が報告し、後に『そこが、海峡を挟んで日韓の島と島が相対する境界である』と弁辰条と倭人伝に記された。中国文人による“海の国境”の表現方法だった。

　なお、「韓伝」執筆当初の編さん方針は、前半に「馬韓」後半は「辰韓」だった。資料が乏しい弁辰を『単独で記録しない』だった。辰韓に含ませて国名だけ記す程度の存在だったからだ。しかし、韓伝を書き終え東夷伝のラスト・倭人伝に移ろうとした際、郡使梯儁や張政らが残した「倭の記録」の中に、倭への出港地としての「弁辰の記録」が含まれていることに気づく。それは貴重な「現地報告」で捨てることはできなかった。そこで、辰韓条の末尾余白に 73文字 書き足した。その結果“弁辰条”が初めから１項目あったかのようになった。これで「弁辰を含めた辰韓条」と“追加・弁辰条”の並立により韓伝全体の整合性は失われた。今の時代なら、重要な文書の末尾に余白があれば「以下余白」と書き入れ、余白スペースに「斜線」を引く。現場でよく発生する「後日の書き込み」を防止するためである。もっともこの“加筆”により重大な「事実の変遷」に気づかされる。

　　○　古来、韓半島南端は、倭人（縄文人）の居住地とされ「韓伝序文」にそう記された。
　　○　郡使来日当時、倭への出発港は狗邪国にあったが、既に南端まで「韓」領だった。
　　○　３世紀現在、日韓“国境の目印”となる韓側の島は瀆盧国（現・巨済島）だった。
ことが明らかになった。やはり、百聞は一見にしかずである。鎮海湾に南面する古代から続く“港町”（現・昌原市鎮海区一帯）が狗邪国。対馬と向かい合う位置にあって、後に巨済島と呼ばれる“島”が瀆盧国。執筆担当者は、韓国に関する古記録を調べ『韓半島の南に倭人の領域が在る』と認めて南は倭と接すると記した。その後韓伝の執筆を終えて、倭人に関する郡使の最新記録に目を通した。すると、現在の日韓国境は瀆盧国（巨済島）までが韓国、対馬国（対馬島）から南が倭だと知った。当時「紙」は非常に貴重だった。そこで辰韓条の“末尾余白”に弁辰条（７３文字）を追加する際、３世紀の日韓国境の目印になる島の国名を記し、そこまでが韓（弁辰）だと解説した。次に倭人伝へ進み 弁辰狗邪国 をわざわざ 狗邪韓国 と“造語”で記して『半島（陸地）は南端まで韓の領域である』とした。紙があまりに希少かつ高価な時代に執筆担当者がとった便法だろう。現代の常識では量れない。

~ 152 ~

～コラム 15　二王の時代～

140　150　160　170　180　190　200　210　220　230　240　250　260　270

146・・・・・・・・・・・・・189 「倭国」大乱 ［後漢書］

175 神武東征の旅へ出発

178～184 卑弥呼を「邪馬台国」の女王に共立 ［梁書］

182 イワレが奈良地方に「小さな国ヤマト」を建国

193 倭人大飢饉 ［新羅本紀］

238 卑弥呼に親魏倭王

240 郡使梯儁派遣

247 交戦報告

郡使張政派遣

壹與を共立

266 入貢

［晋書］

神武天皇 （数え年 63 歳で崩御）

134		182	196
出生		即位	崩御

女王卑弥呼 （仮に 80 歳で没した場合）

158? （←90 歳で没した場合）

168 ？	？		247 ？
出生	女王		没

～卑弥呼が 80 歳で没した場合～　※ 卑弥呼共立年と没年の「年齢」は不詳である。

※ 卑弥呼没年の記載も不明確。247 年ころか？女王共立の年も幅のある記載で不明確。

※ ２４７年・・・この年、張政滞在中に没したと仮定する。80 歳なら→ 168 年生まれ。

※ １７３年・・・新羅本紀は "卑弥乎の使者" が来訪したと記すが・・本当なのか？
　　　　　　　　80 歳没ならこの時数え年 6 歳。（90 歳で没なら 16 歳だった計算になる）

※ １７８～１８４年・・・梁書は卑弥呼共立を 霊帝の光和年間 と記す。（11～17 歳の間）

※ 年齢差・・・神武天皇と女王卑弥呼（没年 80 歳の場合）は、34 歳差だった計算になる。

～ 153 ～

～コラム16　それからの邪馬台国～

230　240　250　260　270　280　290　300　310　320　330　340　350　360　370
247 壹與(13歳)を女王に共立
266 倭国が晋に入貢
313 楽浪郡滅ぶ
332『女神は山中に・・・』
355
田油津媛討伐

2代女王　壹與 (いよ) (仮に６０歳で没した場合)

235	247	266	294？
出生	女王	入貢？	没
	(13歳)		

3代？女王　八女津媛 (やめつ)

？	332　？
女王	景行親征

4代？女王　田油津媛 (たぶらつ)

？	355
女王	戦没

八女と異なり「田油」という地名は見当たらない。"たぶらかす"の意だろう。邪馬台国女王卑弥呼は鬼道を事とし能く衆を"惑わす"と魏志倭人伝にあるのを神功皇后紀の執筆担当者がもじったか？

［卑弥呼～壹與～八女～田油～～～磐井］

※ ２４７年？・・卑弥呼の後を壹與が継ぐ。
　（卑弥呼は現代北京語読みでペイ・ミーファと発音。偉大なミホ？イヨ、ミホは日本女性の名である）
※ ２９４年？・・２３５年生まれの壹與の後継者は、八女津媛だろう。
※ ３３２年・・・景行天皇は八女付近を巡幸後、邪馬台国との対決を避け九州を去った。
※ ３５５年・・・２３年後、ヤマト王権は邪馬台国を平定し「倭国統一」をはたした。
※ ５３０年・・・邪馬台国の末裔磐井は、古来の親交国新羅と密約を結び反乱を起こす。

～コラム17 巫女から女帝へ～

巫女の時代

```
200                          300                          400
```
──

女王 卑弥呼　～247

235　247～ **女王** 壹與
出生　共立(13歳)

女神　八女津媛　　　～332～
(景行親征)

土蜘蛛 田油津媛　　～355
戦没

皇女　倭迹迹日百襲姫　～296～
ヤマト・トトヒ・モモソヒメ

(崇神10年、反乱を予知)

319　神功 **皇后**　～369
出生　　　　　　崩御

女帝の時代

```
550                          650                          750
```
──

推古帝（554～628）　　　　　母・**蘇我** 堅塩媛　　　※（ ）は、出生年～崩御年
出生　　　　　　　崩御

斉明(皇極)帝（594～661）母・吉備姫王
出生　　　　　　崩御

持統帝（645～702）　　　母・**蘇我** 遠智娘
出生　　　　　　崩御

元明帝（661～721）　　　母・**蘇我** 姪娘
出生　　　　　　崩御

元正帝（680～748）　母・元明帝
出生　　　　　　崩御

～女帝時代と新旧国史編さん事業～
① ６１８年 唐建国で新たな日中国交 ⇒ ６２０年 旧国史（天皇記・国記）を編さん
　　［６３１～６４８年ころ 日中間で"邪馬台国論争"が勃発。ヤマト・邪馬台国の関係性公表の是非］
② ６６３年 唐・新羅に敗れ新たな国際秩序 ⇒ ６８１年 律令制定、国史編さんの詔
　　［７１２年 太安万侶は国史編さん作業を中間報告。７２０年 国策重視の新国史（日本紀）を編さん］

第11章　付記　〜歴史観〜

第1　大王・重臣・文人の歴史観 (7〜8世紀)

　古代にも、日本人としての歴史観 (歴史の本質は何?) を白熱議論した人々がいた。「日本書紀を編さんした人々」である。大王は国史編さんを命じた最終決裁者。重臣は国史編さんの基本方針を決定した編さん委員会メンバー。そして、国史編さんに専従した太安万侶ら文人は作業部会の執筆担当者であった。この三者の中で「古代中国」の優れた歴史観を最高の思想であると確信していた「文人」は、後世の人々に伝えるべき国の歴史 (国史) とは「歴史事実」を一途に検証・記録しながら積み上げていくものだと考えていた。一方、7〜8世紀の「重臣」は、中韓との大戦に敗れ去り今や強大な風圧を受ける側に立たされた「敗戦国・日本」の独立と発展の舵取りを担わされていた。そして、日本は国際社会の中で一歩たりとも引いてはならないと決意した。国史編さん事業は「正史を編さんすること」である。では、正史とは一体何なのか。それは『国家のあるべき姿を示す歴史教科書』だと、新しく重臣首座に就いた舎人親王は考えたようだ。新しいリーダーの下新しい発想に立ち日本書紀は編さんされることになった。従って、このような状況の下で立場を異にする人々の思惑が、編さんしていた国史に色濃く反映したのは当然のことだったろう。そのこと自体は、現代の日本人にもよく理解できる。文人は天武天皇の「国史編さんの詔」以来、代を重ねながらとても緻密な編さん作業を黙々と続け、十分に成果を上げていた。ヤマト王権を起源とする「建国史」は、既に年表化できるところまで進んでいたのである。しかし、国家が決定した「国策」には、従わなくてはならない。それは文人にとって絶対的責務だった。国史編さんの基本方針が、舎人親王から文人に示されたはずである。

　　○　日本 (ヤマト) を中国に次ぐ歴史の古い大国として記録する。
　　○　日本を古来の軍事強国として記録する。
　　○　半島での古い時代の敗戦記録は、痕跡を留めぬまで消し去る。
　　○　中国正史に残る「邪馬台国」の記録は「ヤマト」の歴史の一部であったように装う。
だから文人は、古い17代の在位を水増しした。次に「軍神の時代」を高らかに記録した。東征・統一戦争の開始・完了・半島侵攻をその4本柱とし、神剣・神託・神風・神の大波など「神佑神助」を強調した。特に、統一戦争の完了と半島侵攻の2場面で主役を務める「戦の女神」には破格の待遇を用意した。後に、歴代4軍神には「神」の諡号を贈った。

　　しかし、太安万侶ら古代の文人は、その方針を無気力に受け入れたのではない。自分たちが歴史事実に最も近いと信じて編さんした「伝承」を何とか後世に残す工夫もした。

　　○　在位「年数」の推移に連動しない「月日」で、本来の「伝承年」の存在を示した。
　　○　「970丈」の樹高で倒されるまでは九州一だった「邪馬台国」の存在を示した。
　　○　半島での敗戦記録と繋がり明記できない「空位年」の存在を干支で示した。
だが、暗号が目立ち過ぎると、重臣側が見破る恐れもあった。だから、最小限に絞ってさりげなく暗号を入れた。これは、代々心血を注ぎ編さんしてきた建国年表を、国策の名の下にたやすく反故にされた太安万侶ら文人の精一杯の抵抗だった。彼らは、同志と呼ぶべきごく少数の執筆担当者だけで話し合い実行したのだろう。そして、後世の人々に「古来の伝承が伝わる」ことを願った。

日本書紀編さんの尻を叩いた元明天皇という才媛は「蘇我氏」の血を引きそこで育てられた。武内宿禰〜入鹿までの蘇我氏専横時代は既に過去の話になっていたが、女帝が引き継いだ「血統」は、重臣と文人が日本書紀の構図を決める上で大きな圧力になった。そのため、正史の重心は、１つではなく２つになった。また、元明天皇は「旧国史」天皇記・国記を編さんさせた推古天皇を模範にした。元明天皇のライフワークへの意気込みがあれ程まで強くなければ、日本書紀も古事記も今の形では残らなかっただろう。さらに、徐々に体力を落とし７２１年崩御に至るような事情がなければ、重臣が日本書紀編さんを急ぐ理由はなかった。さらに時間をかければ「改ざんの痕跡」を徹底して払拭させることもできたはずだ。その意味でも元明天皇は「新国史」日本書紀の生みの親と言えるだろう。

第２　天皇・重臣・学者の歴史観（１９〜２０世紀）
　今から１３００年も昔、日本書紀編さんの方針を巡り文人がとった行動が、日本書紀に暗号となって残った。立場を異にする三者の間に「相克」があったからである。そして、歴史は繰り返された。なぜなら、１０００年経とうが「状況」が同じならば「立場」を同じくする人々によって、同じような「行動」がとられることは珍しくもないからだ。「誰が」ではなく「誰でも」となる。薩長は、徳川幕府３００年の権威に「天皇の権威」で対抗した。徳川将軍に島津公や毛利公で対抗できるとは考えなかった。日本の歴史を見れば、天皇こそ国家統治の最高権力者の名に相応しいと考えた。そして、その天皇を「専権的に補佐する」のが新政府の重臣だとした。彼らは、天皇専制を本気で望み、天皇を神格化したがる復古主義者の集団ではなかった。その後も明治政府はこの路線を継承し明治憲法にはその趣旨で「天皇制」を定めた。実際上の政治権力の所在と責任はあくまで政府にあった。維新前夜、１４歳の皇子の手をとって天皇に擁立した重臣は、最晩年の天皇が御前会議で居眠りをされるや、ドンと軍刀で床を突いたという。それが明治天皇の老衰による体調悪化だったことは後から明らかとなり、山県有朋の不人気に一層拍車をかけたという。このエピソードからも明治〜大正期の天皇は「神」ではなく『国家を象徴する人・象徴すべき人』と考えられていたことが分かる。
　しかし、昭和に入ると、新時代の重臣や軍部は『天皇は、文字通り現人神・絶対専制君主である』と真顔で言い出した。明治新政府の開明派重臣・伊藤博文の手になる明治憲法は、西欧の諸制度を多く採用した。それは、当時のアジア諸国に類を見ない進歩的なものだった。しかし、あまりに急進的な制度改革は、旧態依然たる社会の実態を無視する結果、必ず反動を呼び、大混乱を生じる。そして「反政府運動」に利用される。そこで、非常事態発生に備え「天皇大権」という伝家の宝刀を備えていた。彼らは、これを逆手に取ったのである。天皇家を常に監視し風下に置いて、操ろうとした徳川時代の感覚が息を吹き返した。当時は戊辰戦争からまだ５〜６０年しか経っていなかった。昭和の新しい重臣・軍部は、どんな憲法解釈も正当化でき、全ての政治責任は最終的に天皇に帰するという魔法の玉手箱を手に入れた。日本国は突如として、成務天皇や反正天皇の時代まで逆戻りした。そして、昭和天皇は「大元帥」として全軍の総司令官役を務める「軍神」にされてしまった。本物の王政復古は、明治維新ではなく昭和になってから突如として起こされた。
　大正時代の重臣は、第一次世界大戦の惨禍が生々しく残るヨーロッパ視察を、青年皇太子に勧めた。後の昭和天皇は、その「現場」に立ちその「現実」をご覧になった数少ない

~ 157 ~

日本人の一人となった。そして、それを深く心に刻まれたという。

　昭和の重臣の目には、中国戦線の拡大と日米開戦を叫ぶ軍部に対して一貫して抵抗の姿勢を崩さない昭和天皇は、まさしく徳川に抵抗する天皇に見えてきただろう。この点で、天皇と重臣の関係は、日本書紀が記した"仲哀天皇の時代"と状況が似てくる。軍部に靡かぬ天皇が「排除」されることすら現実味を帯びてくる時代だった。昭和の軍人には、天皇崇拝や神宮信仰を仰々しく演じて見せる能役者のような重臣もいた。人は本心を隠したいとき、仰々しい振る舞いや大げさな表情を見せるものだ。

　一方で、学者と呼ばれるようになった文人も変化した。大正期に入ると社会全体の質が着実に向上し、学者は重臣の意向に黙って従うだけの存在ではなくなる。そのため両者の間に溝が生まれ、徐々に広がっていった。

○　１９３５年、貴族院で勅撰議員の陸軍中将が、同じく勅撰議員の憲法学者・美濃部達吉の「天皇機関説」を不敬であると弾劾した。理路整然と説明責任を果たすが、著書は発禁処分とされた。不敬罪は起訴猶予となるが議員辞職した翌年、銃撃を受け重傷を負った。

○　１９４０年、歴史学者・津田左右吉の著書「日本上代史研究」など４冊が発禁処分となり、その２年後出版法違反により一審で有罪判決を受けた。(二審免訴)

新しい時代は、天皇と重臣の関係だけではなく、重臣と学者の間にも激しい「相克」を生んだ。"現代の文人"は太安万侶らのように従順ではなかった。しかし、弾圧され、罪に問われ、命まで狙われた。新しい重臣は、自分たちの主張を通すためなら天皇をも切り札にしようとした。天皇を神格化し憲法を超える存在に奉り上げようと企んだ。アジア初の「市民革命」を成功に導いた薩長の重臣はすでにこの世になく、その背中を見て育ち、それを引き継いで社会全体を質的に向上させた大正期の重臣も引退していた。そして、昭和の重臣は、客観的な「歴史事実」ではなく自分に都合の良い主観的な「歴史認識」を持ち出し"不敬"を理由に邪魔な相手を次々と弾劾し「魔女裁判」を復活させた。この重臣たちこそ不敬な輩だった。何かというと神輿を担ぎ都へ強訴に繰り出した僧兵レベルだった。ただし、これを退治する昭和の「強者」がついに現れなかった。そのことは日本現代史に残る大きな汚点である。戦後、その反動が一気に起きたのは当然だ。しかし、反動は改革とは違う。感情が優先し趣旨は定まらず、大衆の不満解消へ流されていく。憲法は、アメリカのテコ入れで明治憲法を一層前進させた。加えて、アメリカに対する非武装・戦争放棄も謳った。日米の大戦争が終結した直後のアメリカ国民としては、当然の追加オーダーだった。もっとも、今となってはアメリカは同盟国に柔軟なる憲法解釈を促すが、日本は追加オーダーの履行義務を逆手にとり応じてこなかった。それが、第三国から評価も軽視もされる理由だ。

　それに比べると、古代史研究は動きがなさすぎる。「記紀の否定ありき」の状態で８０年過ぎた。しかも、出土した鉄剣に「物証」ワカタケル大王の名を発見しても、その状態は何も変わらない。『記紀をもう一度検証しよう』という姿勢は今もってないようだ。激流となり、蛇行し、広く穏やかにと姿を変えながら川は流れる。歴史も、その時々の局面で様々な時代を生みだしながら、途切れることなく続く。古い時代と新しい時代が遠く隔たっていようとも、全ての時代は繋がっている。時として、古い時代の病葉 (わくらば) が、新しい時代に流れてくることもあるだろう。

比 較 年 表

	日本書紀（本文）		復元在位	中・韓・朝の記録
	在位元年	記事	（在位5倍・飯豊5年説）	（倭人伝・新羅本紀・碑文）
-700	-660 神武	小さな国ヤマト建国		-770［春秋時代］ -403［戦国時代］
-100	-100 崇神	-88 遠国教化の詔 （四道将軍派遣）		-50 倭人の侵入はじまる
B.C	-32 垂仁	-36 任那国の朝貢		
A.D				57 漢委奴国王の金印を授与
100	68 景行	79〜86 九州親征 （北九州を除く）	70？曾祖父ニニギの移住	
	128 成務	（記録が僅か）	134 ひ孫イワレの生誕	107 倭国王？帥升が入貢 123 新羅が倭国？と講和
200	189 仲哀 198 神功	197 北九州平定と、 新羅征伐 ①	182 神武 小国ヤマト建国	173 新羅へ卑弥乎？の使者
300	267 応神	246 新羅征伐 ②	（欠史8代） 295 崇神 大国ヤマト時代	238 親魏倭王の金印を授与 247 卑弥呼が死亡？ 266 倭人が入貢（以後途絶） 300 新羅が倭国と国交結ぶ
400	310 仁徳 397 履中	362 新羅征伐 ③	307 任那国の朝貢 346 成務（戦記なし） 355 神功 新羅征伐 ① 365 神功 新羅征伐 ② 390 仁徳 新羅征伐 ③	345 倭国が国交を断絶 346 金城包囲の倭兵を撃退 350 新羅大水害（戦記なし） 364 大挙侵入の倭兵を撃退 391 倭が韓へ進駐を開始
500	403 反正 409 允恭	（記録がほゞ無い） ※ 履中紀以降は、復 　元在位年代とほゞ 　重なる。	404 反正（戦記なし） 409 允恭 451 安康 〜454 雄略 477 清寧 〜482 飯豊 487 顕宗 〜490 仁賢	404 帯方界侵攻の倭を潰滅 413 倭国が南朝の晋に入貢 421 国書に中国名で署名 　（讃・珍・済・興・武）

~ 159 ~

文人の１２６０年干支カレンダー

　西暦７２０年、文人はついに「正史」を完成させた。だがその前に、ヤマトの建国史を伝承よりはるかに古く見せることが「国の方針」とされていた。そのために文人は、
古来の伝承では……神武元年〜推古８年までの合計は４１９年になる……ところを、
（A 215年 ＋ B 196年 ＋ C 8年 ＝ **419年**）

１２６０年（神武元年〜推古８年）						
A 17代・1056年			B 17代・196年			C 8年
書記在位1052年		空位	書記在位	飯豊	空位	推古
水増し841年	伝承在位**211年**	4年	190年	**5年**	1年	8年

１２６０年になるまで伝承在位を水増しした。なお、この作業には１２６０年分のカレンダーが必要である。そこに苦労して収集・保存・検証した４１９年分の伝承を一部手を加えながら「記事」にして書き込んでいった。今から１３００年ほど前の編集作業である。さらに、正史完成直前に飯豊５年を消したから、その帳尻合わせの仕事も急ぎこなした。
　今、１２６０年もの"編集用カレンダー"を再現したところで無駄な作業にならないか。しかし、それはやってみなければ分からない。どんな仕事も無駄と試行錯誤の連続の上に成り立っている。なにも"捜査"に限った話ではない。
・日本書紀「本文」に記された神武天皇〜崇峻天皇までの在位合計と在位途中の推古天皇８年の総合計は１２５０年。その間の空位５年を足しても１２５５年。５年足りない。
・上記天皇の在位元年の本文末尾に"付記"された「文人コメント」（この年の"干支"は何々である）に従って計算すると、なぜかピッタリ１２６０年になる。これを年表化したものが「文人の１２６０年"干支"カレンダー」である。
・文人の干支カレンダーは、１２６０年の「干支の順番」を規則正しく守る"暦"である。
・そこに飯豊天皇の"５年の在位"はない。（ただし、清寧紀に飯豊皇女の仮の朝政記録がある）
・その代わりに不思議な"５年分の空白"が飯豊記録の前後２か所に分かれて姿を見せる。
これで、神武元年〜推古８年までの 年表 が３つ出揃ったようである。
① 在位５倍説と飯豊在位５年説で復元した古来の伝承に基づく年表（４１９年＝復元年表）
② 日本書紀本文に記された在位と空位の合計に基づく年表（１２５５年＝在位＋空位年表）
③ 在位元年の本文等に添えられた文人の干支コメントに基づく年表（１２６０年＝干支年表）
これらを比較して見えてくるものとは、何か。"本件捜査"もいよいよ終盤である。
"３つの年表"を本書の中で具体的な表にしたものが
　　P15〜16 復元在位年表（1）（2） （8世紀まで伝承していた記録を復元した年表）
　　P18〜19 日本書紀在位年表（1）（2） （在位水増し後、飯豊紀5年分を削除した年表）
　　P161〜177 文人の１２６０年干支カレンダー （5年の空白を分散し目立たなくした年表）
である。文人は①を作っていたが、国策で②に作り変えた。さらに、空白部分を散らして③に変えた時点で強制終了。後世「日本紀」という名称までが④日本書紀に変えられた。

～ 160 ～

B.C	文人の１２６０年干支カレンダー	

660 辛酉1 　[神武1年]　辛酉革命の年

659 壬戌

658 癸亥

657 甲子

656 乙丑

655 丙寅

654 丁卯

653 戊辰

652 己巳

651 庚午

650 辛未

649 壬申

648 癸酉

647 甲戌

646 乙亥

645 丙子

644 丁丑

643 戊寅

642 己卯

641 庚辰

640 辛巳

639 壬午

638 癸未

637 甲申

636 乙酉

635 丙戌

634 丁亥

633 戊子

632 己丑

631 庚寅

630 辛卯

629 壬辰

628 癸巳

627 甲午

626 乙未

625 丙申

624 丁酉

623 戊戌

このカレンダーの干支配列にウソはない。干支６０年周期を２１回正しく繰り返した。

ただし「干支の配列」が正しければ、そこに書き込まれた「歴史事実の配列」まで正しいとは言えない。干支の規則性と記録の正確性は、本来無関係だからである。干支を小道具にして人を騙す手口は花札やトランプの場合と同じだ。６０もの干支で混乱させながらさりげなく素早く動き人の目を錯覚に陥れる。大抵は騙される。録画と再生、スローでの巻き戻しと静止画像が必要だ。今、8世紀の国策年表を１２６０年分再現した理由もそこにある。

ほとんど無駄な再現の中に、核心を突くポイントがほんの僅か顔を出す。ナゾのネタがバレると『なんとくだらない』となり"謎"ではなくなる。

622 己亥

621 庚子

620 辛丑

619 壬寅

618 癸卯

617 甲辰

616 乙巳

615 丙午

614 丁未

613 戊申

612 己酉

611 庚戌

610 辛亥

609 壬子

608 癸丑

607 甲寅

606 乙卯

605 丙辰

604 丁巳

603 戊午

602 己未

601 庚申

600 辛酉2

599 壬戌

598 癸亥

597 甲子

596 乙丑

595 丙寅

594 丁卯

593 戊辰

592 己巳

591 庚午

590 辛未

589 壬申

588 癸酉

587 甲戌

586 乙亥

585 丙子　神武76年　(崩御)

584 丁丑　☆1 [空白] ←ズレ下がる前の[綏靖1年]

（註）【日本書紀の干支のウソ】

神武紀が始まるやあり得ない崩御年齢と在位年数の数字が登場する。だが、その陰に隠れて神武末年と綏靖元年のつなぎ目に別のウソがある。干支のウソである。丙子の翌年を庚辰だとコメントして3年飛ばした。

左列	中央（註・コメント）	右列
583 戊寅 ☆2 [空白] ←ズレ下がる前の綏靖2年		544 丁巳
582 己卯 ☆3 [空白] ←ズレ下がる前の綏靖3年		543 戊午
581 **庚辰** 綏靖1年	（註）【3年ズレた綏靖紀】	542 己未
580 辛巳	『綏靖元年の干支は、計	541 庚申
579 壬午	算上"庚辰"である』と	540 **辛酉 3**
578 癸未	一言コメントした途端に	539 壬戌
577 甲申	神武末年と綏靖元年の間	538 癸亥
576 乙酉	に3年の空白が生じた。	537 甲子
575 丙戌	［ 干支ずらし① ］	536 乙丑
574 丁亥	これで綏靖紀から清寧紀	535 丙寅
573 戊子	まで22代もの年代が、	534 丁卯
572 己丑	後代へ3年みなズレた。	533 戊辰
571 庚寅	干支年表内で綏靖1年～清寧5年	532 己巳
570 辛卯	までが、一斉に下へ3年ズレた！	531 庚午
569 壬辰	（註）【ズレの法則】	530 辛未
568 癸巳	1260年の暦の"枠内"で	529 壬申
567 甲午	生じた「空白」はその内側	528 癸酉
566 乙未	でのみ動かせる。なお、空	527 甲戌
565 丙申	白の削除方法はない。移動	526 乙亥
564 丁酉	させるしかない。移動させ	525 丙子
563 戊戌	るとその分「ズレ」を伴う。	524 丁丑
562 己亥	（文人の数理と暦法の論理）	523 戊寅
561 庚子	【空白はどこから来た？】	522 己卯
560 辛丑	空白はずっと後の"飯豊紀	521 庚辰
559 壬寅	が削除された跡"からやっ	520 辛巳
558 癸卯	て来た。（文人の回答）	519 壬午
557 甲辰	【文人の土俵】	518 癸未
556 乙巳	8世紀の秀才の机上の論理	517 甲申
555 丙午	を「常人」が理解するため	516 乙酉
554 丁未	には、時間が必要だろう。	515 丙戌
553 戊申	日本書紀のナゾ解きはそう	514 丁亥
552 己酉	そう簡単にはいかない。	513 戊子
551 庚戌		512 己丑
550 辛亥		511 庚寅　安寧38年
549 壬子　綏靖33年		510 辛卯　懿徳1年
548 癸丑　安寧1年		509 壬辰
547 甲寅		508 癸巳
546 乙卯		507 甲午
545 丙辰		506 乙未

505 丙申		466 乙亥	
504 丁酉		465 丙子	
503 戊戌		464 丁丑	
502 己亥		463 戊寅	
501 庚子		462 己卯	
500 辛丑		461 庚辰	
499 壬寅		460 辛巳	
498 癸卯		459 壬午	
497 甲辰		458 癸未	
496 乙巳		457 甲申	
495 丙午		456 乙酉	
494 丁未		455 丙戌	
493 戊申		454 丁亥	
492 己酉		453 戊子	
491 庚戌		452 己丑	
490 辛亥		451 庚寅	
489 壬子		450 辛卯	
488 癸丑		449 壬辰	
487 甲寅		448 癸巳	
486 乙卯		447 甲午	
485 丙辰		446 乙未	
484 丁巳		445 丙申	
483 戊午		444 丁酉	
482 己未		443 戊戌	
481 庚申		442 己亥	
480 辛酉 4		441 庚子	
479 壬戌		440 辛丑	
478 癸亥		439 壬寅	
477 甲子	懿徳 34 年	438 癸卯	
476 乙丑	空位	437 甲辰	
475 丙寅	孝昭 1 年	436 乙巳	
474 丁卯		435 丙午	
473 戊辰		434 丁未	
472 己巳		433 戊申	
471 庚午		432 己酉	
470 辛未		431 庚戌	
469 壬申		430 辛亥	
468 癸酉		429 壬子	
467 甲戌		428 癸丑	

427 甲寅	388 癸巳
426 乙卯	387 甲午
425 丙辰	386 乙未
424 丁巳	385 丙申
423 戊午	384 丁酉
422 己未	383 戊戌
421 庚申	382 己亥
420 辛酉 5	381 庚子
419 壬戌	380 辛丑
418 癸亥	379 壬寅
417 甲子	378 癸卯
416 乙丑	377 甲辰
415 丙寅	376 乙巳
414 丁卯	375 丙午
413 戊辰	374 丁未
412 己巳	373 戊申
411 庚午	372 己酉
410 辛未	371 庚戌
409 壬申	370 辛亥
408 癸酉	369 壬子
407 甲戌	368 癸丑
406 乙亥	367 甲寅
405 丙子	366 乙卯
404 丁丑	365 丙辰
403 戊寅	364 丁巳
402 己卯	363 戊午
401 庚辰	362 己未
400 辛巳	361 庚申
399 壬午	**360 辛酉 6**
398 癸未	359 壬戌
397 甲申	358 癸亥
396 乙酉	357 甲子
395 丙戌	356 乙丑
394 丁亥	355 丙寅
393 戊子　孝昭 83 年	354 丁卯
392 己丑　孝安 1 年	353 戊辰
391 庚寅	352 己巳
390 辛卯	351 庚午
389 壬辰	350 辛未

349 壬申	310 辛亥	
348 癸酉	309 壬子	
347 甲戌	308 癸丑	
346 乙亥	307 甲寅	
345 丙子	306 乙卯	
344 丁丑	305 丙辰	
343 戊寅	304 丁巳	
342 己卯	303 戊午	
341 庚辰	302 己未	
340 辛巳	301 庚申	
339 壬午	**300 辛酉 7**	
338 癸未	299 壬戌	
337 甲申	298 癸亥	
336 乙酉	297 甲子	
335 丙戌	296 乙丑	
334 丁亥	295 丙寅	
333 戊子	294 丁卯	
332 己丑	293 戊辰	
331 庚寅	292 己巳	
330 辛卯	291 庚午	孝安102年
329 壬辰	290 辛未	孝霊1年
328 癸巳	289 壬申	
327 甲午	288 癸酉	
326 乙未	287 甲戌	
325 丙申	286 乙亥	
324 丁酉	285 丙子	
323 戊戌	284 丁丑	
322 己亥	283 戊寅	
321 庚子	282 己卯	
320 辛丑	281 庚辰	
319 壬寅	280 辛巳	
318 癸卯	279 壬午	
317 甲辰	278 癸未	
316 乙巳	277 甲申	
315 丙午	276 乙酉	
314 丁未	275 丙戌	
313 戊申	274 丁亥	
312 己酉	273 戊子	
311 庚戌	272 己丑	

271 庚寅	232 己巳
270 辛卯	231 庚午
269 壬辰	230 辛未
268 癸巳	229 壬申
267 甲午	228 癸酉
266 乙未	227 甲戌
265 丙申	226 乙亥
264 丁酉	225 丙子
263 戊戌	224 丁丑
262 己亥	223 戊寅
261 庚子	222 己卯
260 辛丑	221 庚辰
259 壬寅	220 辛巳
258 癸卯	219 壬午
257 甲辰	218 癸未
256 乙巳	217 甲申
255 丙午	216 乙酉
254 丁巳	215 丙戌　孝霊76年
253 戊申	214 丁亥　孝元1年
252 己酉	213 戊子
251 庚戌	212 己丑
250 辛亥	211 庚寅
249 壬子	210 辛卯
248 癸丑	209 壬辰
247 甲寅	208 癸巳
246 乙卯	207 甲午
245 丙辰	206 乙未
244 丁巳	205 丙申
243 戊午	204 丁酉
242 己未	203 戊戌
241 庚申	202 己亥
240 辛酉8	201 庚子
239 壬戌	200 辛丑
238 癸亥	199 壬寅
237 甲子	198 癸卯
236 乙丑	197 甲辰
235 丙寅	196 乙巳
234 丁卯	195 丙午
233 戊辰	194 丁未

193 戊申	154 丁亥
192 己酉	153 戊子
191 庚戌	152 己丑
190 辛亥	151 庚寅
189 壬子	150 辛卯
188 癸丑	149 壬辰
187 甲寅	148 癸巳
186 乙卯	147 甲午
185 丙辰	146 乙未
184 丁巳	145 丙申
183 戊午	144 丁酉
182 己未	143 戊戌
181 庚申	142 己亥
180 辛酉 9	141 庚子
179 壬戌	140 辛丑
178 癸亥	139 壬寅
177 甲子	138 癸卯
176 乙丑	137 甲辰
175 丙寅	136 乙巳
174 丁卯	135 丙午
173 戊辰	134 丁未
172 己巳	133 戊申
171 庚午	132 己酉
170 辛未	131 庚戌
169 壬申	130 辛亥
168 癸酉	129 壬子
167 甲戌	128 癸丑
166 乙亥	127 甲寅
165 丙子	126 乙卯
164 丁丑	125 丙辰
163 戊寅	124 丁巳
162 己卯	123 戊午
161 庚辰	122 己未
160 辛巳	121 庚申
159 壬午	**120 辛酉 10**
158 癸未　孝元 57 年	119 壬戌
157 甲申　開化 1 年	118 癸亥
156 乙酉	117 甲子
155 丙戌	116 乙丑

115 丙寅		76 乙巳
114 丁卯		75 丙午
113 戊辰		74 丁未
112 己巳		73 戊申
111 庚午		72 己酉
110 辛未		71 庚戌
109 壬申		70 辛亥
108 癸酉		69 壬子
107 甲戌		68 癸丑
106 乙亥		67 甲寅
105 丙子		66 乙卯
104 丁丑		65 丙辰
103 戊寅		64 丁巳
102 己卯		63 戊午
101 庚辰		62 己未
100 辛巳		61 庚申
99 壬午		**60 辛酉**11
98 癸未 開化60年		59 壬戌
97 甲申 崇神1年		58 癸亥
96 乙酉		57 甲子
95 丙戌		56 乙丑
94 丁亥		55 丙寅
93 戊子		54 丁卯
92 己丑		53 戊辰
91 庚寅		52 己巳
90 辛卯		51 庚午
89 壬辰		50 辛未
88 癸巳		49 壬申
87 甲午		48 癸酉
86 乙未		47 甲戌
85 丙申		46 乙亥
84 丁酉		45 丙子
83 戊戌		44 丁丑
82 己亥		43 戊寅
81 庚子		42 己卯
80 辛丑		41 庚辰
79 壬寅		40 辛巳
78 癸卯		39 壬午
77 甲辰		38 癸未

37 甲申		2 壬戌
36 乙酉		3 癸亥
35 丙戌		4 甲子
34 丁亥		5 乙丑
33 戊子		6 丙寅
32 己丑		7 丁卯
31 庚寅		8 戊辰
30 辛卯	崇神68年	9 己巳
29 壬辰	垂仁1年	10 庚午
28 癸巳		11 辛未
27 甲午		12 壬申
26 乙未		13 癸酉
25 丙申		14 甲戌
24 丁酉		15 乙亥
23 戊戌		16 丙子
22 己亥		17 丁丑
21 庚子		18 戊寅
20 辛丑		19 己卯
19 壬寅		20 庚辰
18 癸卯		21 辛巳
17 甲辰		22 壬午
16 乙巳		23 癸未
15 丙午		24 甲申
14 丁未		25 乙酉
13 戊申		26 丙戌
12 己酉		27 丁亥
11 庚戌		28 戊子
10 辛亥		29 己丑
9 壬子		30 庚寅
8 癸丑		31 辛卯
7 甲寅		32 壬辰
6 乙卯		33 癸巳
5 丙辰		34 甲午
4 丁巳		35 乙未
3 戊午		36 丙申
2 己未		37 丁酉
1 庚申	B.C（紀元前）1年	38 戊戌
		39 己亥
1 辛酉 12	A.D（紀元）1年	40 庚子

41 辛丑	80 庚辰
42 壬寅	81 辛巳
43 癸卯	82 壬午
44 甲辰	83 癸未
45 乙巳	84 甲申
46 丙午	85 乙酉
47 丁未	86 丙戌
48 戊申	87 丁亥
49 己酉	88 戊子
50 庚戌	89 己丑
51 辛亥	90 庚寅
52 壬子	91 辛卯
53 癸丑	92 壬辰
54 甲寅	93 癸巳
55 乙卯	94 甲午
56 丙辰	95 乙未
57 丁巳	96 丙申
58 戊午	97 丁酉
59 己未	98 戊戌
60 庚申	99 己亥
61 辛酉 13	100 庚子
62 壬戌	101 辛丑
63 癸亥	102 壬寅
64 甲子	103 癸卯
65 乙丑	104 甲辰
66 丙寅	105 乙巳
67 丁卯	106 丙午
68 戊辰	107 丁未
69 己巳	108 戊申
70 庚午　垂仁99年	109 己酉
71 辛未　景行1年	110 庚戌
72 壬申	111 辛亥
73 癸酉	112 壬子
74 甲戌	113 癸丑
75 乙亥	114 甲寅
76 丙子	115 乙卯
77 丁丑	116 丙辰
78 戊寅	117 丁巳
79 己卯	118 戊午

119 己未	158 戊戌
120 庚申	159 己亥
121 辛酉 14	160 庚子
122 壬戌	161 辛丑
123 癸亥	162 壬寅
124 甲子	163 癸卯
125 乙丑	164 甲辰
126 丙寅	165 乙巳
127 丁卯	166 丙午
128 戊辰	167 丁未
129 己巳	168 戊申
130 庚午 　景行 60 年	169 己酉
131 辛未 　成務 1 年	170 庚戌
132 壬申	171 辛亥
133 癸酉	172 壬子
134 甲戌	173 癸丑
135 乙亥	174 甲寅
136 丙子	175 乙卯
137 丁丑	176 丙辰
138 戊寅	177 丁巳
139 己卯	178 戊午
140 庚辰	179 己未
141 辛巳	180 庚申
142 壬午	**181 辛酉 15**
143 癸未	182 壬戌
144 甲申	183 癸亥
145 乙酉	184 甲子
146 丙戌	185 乙丑
147 丁亥	186 丙寅
148 戊子	187 丁卯
149 己丑	188 戊辰
150 庚寅	189 己巳
151 辛卯	190 庚午 　成務 60 年
152 壬辰	191 辛未 　空位
153 癸巳	192 壬申 　仲哀 1 年
154 甲午	193 癸酉
155 乙未	194 甲戌
156 丙申	195 乙亥
157 丁酉	196 丙子

197 丁丑		236 丙辰	
198 戊寅	←ズレ下がる前の 神功摂政1年	237 丁巳	
199 己卯		238 戊午	
200 庚辰	仲哀9年	239 己未	
201 辛巳	神功摂政1年	240 庚申	
202 壬午	干支ずらし①で「3年」ズレな	241 辛酉 16	
203 癸未	ければ 198年〜266年 が摂政	242 壬戌	
204 甲申	在位期間だと注釈したはずだ。	243 癸亥	
205 乙酉	※ 復元・摂政在位との誤差3年の理由。	244 甲子	
206 丙戌		245 乙丑	
207 丁亥		246 丙寅	
208 戊子		247 丁卯	
209 己丑		248 戊辰	
210 庚寅		249 己巳	
211 辛卯		250 庚午	
212 壬辰		251 辛未	
213 癸巳		252 壬申	
214 甲午		253 癸酉	
215 乙未		254 甲戌	
216 丙申		255 乙亥	
217 丁酉		256 丙子	
218 戊戌		257 丁丑	
219 己亥		258 戊寅	
220 庚子		259 己卯	
221 辛丑		260 庚辰	
222 壬寅		261 辛巳	
223 癸卯		262 壬午	
224 甲辰		263 癸未	
225 乙巳		264 甲申	
226 丙午		265 乙酉	
227 丁未		266 丙戌	
228 戊申		267 丁亥	
229 己酉		268 戊子	
230 庚戌		269 己丑	神功摂政69年
231 辛亥		270 庚寅	応神1年
232 壬子		271 辛卯	
233 癸丑		272 壬辰	
234 甲寅		273 癸巳	
235 乙卯		274 甲午	

275 乙未		314 甲戌	
276 丙申		315 乙亥	
277 丁酉		316 丙子	
278 戊戌		317 丁丑	
279 己亥		318 戊寅	
280 庚子		319 己卯	
281 辛丑		320 庚辰	
282 壬寅		321 辛巳	
283 癸卯		322 壬午	
284 甲辰		323 癸未	
285 乙巳		324 甲申	
286 丙午		325 乙酉	
287 丁未		326 丙戌	
288 戊申		327 丁亥	
289 己酉		328 戊子	
290 庚戌		329 己丑	
291 辛亥		330 庚寅	
292 壬子		331 辛卯	
293 癸丑		332 壬辰	
294 甲寅		333 癸巳	
295 乙卯		334 甲午	
296 丙辰		335 乙未	
297 丁巳		336 丙申	
298 戊午		337 丁酉	
299 己未		338 戊戌	
300 庚申		339 己亥	
301 辛酉 17		340 庚子	
302 壬戌		341 辛丑	
303 癸亥		342 壬寅	
304 甲子		343 癸卯	
305 乙丑		344 甲辰	
306 丙寅		345 乙巳	
307 丁卯		346 丙午	
308 戊辰		347 丁未	
309 己巳		348 戊申	
310 庚午 応神41年		349 己酉	
311 辛未 空位		350 庚戌	
312 壬申 空位		351 辛亥	
313 癸酉 仁徳1年		352 壬子	

353 癸丑	392 壬辰
354 甲寅	393 癸巳
355 乙卯	394 甲午
356 丙辰	395 乙未
357 丁巳	396 丙申
358 戊午	397 丁酉　　←ズレ下がる前の 履中1年
359 己未	398 戊戌
360 庚申	399 己亥　仁徳87年　【5倍水増し作業の終点】
361 辛酉 18	400 庚子　履中1年　←干支ずらし①による3年
362 壬戌	401 辛丑　　　　　のズレを引きずる。
363 癸亥	402 壬寅
364 甲子	403 癸卯
365 乙丑	404 甲辰
366 丙寅	405 乙巳　履中6年
367 丁卯	406 丙午　反正1年
368 戊辰	407 丁未
369 己巳	408 戊申
370 庚午	409 己酉
371 辛未	410 庚戌　反正5年
372 壬申	411 辛亥　空位
373 癸酉	412 壬子　允恭1年
374 甲戌	413 癸丑
375 乙亥	414 甲寅
376 丙子	415 乙卯
377 丁丑	416 丙辰
378 戊寅	417 丁巳
379 己卯	418 戊午
380 庚辰	419 己未
381 辛巳	420 庚申
382 壬午	**421 辛酉 19**
383 癸未	422 壬戌
384 甲申	423 癸亥
385 乙酉	424 甲子
386 丙戌	425 乙丑
387 丁亥	426 丙寅
388 戊子	427 丁卯
389 己丑	428 戊辰
390 庚寅	429 己巳
391 辛卯	430 庚午

431 辛未		
432 壬申		
433 癸酉		
434 甲戌		
435 乙亥		
436 丙子		
437 丁丑		
438 戊寅		
439 己卯		
440 庚辰		
441 辛巳		
442 壬午		
443 癸未		
444 甲申		
445 乙酉		
446 丙戌		
447 丁亥		
448 戊子		
449 己丑		
450 庚寅		
451 辛卯		
452 壬辰		
453 癸巳	允恭42年	
454 甲午	安康1年 ←ズレ下る前の雄略1年	
455 乙未	← ※ 蓋鹵王の即位年【百済紀】	
456 丙申	安康3年	
457 丁酉	雄略1年	
458 戊戌	干支ずらし①で3年ズレたから、	
459 己亥	『雄略元年は丁酉の年である』	
460 庚子	とコメントした。	
461 辛丑	ところが、雄略2年の本文に	
462 壬寅	『蓋鹵王の即位（455年）と	
463 癸卯	雄略2年は同じ年』と記した。	
464 甲辰	つまり、雄略元年は454年だ	
465 乙巳	と言ったに等しい。（矛盾供述）	
466 丙午	干支ずらし①、②の書き替え工	
467 丁未	作前は"規則的"な水増し年表	
468 戊申	だったから復元されやすかった。	
469 己酉	それを本文の干支を上から3年、	

470 庚戌	下から2年複雑にズレさせた。	
471 辛亥	しかも綏靖紀～継体紀の広範囲	
472 壬子	に及んだ。だから、文人は復元	
473 癸丑	の糸口を後世に残した。自分が	
474 甲寅	引き継いだ『伝承』を後世の人	
475 乙卯	にも引き継ぎたかった。それが、	
476 丙辰	"文人の使命"だと自負した。	
477 丁巳	←3年ズレ下る前の清寧1年	
478 戊午		
479 己未	雄略23年	
480 庚申	清寧1年	
481 辛酉	清寧2年 ←3年ズレ下る前の清寧5年	
482 壬戌	清寧3年↓ ★1	（註）文人の解説 ①
483 癸亥	清寧4年↓ ★2	暦に空けた穴は
484 甲子	清寧5年↓ ★3	消去不能である。
485 乙丑	顕宗1年↑ ★4	場所移動は可能。
486 丙寅	顕宗2年↑ ★5	
487 丁卯	顕宗3年 ←2年ズレ上る前の顕宗1年	
488 戊辰	仁賢1年	
489 己巳	←2年ズレ上る前の顕宗3年	
490 庚午	←2年ズレ上る前の仁賢1年	
491 辛未		
492 壬申	（註）空白の分散と上下の大ズレ	
493 癸酉	★1～5は、飯豊在位抹消による	
494 甲戌	5年の空白。上から22代が、	
495 乙亥	下から4代がズレ込んで消えた。	
496 丙子	（註）日本書紀2大欠陥構造の要因	
497 丁丑	①在位の水増し ②飯豊在位の抹消	
498 戊寅	仁賢11年	
499 己卯	武烈1年	
500 庚辰	←ズレ上る前の仁賢11年	
501 辛巳	←ズレ上る前の武烈1年	
502 壬午		
503 癸未		
504 甲申		
505 乙酉		
506 丙戌	武烈8年	
507 丁亥	継体1年	
508 戊子		

509	己丑	←ズレ上る前の継体1年
510	庚寅	
511	辛卯	(註)文人の解説 ②
512	壬辰	暦に空けた穴を
513	癸巳	上へ移動すると
514	甲午	その分下へズレ
515	乙未	逆に下へ移動す
516	丙申	ると上へズレる。
517	丁酉	(1260年外枠論)
518	戊戌	
519	己亥	
520	庚子	
521	辛丑	
522	壬寅	
523	癸卯	
524	甲辰	
525	乙巳	
526	丙午	
527	丁未	
528	戊申	
529	己酉	干支年表内で顕宗1年～継体25年
530	庚戌	までが、一斉に上へ2年ズレた！
531	辛亥	継体25年
532	壬子	☆4 [空白]←ズレ上る前の継体24年
533	癸丑	☆5 [空白]←ズレ上る前の継体25年
534	甲寅	安閑1年　『継体25年の干支は、
535	乙卯	安閑2年　百済本紀から"辛亥"だ
536	丙辰	宣化1年　と分かる』とコメントし
537	丁巳	継体末年と安閑元年の間
538	戊午	に2年の空白が生じた。
539	己未	宣化4年　[干支ずらし②]
540	庚申	欽明1年　すると、顕宗紀～継体紀
541	辛酉21	まで4代分の年代が前代
542	壬戌	へ2年みなズレた。飯豊
543	癸亥	在位5年分の「空白」は
544	甲子	上下から押されうせた。
545	乙丑	しかしながら、それは
546	丙寅	神武末年と綏靖元年の間
547	丁卯	継体末年と安閑元年の間

548	戊辰		に、空白が3年と2年に分
549	己巳		かれ移動しただけだった。
550	庚午		1260年の外枠
551	辛未		でガッチリ囲まれていたか
552	壬申		らこの5年分の空白の移動
553	癸酉		は、外枠の内側でのみ可能
554	甲戌		だった。それでも目立ちす
555	乙亥		ぎる不自然さは消せた。
556	丙子		しかし、3年と2年の新た
557	丁丑		な空白と紀年の大ズレから
558	戊寅		清寧末年と顕宗元年の間に
559	己卯		飯豊5年を飲み込んだ
560	庚辰		ブラックホール
561	辛巳		が在ることがバレる。
562	壬午		"継体28年説"は、ズレ
563	癸未		る前の継体25年に譲位し、
564	甲申		"3年後"の宣化元年、
565	乙酉		つまり計算上の継体28年
566	丙戌		に崩御したことを伝える
567	丁亥		ため文人が書き入れた。
568	戊子		文人は、継体紀の末尾に
569	己丑		後勘校者知之也
570	庚寅		後世、比べよく考える人
571	辛卯	欽明32年	がホントを知るだろうと
572	壬辰	敏達1年	いうコメントを残した。
573	癸巳		「勘」… よく考える
574	甲午		「校」… 比べる
575	乙未		文人・太安万侶の本意
576	丙申		○ 国史のウソを疑え。
577	丁酉		○ コメントに注目せよ。
578	戊戌		○ 記録をよく見比べよ。
579	己亥		8世紀の官僚にして学者
580	庚子		は、そう言い残していた。
581	辛丑		以来、1300年過ぎた。
582	壬寅		
583	癸卯		
584	甲辰		
585	乙巳	敏達14年	
586	丙午	用明1年	

587 丁未	用明2年	
588 戊申	崇峻1年	
589 己酉		
590 庚戌		（註）【日本書紀の欠陥】
591 辛亥		本文の 在位年 と注釈の
592 壬子	崇峻5年	干支年 が整合するのは、
593 癸丑	推古1年	神武紀、安閑紀、宣化紀
594 甲寅		欽明己、敏達紀、用明紀
595 乙卯		崇峻紀、推古紀の8代
596 丙辰		上から22代が3年、下
597 丁巳		から4代が2年ズレた。
598 戊午		（26代が不整合）
599 己未	第1回遣隋使を派遣した。	
600 庚申	推古8年	隋の都に到着した。
601 辛酉1	推古9年	辛酉革命の年

第1回遣隋使船が、荷を満載して帰国した。ヤマト王権の人々は、段違いの中国文化に心を奪われた。そして、想定外のカルチャーショックを受けた年が"辛酉の年"だったから「新時代の到来」と共に"予言の的中"をも確信した。当時辛酉革命説は、中国文化と一対のものとして受け入れられたはずだ。なお、古代の日中間の往復は往路、復路共に年をまたぐ大旅行だった。

・・・この間の年代は省略（602～1859年）

1860 庚申	万延1年	（推古9年から1260年目）
1861 辛酉1	万延2年	辛酉革命の年
		ロシア軍艦が対馬を占領した。
1867 丁卯	大政奉還	（徳川政権を廃止）
1868 戊辰	明治1年　王政復古	（封建制を廃止）
1869 己巳	戊辰戦争の終結　即位の礼を挙行	

　1878年（明治11年）28歳の漢学者で千葉師範学校長那珂通世が学術雑誌に「上古年代考」を寄稿。人々がとっくに忘れ去った辛酉革命説を掘り起こし、日本古史の紀年延長を論じた。 日本古代史の研究上最も根本的な問題 に真正面からチャレンジしたのである。

　ただし、この業績を引き継ぎ発展させた歴史学者は現れなかった。そして、忘れられていった。

　今、1300年前の「干支年表」を1年刻みに再生した。すると、そのカレンダーの中に

○　神武元年～推古8年＝1260年という机上の空論に固執し、飯豊在位を消したあとの"5年の空白"を他へ分散した手口

○　本文内容と一致しない元年干支を『この年は太歳○○也』とコメントし"計算が合わない干支"にさりげなくすり替えた手口

が露見した。8世紀の文人は60枚の干支カードを巧みに操りながら**コメント**し、

☆　神武末年と綏靖元年の間に3年の空白

☆　継体末年と安閑元年の間に2年の空白

を瞬時に出した。"手品"をやった。本文になるべく手を触れずに、飯豊在位5年抹消後の痕跡(空白)を他の場所に分散して目立たなくした。だが、年表の2か所になぜ3年と2年の空白が在るのかは黙秘した。景行天皇の九州平定や神功皇后の邪馬台国討伐の3年、5年の空白記事＋ノーコメントと同じ手口である。

　文人の歴史観もついに麻痺したのか。否、そうではないだろう。幼馴染の姪で4つ年下の女帝から飯豊紀の裁可を拒絶された重臣トップは『ならば女帝紀など完全抹消せよ』と命じた。文人は、ここでも知恵を絞り古来の伝承を極力守ろうとした。

　後世、この正史の本名・日本紀は"書紀"という風変わりな名前に変えられた。さらに、国策宣伝に利用され、ある日突然価値を全否定された。編さん後1300年、今も親しまれない。それは正史の宿命なのか。だが、この正史の「真価」はヤマト建国以来の貴重な伝承の数々を保存したところにある。不純物は取り除けばよい。しかも、これまで神典または作り話とされてきたから学問対象としてはほとんど手つかずのまま残された。歴史上の謎と国史編さん者のウソ(敗戦国の国策)を混同しなければ、那珂通世のような若い学者が大いに活躍できるフィールドである。『生まれた時が悪いのかそれとも日本書紀が悪いのか』とは言っても編さんから1300年が過ぎた。もう、そろそろ未来志向へ大転換してもよいのでは？

~ 177 ~

参考文献

第1　先入観や思想的背景を交えない一般読者のための文献研究入門書

日本書紀（上下）全現代語訳	宇治谷孟	講談社学術文庫
魏志倭人伝・他三編	石原道博編訳	岩波文庫
旧唐書倭国日本伝・他二編	〃	〃
現代語訳古事記	福永武彦訳	河出文庫
歴代天皇総覧	笠原英彦	中公新書

第2　皇国史観で綴る不朽の国民的「日本史」

物語　日本史　上中下	平泉　澄	講談社学術文庫

　世界には現在も国王制を支持する民主国家がある。英国、オランダ、ノルウェー、スウェーデン、ベルギー、デンマーク、スペイン等の先進西欧諸国の国民にとって国王は「国民を1つにまとめる要」である。首相の上に国家元首としての国王が位置する。国王は国家や国民統合の象徴となり、それを体現することで政治権力の暴走を抑える役割も担っている。国民は「権威」は有するが「権力」を保持しない国王を国家元首として支持する。それは、日本も同じである。ただ、日本の天皇制が現在の形になったのは、西欧諸国よりもずっと古く中世まで遡るだろう。いずれにせよ日本には、古代～現代まで一貫して「天皇を国の中心に置いてきた」という歴史事実がある。それは、個々の人々の時々に変化する"歴史認識"とはまったく次元を異にする。

第3　歴史の現場や現実を「テーマ」にした著書

警視庁史「明治遍 大正遍 昭和前編」	警視庁史編さん委員会	
坂の上の雲の真実	菊田愼典	光人社
刀と首取り	鈴木眞哉	平凡社
信長公記	奥野高広他校注	角川文庫
肥陽軍記	原田種眞	勉誠社
秀吉の朝鮮侵略	北島万次	山川出版社
文禄・慶長の役	上垣外憲一	講談社学術文庫
古代東北史	新野直吉	吉川弘文館
アラブが見た十字軍	牟田口義郎他訳	ちくま学芸文庫
新版 雑兵物語	かもよしひさ	パロル社
葉隠上中下	和辻哲郎校訂	岩波文庫
零戦の真実	坂井三郎	講談社

　昭和の前期、実戦経験に乏しい日本の戦争指導者たちは、第一次世界大戦を経験し劇的にレベルアップした欧米諸国と戦争しても有利に講和できると安易に考えていた。そして国民から戦争の合意を取り付けるための扇動と宣伝道具の1つとして"8世紀の皇国史観"を利用した。

　今や、中国の戦争指導者たちは、周辺諸国と戦争をしても有利に講和できると安易に考えているようだ。戦争の実戦経験がない中国共産党の第三世代は、経済成長に自信を強め、東シナ海を中国の生命線のように位置づけ、一挙に国内問題まで解決できると信じている。そして国民から戦争の合意を取り付けようと盛んに「歴史」をいじっている。

今も昔も「歴史認識」は、戦争指導者にとって扇動と宣伝の道具に見えるらしい。だからこそ、日中の国民は歴史を軽んじてはならない。簡単に扇動され、ロボットになってはならない。戦後の日本は、拙い戦争指導者への反発から「皇国史観」という言葉に悪役レスラーのようなイメージを重ね合わせた。そして今では、それも「死語」に近い。

　戦後８０年。しなやかで強靭な歴史認識を身に着けるのは、日本国民の権利であり自由だろう。自然体で有りのままの日本独自の「皇国史観」を取り戻し、一方で何者にも扇動されない「免疫力」をつけたい。そのためには

- 先入観や空想を極力排除して、常に「現場」と「現実」に目を向ける
- 悲観論や虚無感とは無縁な「バランス志向」にシフトする

ことが、絶対に必要だろう。

あとがき　〜弱者成長の記録〜　　　　2017

　「東征」にしても「倒幕」にしても、なぜ鹿児島発だったのか。今回、古代の日本人が編さんした国史・日本書紀をあちこち掘り起こしていった結果、その答えが見出されたように思う。そこには歴史的必然性がある。火山灰が降り積もる痩せた不毛の土地でひたすら「辛苦」を重ねた人々が、より広い世界に心を開き「知恵」と「勇気」を出して新たな困難にチャレンジしていく。その中で、進むべき道を発見する。そして腕を磨いていく。より弱い立場の人間だからこそ、より強い人間に成長できたのである。日本列島の縄文人も弥生人も、他の者より弱かったからこの島国へ移り住んだ。そして、少しずつ強くなっていった。その小さな歴史が積もり積もって、この国の歴史になった。古代の日本人は、そのことを後の世の人々に「伝承」しようとした。そこには、絵に描いたような華々しいだけの英雄伝説など無い。その中心テーマは、弱い者や弱い立場に置かれた者が、辛苦の中にあっても少しずつ夢に向かって進んで行った「弱者成長の記録」である。それが日本人の真実の姿だと「日本書紀」は今も私たちに語りかける。

　では、列島に“日本人”が誕生して以来「日本人の知恵」はどんな形で発揮されてきたのだろうか。縄文時代の土器・細石刃・交易、弥生時代の農耕・殖産、飛鳥時代の中国文化輸入、平安時代のかな文字・国風文化、近世の火縄銃・火薬の国産化、近代の欧米文化輸入、戦後の復興・戦争放棄などが頭に浮かぶ。どれも、先進文化を学んだこと、他の知恵を完全に消化したこと、さらに工夫を加え発展させたことに共通点がある。限りある能力を「発明」よりも「発展」に向けてきた。この選択と集中により、いつの間にか本家本元と肩を並べ、さらには凌ぐという「知恵」である。

　その反面、発展した後の「惰性」と「停滞」に対しては、とても非力である。長期低迷で気づけば他に大差をつけられ、はては存亡の危機にすら直面する。ところが、生みの苦しみを経てやっと現れる新リーダーの下、大同団結して大いにかつ急激に挽回しては他を驚かせてきた。人は、ゼロから独力で生み出したものは終生大切にして頑固に守る。しかし、他から貰ったものならばあっさり捨て去る事が出来る。そして革新的に素早く変身してみせる。日本の歴史は、古来日本人の長短と共に「急激な上昇」と「その後ずっと続く下降」を繰り返してきた。なぜなら、日本人は“列島の倭人”としてスタートした時から「発展と惰性・停滞の行動特性」を内包していたからである。これこそが日本人の成分表・真実の姿である。つまり、日本人の良い面も良くない面もすべて初めから備わっていた。

　最後に、素朴な疑問が残る。「大宝律令」の制定と「国史」の編さんは、古代の文明開化を象徴する国家的大事業だとされてきた。だが、それらが実際にどの程度用いられどのように役立てられたのか、現代人にとって今一つはっきりしない。あたかも、それらを持っていることを中国に示すことに意味があったようでもある。明治時代の懸命な西欧化政策とかぶって見えなくもない。編さんから１３００年。今後、日本書紀がどの程度用いられ、どのように役立てられるのか分からないが、そのことも日本の歴史になっていくだろう。

【解説】〜記紀「早わかり集」〜　　　　2024

　日本書紀の"理解困難性"は、ひとえに「人がつくウソ」からきている。抜群に高い知能を有する人物が複雑な計算や人の心理を巧みに利用するウソは、通常の人や常識人たちが「見破る」ことはとても困難である。だが、ウソは事実に基づかないからあっけない。かつて、ノストラダムスの大予言がもてはやされた。原作者はそれらしい抽象的な予言をカレンダーに書き込んだ。あとは、後世の人々が『それはこのことを指していたに違いない』と抽象的なそれを具体的なこれに勝手に当てはめる。だから「予言は的中する」というカラクリである。また、ウソの世界には"もっともらしい法則"が存在し、その法則に従って"正解"が導き出される。法則は天才が発見する。人々は黙って従う。あとは複雑な計算を自分で「検算」するだけだが、計算についていける人などいない。通常の場合、そこで力尽きる。干支６０年周期を２１回も繰り返した「干支暦」は、１年を単純に加え続けた1260年分の「西暦」と比べ何とも分かりにくい。そこで「干支暦と西暦」を比べるカレンダーを使い常識の世界に暮らす人々にウソの世界の"法則もどき"がどんなものか具体的・客観的に眺めてもらう。人は"複雑で理解できない法則"は、生理的・反射的にブロックして聞き流す。その結果"ウソのネタ晴らし"があるまで「水掛け論」がずっと続く。残念なことに、この状態は引き分けなどではなく常識がウソに敗れている状態に他ならない。『日本書紀はデタラメな文献だ。古代史の史料に含めるべきではない。日本書紀で古代史を論じるなど論外だ』という主張と『８世紀に国家事業として編さんされ現代に伝わる文献をなぜ頭から全否定するのか』という主張が対立する。そして、古代史における"水掛け論"は相も変わらず続けられる。ならば、水掛け論を続ける双方の人たちに「日本書紀のウソの法則」をより具体的、より分かり易く解説すべしとなる。ところで百年開かずの金庫を開けるのは工学博士でも数学者でもない"錠前職人"。ならば・・？

１ そもそも論　*P182〜*
　記紀を理解するためのキーワード１５選
２ 文人の1260年干支カレンダー"原案"　*P188〜*
　"原案時の日本書紀の骨組み"が見える文人の作業用カレンダーを再現。（成案と比べる）
３ ヤマト王権の主要系図　*P205〜*
　文章で記された「古事記の系図」と「日本書紀の系図」を簡単な図にして比べ変化を眺める。すると「古事記前の伝承系図」と「古事記系図」の変化まで透ける。なぜなら、古事記も既に加工済みであり同一線上にある日本書紀と五十歩百歩だったからである。生みの親も育ての親も育った環境も一緒のよく似た"８つ違いの兄弟"なのだ。
４ 原色の日本古代史年表　*P211〜*
　奴国や邪馬台国は外国文献に基づき、ヤマト国は日本書紀の紀年に基づき年表にした。古い１７代の在位を８世紀に５倍水増しして編さんした国史を年代復元し、西暦で現代と矛盾なくつながる年表にした。なお、日本書紀が消去した「飯豊在位」をどう扱うかは今現在の課題でもある。なぜなら、１３００年前に棚上げされたまま今日に至るまで"未解決"状態が続く一方、神武元年以来の「天皇制」を現に「日本国」が定めているからである。"飯豊在位"問題は、古くて新しい「女性天皇」「女系天皇」「女性皇族の在り方」「皇族範囲」の問題である。

解説1 そもそも論

1 神の書・神話

この世に神さま直筆の書は一冊もない。あるのは「人が記し又は記させた書」である。

2 讖緯（しんい）説・辛酉（しんゆう）革命説

1260年毎に、大変革(王朝交代)が起こるという讖緯説。それは決まって辛酉の年に起きるという辛酉革命説が中国にあり、遣隋使・遣唐使などが持ち帰った。

3 文人メッセージ（日本書紀の「執筆者」が、後世の「読者」に宛てた伝言）

日本書紀の在位と年齢を「一覧表」にして前後を見比べる。すると、そこに一目瞭然の"異様な段差"がある。日本書紀の執筆者が継体紀の文末に『後勘校者知之也』というメッセージを書き入れた動機は何か。勘は「よく考える」、校は「比べる」という意味がある。（後世、比べよく考える人がその真相を知るだろう）

4 ダブル・スタンダード（日本国の在位年と中国の干支年を混ぜて用いた）

日本書紀は、①在位年数を漢数字で表した。また、所々に ②干支年を付け加えるコメントを入れた。つまり「漢数字の在位年数」と「該当する干支年」を意図的に並べた。

　　※ 後世、両者の「小さなズレ」が発見され"そのわけ"が解明されることを願った？

5 国際標準の暦（規則的かつ連続する暦）

几帳面に伝承、記録された在位と空位の年数を積み上げれば、ヤマト建国以来の年表になる。それを「干支の暦」に書き込めば中国皇帝暦と対応し、さらには「西暦」ともよく対応する。すると、ヤマト建国～8世紀現在までを繋ぐ「国際標準仕様の日本国年表」が完成する・・・はずだった。

6 太歳（たいさい）干支（干支コメントの中には"太歳"の2文字が冠された干支年がある）

日本書紀の太歳という言葉の意味は何か。中国の天文用語？その年の干支方位？

「太」は、太る・太らせる。「歳」は、年の意味をもつ。すると、太らせた年（延長した紀年、水増しした在位年）という造語と受けとれる。文人が残した落書き・暗号か？

7 皇紀（太歳を書き入れた太安万侶がこれをを見たらどんな顔をしたろう？）

西暦1940年、日本国政府は建国から2600年になると発表した。以来『それは、誤りでした』という正式な訂正は今もってない。隣国の"建国5000年"という歴史認識には負けるが、歴史学的にどうでもよい話だろうか。

8 纒向（まきむく）遺跡（大型建物跡の脇の土坑から2800個のモモの種が出土。炭素年代測定値は？）

奈良県桜井市纒向学研究センター等による大型建物跡の発掘、科学的調査により「建物で大量のモモが供されたのは西暦135～230年（中央値182～3年）のある年」と測定された。そこは畝傍山の東北5キロ地点。400m離れて初期型前方後円墳（3世紀頃の土器が出土した纒向石塚古墳）がある。　※ それらは「小さな国ヤマト」建国期の"宮殿と初代王の陵"では？

9 捜査的な視点（捜査係は、人をよくよく調べる。鑑識係は、物を技術的・科学的に調べる）
　捜査的な視点（シビアな裁判官、裁判所から合格点を貰うべく、当事者が置かれていた状況・立場・動機・行動に着目する）で日本書紀の在位年を復元した結果（初代神武天皇の即位式は182年、陵への埋葬は197年）と、考古学の視点で測定した大型建物でのセレモニーの年代は135〜230年までの"ある年"を比べる。ところで、ドイツのエニグマをイギリス軍の暗号解読班が解読したという。もしも、日本書紀編さん者が上古17代の在位と年齢を意図的に"規則的な変換をして水増しした"ならば、これらの数字を「元の姿」に戻すのは不可能ではないのでは？（後世の人に復元して貰いたいという意図が文人にあったのではないか）

10 国史編さん方針の変更（伝承を保存⇒古い在位を水増す⇒飯豊紀を抹消⇒抹消痕跡を分散する）
① 当初の編さん方針は"伝承された在位をそのまま記す"だった。神武元年〜仁徳末年まで17代の在位合計は、211年。（その間3度の空位合計は、4年。在位＋空位＝215年）
② 古い17代の各在位を5倍。微調整して1052年。中国に次ぐ建国年に押し上げた。
③ その後、飯豊在位5年を抹消した。するとその跡が5年分の暦の空白になった。記事の空白とは違う異様さに、空白を3年と2年に分割して神武紀と綏靖紀の間、継体紀と安閑紀の間にそっと割り込ませた。これで作業は終わるが、讖緯説1260年の干支カレンダーに2カ所5年分の暦の穴が残った。（5年の大穴を埋めるため別の場所に穴を2つあけた）その結果、綏靖紀〜清寧紀までの22代が揃って後方へ3年、顕宗紀〜継体紀までの4代は逆に前方へ2年"ズレ"た。それでも飯豊5年の痕跡は消えうせた。

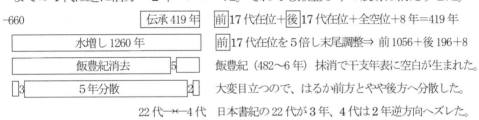

22代→←4代　日本書紀の22代が3年、4代は2年逆方向へズレた。

11 編さんに関与した人々の立場
① 元明天皇・・・女帝、天皇の娘、太子の后、天皇の母、天皇の祖母。
　父は天智天皇。母は蘇我石川麻呂の娘・姪娘(メイのいらつめ)。夫は天武天皇と持統天皇との皇子・草壁太子。子は文武天皇(弟)と元正天皇(姉)。孫は聖武天皇。姑は異母姉で従姉。まさに天皇一家である。しかし、元明天皇自身の即位は微妙だったといえる。これほどの血統でありながら即位の法的根拠が曖昧だった。天皇の皇女という身分に基づき即位した前例がない？からである。夫は太子で薨去したから自身は皇后になっていない。だから前例なき即位だった。（もし、飯豊天皇を認めていれば話は違っていたが）世は、天武系一強の時代。なぜ、天智天皇の娘を選んだのか。天武天皇の皇子たちは納得していたのか。素朴に疑問であるが、元明天皇はその先例になった。子女は、母方で育てられた時代である。父方の偉大さも母方の偉大さも教わる。とくに「女帝」

推古天皇(その母親は蘇我氏)の偉大さは何度も繰り返し聞かされたはずである。天武系に嫁いでも根底に「天智系と蘇我氏」の血が流れていた。つまり、天武系の表看板・天智系の裏看板・蘇我氏の補助看板まで持っていた。天武系を一枚看板に掲げる人々と水面下で根深い相克があって当然だった。しかし、女帝は非常に賢くかつ慎み深かい方であったという。

② 元正天皇・・・未婚の女帝、天皇の姉、女帝の娘、天皇の伯母、舎人親王の姪。

幼くして父を失い母の実家で育った。弟文武天皇の早すぎる崩御により母に続き甥の聖武天皇の中継ぎ役で即位した。母と同様に皇后身分(天皇と同格)なき女性天皇である。この時点で、元明ファミリーが王位を独占する流れは出来上がった。天武直系の皇子たちは、強い不満と絶望さらには恐怖が膨れあがる。そのため、日本書紀完成時期に最終決裁者として臨んだ元正天皇との軋轢が抑えがたくなっていた。しかし、権力では敵わないから宮中で慇懃無礼な態度をみせる程度であったろう。天皇は未婚で年若い女性だった。「飯豊紀の決裁」にあたり奔放な男性関係をことさら強調されたから、前回の「古事記決裁」と同様に今回も飯豊紀は却下された。それでもなお、興味本位のゴシップ記事が「清寧紀」の中にことさら残された。

③ 舎人親王・・・天武天皇の皇子・天武系筆頭・重臣筆頭・元正天皇の４つ上の叔父。

１０才のとき父王を亡くした。以後、天武一強体制にかげりが見え始める。有能な皇后が持統天皇として即位。実子草壁太子が先立つと孫を即位させる中継ぎ役をこなし崩御した。これで、文武天皇は無事即位できた。しかし、父より若くして崩御する。このとき天武天皇の皇子たちは『ついに即位の順番が回ってきた』と思っただろう。だが、元明天皇が即位した。中でもその補佐役に回された舎人親王は推古天皇を補佐した「厩戸皇子」と自身を重ね合わせ心から太子に共感した。正史の中で"聖徳太子"と称え、歴史事実に様々脚色を加えて"重臣トップの理想像"を構築し定着させた。以来、この国の"リーダーの行動規範"になっている。その上で、唐・新羅連合軍に敗れ三百年築いてきた半島経営から総撤退し、中韓の風下で"敗戦国"を引きずり消極外交を続ける「国の姿勢」をも正した。いつの世も、島国日本のリーダーが手本とすべきは『聖徳太子の積極・対等外交』だと力説した。また、新羅出兵にあたり神功皇后が三軍に令した故事だとして戦争指導者へ「綱紀粛正」を説いて正史に記した。それから1300年、安倍政権が展開した「積極・対等・平和」外交は世界的高評価と厚い信頼を得た。日本は、古代と現代で『二度、敗戦国を脱した』国である。国策(進むべき方向)と国史(過去の事実)は、表裏一体をなす。だから功罪を産むようである。

④ 太安万侶ら執筆担当者・・・8世紀の日本で最高レベルの知見を備えた官僚・学者。

身分制の時代に「身分継承の正当性を証明する」正史は、特別に重要な存在だった。だから支配者、権力者にとってその内容がどうでもよいはずがない。一方で、直接的

に利害が及ばない文人は冷静かつ客観的でいられた。また、遣隋使・遣唐使が持ち帰った膨大な漢籍を読解する高い知力を有し、国史の意義を知る数少ない日本人だった。国内外の文献に幅広く通じ、東西の神話・漢訳聖書・諸子百家の古典・歴代中国正史・仏典・実務書等を百科事典のように活用、引用して漢文で筆記した。文人は古代の「学者」だった。また宮中に仕える「キャリア官僚」でもあったから、政治権力者や上司の意向に添わねば排除される宿命を負った。自説や正論を力説しても採用されねば従うほかはない。だが、黙って従うだけではなく少しでも良くしたいと努める者もいた。「面従腹背」が官僚のモットーになるのは今も昔も変わらない。それが日本書紀の中に「暗号」が残された理由である。反対に、権力者に媚びる文人もいただろう。

12 称制 (君主死亡後、その後継者が"即位しないまま"政務を執ること)

人の「立場」から動機と行動を解き明かす方法があるが「複数の立場」を兼ねる人物もいる。天武派は"成務・反正"系図に手を入れ『半島戦に敗れた大王の子や孫が王位を継承した前例などない』と無言の圧力をかけた。これに対して隠れ天智派の元明天皇は、文人の長を側近くに呼んで"対抗策"を練らせ、

> 斉明7年7月24日、女帝崩御。皇太子は白い麻衣を着て"即位しないまま"政務を執った。(しかし、正史の中で崩御の翌年から天智天皇の在位年を数え始めた)
> 天智2年白村江の海戦で大唐軍に完敗した。(その5年後)天智7年1月3日皇太子は天皇に即位した。　　～成案～

と国史に記させた。あくまで"皇太子"だったから半島戦に敗れた"大王"には該当しないと切り返した。文人は重臣の忠実な部下だが女帝の忠実な臣下でもあった。だから、文人は「天皇家の系図」に様々手を入れた一方で"称制"の2文字を国史に書き入れた。天皇と重臣の双方に「文人の知恵」を提供した。当初の天智紀(案)には、

> 大戦争の臨戦態勢の最中、実母斉明天皇が九州で崩御した。皇太子は、人心の動揺を鎮めるため"急ぎ年内に即位した"が、喪服姿のまま政務と作戦指揮を執り続けた。　　～原案～

となっていたはずだ。しかし『皇太子素服称制』(皇太子は喪服姿で、即位しないまま政務を執った)と書き改め、敗戦から5年も過ぎた天智7年の文頭に『皇太子は天皇に即位した』と一言書き加えた。太安万侶は女帝の信任によく応えた。そして、水面下の攻防が垣間見える"称制"なるキーワードが国史に残った。成務紀・反正紀の"不自然に少な過ぎる記載量"(半島戦に敗れた大王の子孫が王位継承した前例はない)と、天智紀だけに残る"不自然な称制文言"が1300年前に2つの立場に軋轢があったことを伝えている。

13 古事記上巻并 (ならびに) 序 (序には「ついで・述べる」という意味がある)

巻物のタイトル「古事記・上巻」と、太安万侶が女帝に宛てた復命書のタイトル「序」の2つが並んでいる。順番を逆にすると「復命書」に「巻物3巻」が添えられたになる。

~ 185 ~

この中間報告からさらに8年を要して国史編さん作業は終了した。その翌年、文人の長・太安万侶は元正天皇に講筵（ご進講）してその大任を解かれたという。

14 古事記のもう1つの側面 （文学的価値は認められるが、史料的価値など全くない？）

　　国史と比べ古事記は不完全すぎる。国の歴史で最も重要な在位年数を欠き、後半は手も抜いた。しかし"矛盾記載や不都合な事実"の処理まで手が回りきらなかったが故に、日本書紀のウソを暴く「証言者」となりうる古事記の存在意義は大きい。国史完成後、太安万侶は中間報告書「序」を添付資料（古事記3巻）の「上巻冒頭」に貼り付けた。なぜなら後世の人が国史（日本紀）を読むにあたり比べよく考えるための「手立て」を形にして残すためだった。官僚人生の全てを「国史」編さん事業に費やしその編さん過程の裏側まで知る「執筆責任者」として、自身の「中間報告書」やその「添付資料」が後世長く残ることなどないと分かっていたからである。だから「国史並みの装丁」にしてヤマト王権の書庫にそっと収めた。そして「後世の人々への責任」をも全うした。

　　※ 継体紀末尾の文人コメント・・・『後世、比べよく考える人が真相を知るだろう』（太安万侶？）

　　～ 記紀の比較例 ～

古事記　　　　→	誤り、不都合の指摘	→　　　日本書紀
岡田・多祁理・高島の各宮に合計 16年 いた（192ヶ月）	神武天皇の即位前まで5倍するのは誤りだ	岡水門・埃・高島の各宮に合計 3年3ヶ月 いた（39ヶ月）
日向時代のイワレには、タギシミミとキスミミという 2人 の子がいた	正妃の子を差し置いて外来者キスミミが2代王に即位したことが透けて見える	神武天皇と吾平津媛の子は、タギシミミ 1人 であり、正妃が産んだ兄弟の弟が2代王に即位した
大后は、日子八井・神八井耳・神沼河耳の 3 人を産んだ（3人の敬称に大差をつけた）	日子八井を大后の最初の子と偽ってまで記す必要などない	奈良南部の下級身分の女性？がイワレの子を先に産んだという記録はない
成務天皇の妻は和訶奴気王（ワカヌケのみこ）を産んだ応神天皇は我が子に若沼毛二俣と命名した	成務天皇と応神天皇の親子関係が露見する✕成務ー子和訶奴気ー孫若沼毛二俣	成務天皇の妻と子の記録なし（成務ー応神の親子関係を示すような記録は完全に消された）

～ 186 ～

15 古事記の異常すぎる系図例

① 景行天皇は"玄孫"（孫の孫）を妻にしたというのか？

景行 － 倭 建（ヤマトタケル）－若建王－大中日子王－カグロ比売

||－大江王－ 大中比売（おおなかつひめ）

景行　　　　　　||－香坂王（かごさか）・忍熊王（おしくま）

仲哀

※ 系図の一部分だけを抜粋し言葉だけで表現すると、その矛盾や不都合はぼやける。日本書紀は、
そんな古事記の不都合を処理した。なお、当初付属した 系図集1巻 が行方不明なのだという？

② 安康天皇は"実の姉"を仁徳天皇の皇子・大日下 王（オホクサカのみこ） から奪い大后にした？

允恭

||――――――― 1 木梨之軽 王（かるのみこ）（太子は妹と密通した"疑い"で配流され自害した）

忍坂之大中津比売 2 長田大郎女（おおいらつめ）（大日下王の正妻となり目弱王を産んだ）

3 境之黒日子王（くろひこ）（謀反の疑いで殺害された）

4 穴穂命（安康天皇）

5 軽大郎女（自害した）

6 八瓜之白日子王（しろひこ）（謀反の疑いで殺害された）

7 大長谷命（雄略天皇）

8 橘大郎女

9 酒見郎女

※ 太子が密通の歌を幾つも"自作"したという。分かり易いデッチアゲである。また、弟が実の姉を
その夫から奪い『大后にして、ひどく寵愛した』というのなら、木梨事件を上回るほど非道だろう。
安康・雄略兄弟を允恭系図に移したからそうなった。しかも、文人は命ぜられるままに"たたき台
古事記"に書いて見せた。『そんなことすると、こうなりますよ』と無言で諌めた。允恭天皇崩御
後、長男の太子はとんでもない嫌疑をかけられ妹もろとも死んだ。さらに長女は、安康天皇に夫を
討たれ大后にされた。安康天皇が幼児？の目弱王に刺殺されるや黒日子王・白日子王・目弱王たち
はみな大長谷王に討たれた。安康・雄略兄弟は、仁徳天皇の遺児や履中系・允恭系のライバルを次々
粛清していった。討たれてないのは唯一 反正系 のみ。この武闘派兄弟は8世紀の国史に"允恭系"
だと記された。天武系が編さんしたから『半島戦に敗れた大王の皇子が即位した前例はない』とい
う構図を創作し『なので、成務・反正系にならうべし』と天智系に圧をかけた。ちなみに仁徳天皇
の皇位は→履中天皇→反正天皇→允恭天皇へ移った後、不遇な反正系の兄弟が允恭系から奪取し、
清寧天皇で絶えた。すると、飯豊天皇が履中系を再興するがやはり武烈天皇で男子は絶えてしまう。
しかも後継者は現れず、越前から応神天皇五世の孫（ぎりぎりの皇族）継体天皇を迎えた。バトル
を経て、継体系・武烈系を継ぐ欽明天皇が誕生した。応神系・仁徳系の合体だったともいえる。

~ 187 ~

解説2　文人の1260年干支カレンダー "原案"

660 辛酉　神武1年　小さな国ヤマトを建国
659 壬戌
658 癸亥　※ 文人は、上古17代の在位を5倍
657 甲子　　して、国史"原案"を用意した。
656 乙丑　　神功皇后を1代に数え、空位年は
655 丙寅　　在位年と区別した。これで、伝承
654 丁卯　　では紀元182年となる建国年を
653 戊辰　　紀元前660年に変えた。
652 己巳
651 庚午
650 辛未
649 壬申
648 癸酉
647 甲戌
646 乙亥
645 丙子
644 丁丑
643 戊寅
642 己卯
641 庚辰
640 辛巳
639 壬午
638 癸未
637 甲申
636 乙酉
635 丙戌
634 丁亥
633 戊子
632 己丑
631 庚寅
630 辛卯
629 壬辰
628 癸巳
627 甲午
626 乙未
625 丙申
624 丁酉
623 戊戌

622 己亥
621 庚子
620 辛丑
619 壬寅
618 癸卯
617 甲辰
616 乙巳
615 丙午
614 丁未
613 戊申
612 己酉
611 庚戌
610 辛亥
609 壬子
608 癸丑
607 甲寅
606 乙卯
605 丙辰
604 丁巳
603 戊午
602 己未
601 庚申
600 辛酉
599 壬戌
598 癸亥
597 甲子
596 乙丑
595 丙寅
594 丁卯
593 戊辰
592 己巳
591 庚午
590 辛未
589 壬申
588 癸酉
587 甲戌
586 乙亥
585 丙子　神武76年　神武天皇崩御
584 丁丑　綏靖1年　　☞ 成案では空白年

～ 188 ～

583 戊寅	☞ 成案では空白年		544 丁巳	
582 己卯	☞ 成案では空白年		543 戊午	
581 庚辰	☞ 成案は 綏靖1年		542 己未	
580 辛巳			541 庚申	
579 壬午			540 辛酉	
578 癸未			539 壬戌	
577 甲申			538 癸亥	
576 乙酉			537 甲子	
575 丙戌			536 乙丑	
574 丁亥			535 丙寅	
573 戊子			534 丁卯	
572 己丑			533 戊辰	
571 庚寅			532 己巳	
570 辛卯			531 庚午	
569 壬辰			530 辛未	
568 癸巳			529 壬申	
567 甲午			528 癸酉	
566 乙未			527 甲戌	
565 丙申			526 乙亥	
564 丁酉			525 丙子	
563 戊戌			524 丁丑	
562 己亥			523 戊寅	
561 庚子			522 己卯	
560 辛丑			521 庚辰	
559 壬寅			520 辛巳	
558 癸卯			519 壬午	
557 甲辰			518 癸未	
556 乙巳			517 甲申	
555 丙午			516 乙酉	
554 丁未			515 丙戌	
553 戊申			514 丁亥	安寧38年
552 己酉	綏靖33年		513 戊子	懿徳1年
551 庚戌	安寧1年		512 己丑	
550 辛亥			511 庚寅	
549 壬子			510 辛卯	☞ 成案は 懿徳1年
548 癸丑	☞ 成案は 安寧1年		509 壬辰	
547 甲寅			508 癸巳	
546 乙卯			507 甲午	
545 丙辰			506 乙未	

505 丙申	466 乙亥
504 丁酉	465 丙子
503 戊戌	464 丁丑
502 己亥	463 戊寅
501 庚子	462 己卯
500 辛丑	461 庚辰
499 壬寅	460 辛巳
498 癸卯	459 壬午
497 甲辰	458 癸未
496 乙巳	457 甲申
495 丙午	456 乙酉
494 丁未	455 丙戌
493 戊申	454 丁亥
492 己酉	453 戊子
491 庚戌	452 己丑
490 辛亥	451 庚寅
489 壬子	450 辛卯
488 癸丑	449 壬辰
487 甲寅	448 癸巳
486 乙卯	447 甲午
485 丙辰	446 乙未
484 丁巳	445 丙申
483 戊午	444 丁酉
482 己未	443 戊戌
481 庚申	442 己亥
480 辛酉　懿徳34年	441 庚子
479 壬戌　空位	440 辛丑
478 癸亥　孝昭1年	439 壬寅
477 甲子	438 癸卯
476 乙丑	437 甲辰
475 丙寅　☞ 成案は 孝昭1年	436 乙巳
474 丁卯	435 丙午
473 戊辰	434 丁未
472 己巳	433 戊申
471 庚午	432 己酉
470 辛未	431 庚戌
469 壬申	430 辛亥
468 癸酉	429 壬子
467 甲戌	428 癸丑

427 甲寅	388 癸巳
426 乙卯	387 甲午
425 丙辰	386 乙未
424 丁巳	385 丙申
423 戊午	384 丁酉
422 己未	383 戊戌
421 庚申	382 己亥
420 辛酉	381 庚子
419 壬戌	380 辛丑
418 癸亥	379 壬寅
417 甲子	378 癸卯
416 乙丑	377 甲辰
415 丙寅	376 乙巳
414 丁卯	375 丙午
413 戊辰	374 丁未
412 己巳	373 戊申
411 庚午	372 己酉
410 辛未	371 庚戌
409 壬申	370 辛亥
408 癸酉	369 壬子
407 甲戌	368 癸丑
406 乙亥	367 甲寅
405 丙子	366 乙卯
404 丁丑	365 丙辰
403 戊寅	364 丁巳
402 己卯	363 戊午
401 庚辰	362 己未
400 辛巳	361 庚申
399 壬午	360 辛酉
398 癸未	359 壬戌
397 甲申	358 癸亥
396 乙酉　孝昭83年	357 甲子
395 丙戌　孝安1年	356 乙丑
394 丁亥	355 丙寅
393 戊子	354 丁卯
392 己丑　☞ 成案は 孝安1年	353 戊辰
391 庚寅	352 己巳
390 辛卯	351 庚午
389 壬辰	350 辛未

349 壬申	310 辛亥
348 癸酉	309 壬子
347 甲戌	308 癸丑
346 乙亥	307 甲寅
345 丙子	306 乙卯
344 丁丑	305 丙辰
343 戊寅	304 丁巳
342 己卯	303 戊午
341 庚辰	302 己未
340 辛巳	301 庚申
339 壬午	300 辛酉
338 癸未	299 壬戌
337 甲申	298 癸亥
336 乙酉	297 甲子
335 丙戌	296 乙丑
334 丁亥	295 丙寅
333 戊子	294 丁卯　孝安 102 年
332 己丑	293 戊辰　孝霊 1 年
331 庚寅	292 己巳
330 辛卯	291 庚午
329 壬辰	290 辛未　　　　☞ 成案は 孝霊 1 年
328 癸巳	289 壬申
327 甲午	288 癸酉
326 乙未	287 甲戌
325 丙申	286 乙亥
324 丁酉	285 丙子
323 戊戌	284 丁丑
322 己亥	283 戊寅
321 庚子	282 己卯
320 辛丑	281 庚辰
319 壬寅	280 辛巳
318 癸卯	279 壬午
317 甲辰	278 癸未
316 乙巳	277 甲申
315 丙午	276 乙酉
314 丁未	275 丙戌
313 戊申	274 丁亥
312 己酉	273 戊子
311 庚戌	272 己丑

271 庚寅		232 己巳		
270 辛卯		231 庚午		
269 壬辰		230 辛未		
268 癸巳		229 壬申		
267 甲午		228 癸酉		
266 乙未		227 甲戌		
265 丙申		226 乙亥		
264 丁酉		225 丙子		
263 戊戌		224 丁丑		
262 己亥		223 戊寅		
261 庚子		222 己卯		
260 辛丑		221 庚辰		
259 壬寅		220 辛巳		
258 癸卯		219 壬午		
257 甲辰		218 癸未	孝霊76年	
256 乙巳		217 甲申	孝元1年	
255 丙午		216 乙酉		
254 丁巳		215 丙戌		
253 戊申		214 丁亥	☞ 成案は	孝元1年
252 己酉		213 戊子		
251 庚戌		212 己丑		
250 辛亥		211 庚寅		
249 壬子		210 辛卯		
248 癸丑		209 壬辰		
247 甲寅		208 癸巳		
246 乙卯		207 甲午		
245 丙辰		206 乙未		
244 丁巳		205 丙申		
243 戊午		204 丁酉		
242 己未		203 戊戌		
241 庚申		202 己亥		
240 辛酉		201 庚子		
239 壬戌		200 辛丑		
238 癸亥		199 壬寅		
237 甲子		198 癸卯		
236 乙丑		197 甲辰		
235 丙寅		196 乙巳		
234 丁卯		195 丙午		
233 戊辰		194 丁未		

193 戊申	154 丁亥
192 己酉	153 戊子
191 庚戌	152 己丑
190 辛亥	151 庚寅
189 壬子	150 辛卯
188 癸丑	149 壬辰
187 甲寅	148 癸巳
186 乙卯	147 甲午
185 丙辰	146 乙未
184 丁巳	145 丙申
183 戊午	144 丁酉
182 己未	143 戊戌
181 庚申	142 己亥
180 辛酉	141 庚子
179 壬戌	140 辛丑
178 癸亥	139 壬寅
177 甲子	138 癸卯
176 乙丑	137 甲辰
175 丙寅	136 乙巳
174 丁卯	135 丙午
173 戊辰	134 丁未
172 己巳	133 戊申
171 庚午	132 己酉
170 辛未	131 庚戌
169 壬申	130 辛亥
168 癸酉	129 壬子
167 甲戌	128 癸丑
166 乙亥	127 甲寅
165 丙子	126 乙卯
164 丁丑	125 丙辰
163 戊寅	124 丁巳
162 己卯	123 戊午
161 庚辰　孝元57年	122 己未
160 辛巳　開化1年	121 庚申
159 壬午	120 辛酉
158 癸未	119 壬戌
157 甲申　　☞ 成案は 開化1年	118 癸亥
156 乙酉	117 甲子
155 丙戌	116 乙丑

115 丙寅		76 乙巳
114 丁卯		75 丙午
113 戊辰		74 丁未
112 己巳		73 戊申
111 庚午		72 己酉
110 辛未		71 庚戌
109 壬申		70 辛亥
108 癸酉		69 壬子
107 甲戌		68 癸丑
106 乙亥		67 甲寅
105 丙子		66 乙卯
104 丁丑		65 丙辰
103 戊寅		64 丁巳
102 己卯		63 戊午
101 庚辰	開化60年	62 己未
100 辛巳	崇神1年	61 庚申
99 壬午		60 辛酉
98 癸未		59 壬戌
97 甲申	☞ 成案は 崇神1年	58 癸亥
96 乙酉		57 甲子
95 丙戌		56 乙丑
94 丁亥		55 丙寅
93 戊子		54 丁卯
92 己丑		53 戊辰
91 庚寅		52 己巳
90 辛卯		51 庚午
89 壬辰		50 辛未
88 癸巳		49 壬申
87 甲午		48 癸酉
86 乙未		47 甲戌
85 丙申		46 乙亥
84 丁酉		45 丙子
83 戊戌		44 丁丑
82 己亥		43 戊寅
81 庚子		42 己卯
80 辛丑		41 庚辰
79 壬寅		40 辛巳
78 癸卯		39 壬午
77 甲辰		38 癸未

37 甲申		2 壬戌
36 乙酉		3 癸亥
35 丙戌		4 甲子
34 丁亥		5 乙丑
33 戊子	崇神68年	6 丙寅
32 己丑	垂仁1年	7 丁卯
31 庚寅		8 戊辰
30 辛卯		9 己巳
29 壬辰	☞ 成案は 垂仁1年	10 庚午
28 癸巳		11 辛未
27 甲午		12 壬申
26 乙未		13 癸酉
25 丙申		14 甲戌
24 丁酉		15 乙亥
23 戊戌		16 丙子
22 己亥		17 丁丑
21 庚子		18 戊寅
20 辛丑		19 己卯
19 壬寅		20 庚辰
18 癸卯		21 辛巳
17 甲辰		22 壬午
16 乙巳		23 癸未
15 丙午		24 甲申
14 丁未		25 乙酉
13 戊申		26 丙戌
12 己酉		27 丁亥
11 庚戌		28 戊子
10 辛亥		29 己丑
9 壬子		30 庚寅
8 癸丑		31 辛卯
7 甲寅		32 壬辰
6 乙卯		33 癸巳
5 丙辰		34 甲午
4 丁巳		35 乙未
3 戊午		36 丙申
2 己未		37 丁酉
1 庚申	B.C （紀元前） 1年	38 戊戌
		39 己亥
1 辛酉	A.D （紀元） 1年	40 庚子

41 辛丑	80 庚辰
42 壬寅	81 辛巳
43 癸卯	82 壬午
44 甲辰	83 癸未
45 乙巳	84 甲申
46 丙午	85 乙酉
47 丁未	86 丙戌
48 戊申	87 丁亥
49 己酉	88 戊子
50 庚戌	89 己丑
51 辛亥	90 庚寅
52 壬子	91 辛卯
53 癸丑	92 壬辰
54 甲寅	93 癸巳
55 乙卯	94 甲午
56 丙辰	95 乙未
57 丁巳	96 丙申
58 戊午	97 丁酉
59 己未	98 戊戌
60 庚申	99 己亥
61 辛酉	100 庚子
62 壬戌	101 辛丑
63 癸亥	102 壬寅
64 甲子	103 癸卯
65 乙丑	104 甲辰
66 丙寅	105 乙巳
67 丁卯　垂仁 99 年	106 丙午
68 戊辰　景行 1 年	107 丁未
69 己巳	108 戊申
70 庚午	109 己酉
71 辛未　　　☞ 成案は 景行 1 年	110 庚戌
72 壬申	111 辛亥
73 癸酉	112 壬子
74 甲戌	113 癸丑
75 乙亥	114 甲寅
76 丙子	115 乙卯
77 丁丑	116 丙辰
78 戊寅	117 丁巳
79 己卯	118 戊午

119 己未		158 戊戌	
120 庚申		159 己亥	
121 辛酉		160 庚子	
122 壬戌		161 辛丑	
123 癸亥		162 壬寅	
124 甲子		163 癸卯	
125 乙丑		164 甲辰	
126 丙寅		165 乙巳	
127 丁卯 景行60年		166 丙午	
128 戊辰 成務1年		167 丁未	
129 己巳		168 戊申	
130 庚午		169 己酉	
131 辛未 ☞ 成案は 成務1年		170 庚戌	
132 壬申		171 辛亥	
133 癸酉		172 壬子	
134 甲戌		173 癸丑	
135 乙亥		174 甲寅	
136 丙子		175 乙卯	
137 丁丑		176 丙辰	
138 戊寅		177 丁巳	
139 己卯		178 戊午	
140 庚辰		179 己未	
141 辛巳		180 庚申	
142 壬午		181 辛酉	
143 癸未		182 壬戌	
144 甲申		183 癸亥	
145 乙酉		184 甲子	
146 丙戌		185 乙丑	
147 丁亥		186 丙寅	
148 戊子		187 丁卯 成務60年	
149 己丑		188 戊辰 空位	
150 庚寅		189 己巳 仲哀1年	
151 辛卯		190 庚午	
152 壬辰		191 辛未	
153 癸巳		192 壬申 ☞ 成案は 仲哀1年	
154 甲午		193 癸酉	
155 乙未		194 甲戌	
156 丙申		195 乙亥	
157 丁酉		196 丙子	

197 丁丑　仲哀9年		236 丙辰	
198 戊寅　神功摂政1年)		237 丁巳	
199 己卯		238 戊午	
200 庚辰		239 己未	
201 辛巳	☞ 成案は 摂政1年	240 庚申	
202 壬午		241 辛酉	
203 癸未		242 壬戌	
204 甲申		243 癸亥	
205 乙酉		244 甲子	
206 丙戌		245 乙丑	
207 丁亥		246 丙寅	
208 戊子		247 丁卯	
209 己丑		248 戊辰	
210 庚寅		249 己巳	
211 辛卯		250 庚午	
212 壬辰		251 辛未	
213 癸巳		252 壬申	
214 甲午		253 癸酉	
215 乙未		254 甲戌	
216 丙申		255 乙亥	
217 丁酉		256 丙子	
218 戊戌		257 丁丑	
219 己亥		258 戊寅	
220 庚子		259 己卯	
221 辛丑		260 庚辰	
222 壬寅		261 辛巳	
223 癸卯		262 壬午	
224 甲辰		263 癸未	
225 乙巳		264 甲申	
226 丙午		265 乙酉	
227 丁未		266 丙戌　神功摂政69年	
228 戊申		267 丁亥　応神1年	
229 己酉		268 戊子	
230 庚戌		269 己丑	
231 辛亥		270 庚寅	☞ 成案は 応神1年
232 壬子		271 辛卯	
233 癸丑		272 壬辰	
234 甲寅		273 癸巳	
235 乙卯		274 甲午	

275 乙未		314 甲戌	
276 丙申		315 乙亥	
277 丁酉		316 丙子	
278 戊戌		317 丁丑	
279 己亥		318 戊寅	
280 庚子		319 己卯	
281 辛丑		320 庚辰	
282 壬寅		321 辛巳	
283 癸卯		322 壬午	
284 甲辰		323 癸未	
285 乙巳		324 甲申	
286 丙午		325 乙酉	
287 丁未		326 丙戌	
288 戊申		327 丁亥	
289 己酉		328 戊子	
290 庚戌		329 己丑	
291 辛亥		330 庚寅	
292 壬子		331 辛卯	
293 癸丑		332 壬辰	
294 甲寅		333 癸巳	
295 乙卯		334 甲午	
296 丙辰		335 乙未	
297 丁巳		336 丙申	
298 戊午		337 丁酉	
299 己未		338 戊戌	
300 庚申		339 己亥	
301 辛酉		340 庚子	
302 壬戌		341 辛丑	
303 癸亥		342 壬寅	
304 甲子		343 癸卯	
305 乙丑		344 甲辰	
306 丙寅		345 乙巳	
307 丁卯	応神41年	346 丙午	
308 戊辰	空位	347 丁未	
309 己巳	空位	348 戊申	
310 庚午	仁徳1年	349 己酉	
311 辛未		350 庚戌	
312 壬申		351 辛亥	
313 癸酉	☞ 成案は仁徳1年	352 壬子	

353 癸丑	392 壬辰
354 甲寅	393 癸巳
355 乙卯	394 甲午
356 丙辰	395 乙未
357 丁巳	396 丙申　仁徳87年
358 戊午	397 丁酉　履中1年
359 己未	398 戊戌
360 庚申	399 己亥
361 辛酉	400 庚子　　　　☞ 成案は 履中1年
362 壬戌	401 辛丑　　　　（3年の"ズレ"は続く）
363 癸亥	402 壬寅　履中6年
364 甲子	403 癸卯　反正1年
365 乙丑	404 甲辰
366 丙寅	405 乙巳
367 丁卯	406 丙午　　　　☞ 成案は 反正1年
368 戊辰	407 丁未　反正5年
369 己巳	408 戊申　空位
370 庚午	409 己酉　允恭1年
371 辛未	410 庚戌
372 壬申	411 辛亥
373 癸酉	412 壬子　　　　☞ 成案は 允恭1年
374 甲戌	413 癸丑
375 乙亥	414 甲寅
376 丙子	415 乙卯
377 丁丑	416 丙辰
378 戊寅	417 丁巳
379 己卯	418 戊午
380 庚辰	419 己未
381 辛巳	420 庚申
382 壬午	421 辛酉
383 癸未	422 壬戌
384 甲申	423 癸亥
385 乙酉	424 甲子
386 丙戌	425 乙丑
387 丁亥	426 丙寅
388 戊子	427 丁卯
389 己丑	428 戊辰
390 庚寅	429 己巳
391 辛卯	430 庚午

431 辛未		470 庚戌	
432 壬申		471 辛亥	
433 癸酉		472 壬子	
434 甲戌		473 癸丑	
435 乙亥		474 甲寅	
436 丙子		475 乙卯	
437 丁丑		476 丙辰　雄略23年	
438 戊寅		477 丁巳　清寧1年	
439 己卯		478 戊午	
440 庚辰		479 己未	☞ 成案は 雄略23年
441 辛巳		480 庚申	☞ 成案は 清寧1年
442 壬午		481 辛酉　清寧5年	
443 癸未		482 壬戌　飯豊1年	
444 甲申	(註)【原案と成案の違い】☞	483 癸亥　飯豊2年	
445 乙酉	在位水増し原案には飯豊在位	484 甲子　飯豊3年	☞ 成案は 清寧5年
446 丙戌	5年が存在した。(1260年)	485 乙丑　飯豊4年	☞ 成案は 顕宗1年
447 丁亥	成案の合計は、1255年。	486 丙寅　飯豊5年	
448 戊子		487 丁卯　顕宗1年	☞ 成案は 顕宗3年
449 己丑		488 戊辰	☞ 成案は 仁賢1年
450 庚寅　允恭42年		489 己巳　顕宗3年	
451 辛卯　安康1年		490 庚午　仁賢1年	
452 壬辰		491 辛未	(註) 飯豊紀抹消の祟りか?
453 癸巳　安康3年		492 壬申	原案にあった飯豊紀5年分を
454 甲午　雄略1年	☞ 成案は 安康1年	493 癸酉	成案は暦の空白5年分に変え、
455 乙未　雄略2年	←蓋鹵王即位年［百済本紀］	494 甲戌	さらに3年と2年に分散した。
456 丙申		495 乙亥	その結果、成案は上から3年
457 丁酉	☞ 成案は 雄略1年	496 丙子	下から2年ずつ大ズレした。
458 戊戌	雄略2年	497 丁丑	【想定外の地殻変動】
459 己亥		498 戊寅	☞ 成案は 仁賢11年
460 庚子		499 己卯	☞ 成案は 武烈1年
461 辛丑		500 庚辰　仁賢11年	
462 壬寅		501 辛巳　武烈1年	
463 癸卯		502 壬午	
464 甲辰		503 癸未	
465 乙巳		504 甲申	
466 丙午		505 乙酉	
467 丁未		506 丙戌	☞ 成案は 武烈8年
468 戊申		507 丁亥	☞ 成案は 継体1年
469 己酉		508 戊子　武烈8年	

509 己丑	継体1年	
510 庚寅		
511 辛卯		
512 壬辰		
513 癸巳		
514 甲午		
515 乙未		
516 丙申		
517 丁酉		
518 戊戌		
519 己亥		
520 庚子		
521 辛丑		
522 壬寅		
523 癸卯		
524 甲辰		
525 乙巳		
526 丙午		
527 丁未		
528 戊申		
529 己酉		
530 庚戌		
531 辛亥		☞ 成案は継体25年
532 壬子		☞ 成案では空白年
533 癸丑	継体25年	☞ 成案では空白年
534 甲寅	安閑1年	☞ 成案でも安閑1年
535 乙卯	安閑2年	
536 丙辰	宣化1年	
537 丁巳		
538 戊午		
539 己未	宣化4年	
540 庚申	欽明1年	
541 辛酉		
542 壬戌		
543 癸亥		
544 甲子		
545 乙丑		
546 丙寅		
547 丁卯		

548 戊辰	
549 己巳	
550 庚午	
551 辛未	
552 壬申	
553 癸酉	
554 甲戌	
555 乙亥	
556 丙子	
557 丁丑	
558 戊寅	
559 己卯	
560 庚辰	
561 辛巳	
562 壬午	
563 癸未	
564 甲申	
565 乙酉	
566 丙戌	
567 丁亥	
568 戊子	
569 己丑	
570 庚寅	
571 辛卯	欽明32年
572 壬辰	敏達1年
573 癸巳	
574 甲午	
575 乙未	
576 丙申	
577 丁酉	
578 戊戌	
579 己亥	
580 庚子	
581 辛丑	
582 壬寅	
583 癸卯	
584 甲辰	
585 乙巳	敏達14年
586 丙午	用明1年

587 丁未	用明 2 年
588 戊申	崇峻 1 年
589 己酉	
590 庚戌	
591 辛亥	
592 壬子	崇峻 5 年
593 癸丑	推古 1 年
594 甲寅	
595 乙卯	
596 丙辰	
597 丁巳	
598 戊午	
599 己未	第 1 回遣隋使がヤマトを出発。
600 庚申	推古 8 年　隋の都に到着。（片道 1 年）
601 辛酉	推古 9 年　次の辛酉革命の年
	この年、遣隋使が帰国。異次元の律令文化が伝えられヤマトは "大変革" の時代を迎えた。

※ 当初、文人が国史(案)として提出した原案は、神武〜元明、元正天皇に至る全ての時代を網羅していたはずである。しかし、先帝の強い意志により『持統紀まで』とされた。７２０年に編さんされた国史だから持統紀で終わるはずはない。そのことからも国史の編さんは、天皇・重臣・文人という三者共同による「国家の一大事業」だったと実感する。『日本書紀は藤原不比等が作った』とする主張があるが、史料的根拠も合理性もなく７２０年当時の現場の現実も踏まえていない。

　不比等は、頭脳明晰な官僚にして重臣だった。伊藤博文が明治憲法を創った如く大宝律令を完成させた。だから不比等も伊藤も、国史編さん事業や修史事業に専念する余裕はなかった。絵に描いたようなスーパーマンは、絵の中にいる。大宝律令制定と国史編さん、明治憲法制定と修史事業は、並大抵ではない「国家の一大事業」だったのである。日本は、古代と近代で 2 度もそれをやった国である。

解説3 ヤマト王権の主要系図

〜① 神武系図〜

[日本書紀] (国史"原案"が、各方面の要望や批判で形を様々変えられたあと"成案"になった)

吾平津媛────────── 手削耳(タギシミミ)
　　‖
　神武天皇　　　※『天皇は"正妃"を立てようと思われた。"改めて"貴族の女子を探された』
　　‖　　　　　　　すでに身近に仕える"女性"はいたが、ヤマトの有力者の娘ではなかったようだ。
正妃‖　　　　兄─神八井耳　※ 正妃が産んだ長子が、身分制度上の"兄"である。
媛蹈韛五十鈴媛────|　　　　　　8世紀国史編さん時代には常識だったろう?
(ヒメタタライスズヒメ)　弟─神渟名川耳　※ 第1順位の兄に代わり弟が即位したという。

[古事記] (国史"原案"ではない。古い伝承のカケラを所々に残す不備故に貴重な史料である)

九州　　　　　兄─多芸志美美　第1子
阿比良比売────|
　　‖　　　　弟─岐須美美　第2子 (なぜかこの人物の"それから"を説明しない)
　　‖
　神武天皇
　　‖
正妃‖
比売多多良　　兄─日子八井　第1子 (なぜか長子に神・耳の敬称なく話題の外)
伊須気余理比売───|─神八井耳　第2子 (脇役)
(ヒメタタライスケヨリヒメ)　弟─神沼河耳　第3子 (世継ぎ候補の多芸志美美打倒の主役)

[復元系図] (正史全30巻の"成案"と古事記3巻 を比べ、さらに古い伝承の姿を追う)

　　　　　　　　父　　　　　　子　　　　　　孫
　　　　兄─多芸志耳(太子)────懿徳天皇────多芸志比古
九州アヒラツヒメ─|
　　　　　　　父　　　　　　子　　　　　　孫
　　‖　　弟─岐須耳(綏靖天皇) ──安寧天皇────磯城津彦
　　‖　　※ 3つの皇統・・・九州系、奈良南部系、正妃系。正史はこのうち2つを消した。
　神武天皇　　消す方法・・・・神沼河耳は正妃が産んだ、日子八井は存在しなかったとした。
　　‖　　　　　また、多芸志耳は子も孫もいなかったことにした。
奈良南部の女性────|─日子八井 (茨田連・手島連2氏の祖)
　　‖
正妃イスケヨリヒメ─|─神八井耳 (意富氏など19もの臣・部・君・連・直・国造の祖)
　　　　※ 外来の王は、神武・綏靖2代で終わった。すると、在来の有力者たちは"外孫"であ
　　　　　る次世代の皇子たちを担いで権力闘争を始める。新生ヤマトは、早くも新局面を迎え
　　　　　『東征は遠くなりにけり』となる。建国の基礎固めに失敗すれば、分裂するのみ。

〜 205 〜

～② 景行系図～

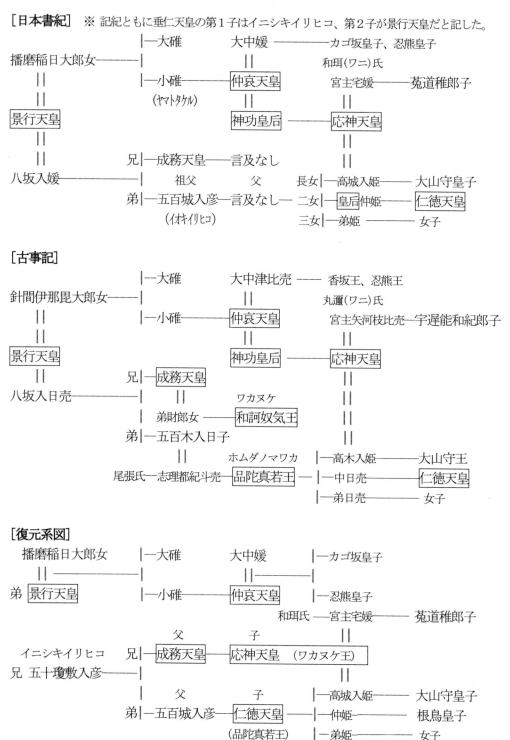

～③ 仁徳系図～

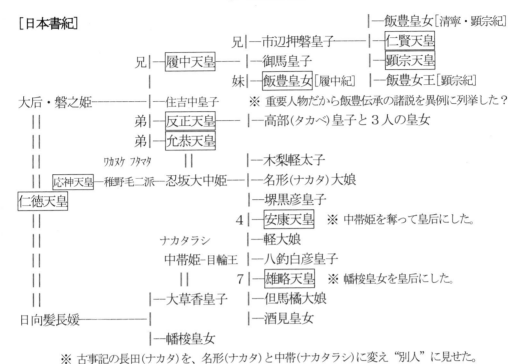

※ 古事記は「長田大郎女」を、允恭天皇の第2子で大日下王の妻で目弱王の母だと明記。/

[復元系図]

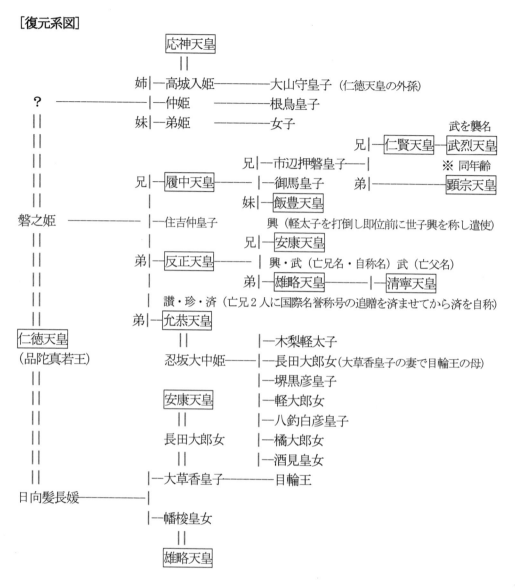

※ ３９１年(仁徳12年)から半島への本格的な侵出と占領が始まった。(水陸大兵団の召集と出発は３９０年)皇子たちの戦意は高く"反正天皇の高句麗平定戦"でそれは頂点に達した。しかしながら好太王から手痛い反撃を食った。反正天皇の皇子たちがリベンジを誓うが果たせぬまま半島戦は膠着し後退した。だが、仁徳ファミリーはヤマトを極東の軍事大国に押し上げた。そして「武力と交易」により、半島から莫大な富と先進技術を手に入れる新時代を切り開いた。さらに、ヤマトは超大国「中国」と国交を結ぶ時代をスタートさせた。２６６年を境に途絶した日中国交は讃・珍・済・興・武の"五王の名"で再開した。讃・珍・済は「允恭外交」が使い分けたペンネームであり、興・武は「安康・雄略外交」で使った。さらに「清寧・武烈外交」も武を使った。それは相手国から全く理解されない"島国方式"だった。なお、４０４年の高句麗本土攻略の大失敗と４１３年の唐突な日中国交再開は関係大有りだった。半島での想定外の勢力後退の流れを"超大国の威光"を借りて食い止めようとした。だから、倭はあらゆる場面で"席順"に激しいこだわりを見せた。

~ 208 ~

～④ 仁賢系図～

[日本書紀]

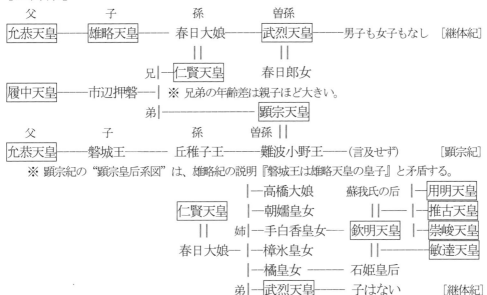

※ 顕宗紀の"顕宗皇后系図"は、雄略紀の説明『磐城王は雄略天皇の皇子』と矛盾する。

※ 武烈天皇の姉手白香皇女は弟が崩御した翌年継体天皇の皇后になり欽明天皇を産んだという。武烈紀は「春日郎女」を皇后と記すのみで、子や他の后の記録を欠く。そして、継体紀に『武烈天皇は５７歳で崩御され、もとより男子も女子もなかった』と追加説明を入れた。

[古事記]

允恭天皇——雄略天皇——清寧天皇——大后も御子もなし　　　　　[清寧紀]

『清寧天皇には大后も御子もなかった。そこで日継の御子を探し求めたところ市辺之押歯王の妹忍海郎女(別名飯豊王)が角刺の宮にいた』(清寧紀)『顕宗天皇は８年間天下を治め３８歳で崩御。"石木王の娘"難波王を妻としたが御子はなかった』(顕宗紀)と記す。

※ 在位年数を記録しない古事記に、なぜか顕宗天皇の"在位年数・崩御年齢"を突然書き入れた。

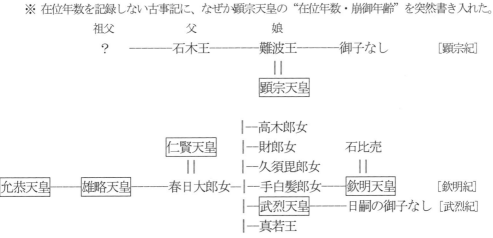

~ 209 ~

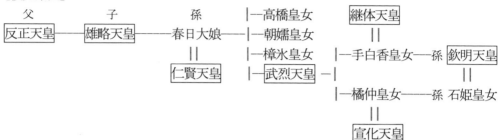

※ 8世紀のヤマト王権の人々は政治闘争から外れ快楽殺人に走った武烈天皇を「直系の祖」として国史に記したくなかった。だから、手白香皇女を系図上1代繰り上げ"仁賢天皇の皇女"にした。その結果、武烈天皇の姉が高齢出産した。古事記の執筆者は、手"白髪"郎女と揶揄した？

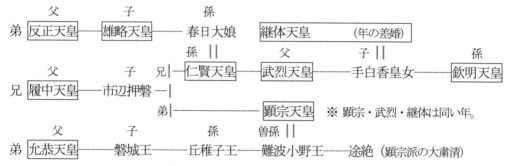

※ 古事記が意図的に書き入れた"顕宗天皇の崩御年齢38歳"を引用して復元計算すると、顕宗天皇・武烈天皇・継体天皇は共に"452年生まれ"だったようだ。つまり、武烈天皇の猛烈なライバル心は同い年の顕宗天皇とその妻に、憤怒はその一族郎党に容赦なく向けられた。父王は、飯豊天皇に庇護された"年齢の離れた弟"に先を越されその太子にしてもらった。母は雄略天皇の愛娘。妻もその一門。允恭天皇の"傍系のひ孫"で若い皇后をどう見ただろう。悪魔のシナリオは489年の顕宗天皇崩御後、ヤマト王権内部でエスカレートしながら実行された。8世紀のヤマト王権の人々は、連続猟奇殺人事件など二度と起きて欲しくなかった。そして、武烈天皇を自分たちの"直系の祖"だと記録することを拒んだ。日本書紀は、継体紀のはじめ部分に『武烈天皇は57歳で崩御した。もとより男子も"女子もなく"後継ぎが絶えてしまうところであった』と記している。しかし、武烈天皇は春日娘子を皇后に立て、女嫌いではなかった。崩御時、まだ年若い皇女たちがいて不思議はない。その一人が手白香皇女であろう。さらに、橘仲皇女（宣化天皇の皇后）もいた。年齢が高いのは継体天皇父子側で、皇后になる側の"未婚の姉妹"は「武烈天皇の血を引く」うら若き乙女たちだった。娘を姉に改変して系図上1世代ズレ上げたから、高齢出産になった。あえて"妹"とはしなかった。文人は、わざと改変を見破り易くした。日本書紀は世代改変を随所に残したが、当人のみならずその妻や親・兄弟、子供・孫などにも広く影響が及ぶ。どこか一個所でもいじると思わぬ所にホコロビがでる。そして、それが真相解明の「糸口」になる。時代が下れば子孫が自分の立場で「代々伝わる系図」に手を入れたりもする。だが、武烈系と継体系が合体して共に時代を乗り切った。そもそもイワレビコは、勝負がつかない相手と合体してヤマトを建国した。今、古代ヤマト王権継承の真相をたどると、最終的に「柔軟にして強靭な国造り思想」に行き着く。だから、大和（おおいなるわ）と書いてヤマトと読ませた。

解説4　　　原色の日本古代史年表

紀元前1000年頃の唐津市「菜畑遺跡」では水田稲作が行われていたという。しかし、土木・栽培・気象・暦・集団労働・農器具製造など一から十まで高度で総合的な文化に支えられる"水田稲作"が、古代の列島でおいそれと普及したとは思えない。縄文人が弥生文化を受け入れ、弥生人も人口と勢力を増さねばならなかったはずだ。だから、弥生時代も後半になって水田稲作普及が始まった。特大ジャンプにはそれ相応に長い助走が必要だった。それは古代と現代で何も変わらない。水田発祥の地で、地主階級出身の元小学校長が考えた"スズメ皆殺し作戦"なる農業大躍進運動は、バッタの大発生で大飢饉と無数の餓死者を出して終わった。毛沢東は『農業なめんなよ』という言葉を学んでいなかったのだろう。なお、縄文人から弥生人へ、縄文文化から弥生文化へ変わっていったのは、歴史的必然だったと言えよう。なぜなら、狩猟採集より農耕が、畑作よりも水田稲作が食糧確保をより持続的可能にしたからである。縄文人も弥生人も何より"飢える恐怖"から救われたかった。そして列島の多雨と温暖な気候が水田稲作に適していたから列島の人口は増え続けた。

660 辛酉	622 己亥
659 壬戌	621 庚子
658 癸亥	620 辛丑
657 甲子	619 壬寅
656 乙丑	618 癸卯
655 丙寅	617 甲辰
654 丁卯	616 乙巳
653 戊辰	615 丙午
652 己巳	614 丁未
651 庚午	613 戊申
650 辛未	612 己酉
649 壬申	611 庚戌
648 癸酉	610 辛亥
647 甲戌	609 壬子
646 乙亥	608 癸丑
645 丙子	607 甲寅
644 丁丑	606 乙卯
643 戊寅	605 丙辰
642 己卯	604 丁巳
641 庚辰	603 戊午
640 辛巳	602 己未
639 壬午	601 庚申
638 癸未	600 辛酉
637 甲申	599 壬戌
636 乙酉	598 癸亥
635 丙戌	597 甲子
634 丁亥	596 乙丑
633 戊子	595 丙寅
632 己丑	594 丁卯
631 庚寅	593 戊辰
630 辛卯	592 己巳
629 壬辰	591 庚午
628 癸巳	590 辛未
627 甲午	589 壬申
626 乙未	588 癸酉
625 丙申	587 甲戌
624 丁酉	586 乙亥
623 戊戌	585 丙子
	584 丁丑

文献がない

583	戊寅	日本史の研究では「漢書地理志」の登場前と後で"明確な違い"がある。文字で記録し記録が残されていれば古代人と現代人は「ことば」で直に繋がる。「文献史学」が活躍できる。文字がなければ、物に聞くしかない。古代日本に文字が"普及"するのは、国史を制度化した西暦４００年頃である。しかし、ヤマト王権の中枢では、３７５年に高句麗から無礼な国書が届きこれを読んだ菟道稚郎子が破り捨てたというから、もっと早く導入されていたようである。ヤマトは、３５５年の新羅討伐以来半島に侵出し「文字文化」に直接触れ始めていたからである。そのころ、早速宮中で神武以来の伝承を文字で記録し始めれば、約２００年分の口承を整理・保存すれば済む。年寄りからは、詳しい経験談も直接聴取できる。また、有力者の一族は何世代も前の血統や事績を大切にして伝え続ける。『上古の詳しい話など残るわけない。欠史8代だ。作り話だ』という主張自体が現実味を欠く。そもそも、一から十までウソの話を作り上げるのはとても至難である。話のほんの一部を変え真偽取り混ぜて人を錯誤に陥れるのが「ウソの手口」の基本である。ウソは、語れば語るほど矛盾が露呈してしまうからである。源氏物語を読んだ一条天皇が『紫式部は日本紀を読んでいるのだろう』と語ったという。古代の女流小説家も司馬遼太郎も歴史文献なしに歴史小説を空想できるものではない。なお、古代の人たちも現代人同様に「歴史」が好きだった。だから清少納言も和泉式部も日本紀を当たり前に読んでいた。
582	己卯	
581	庚辰	
580	辛巳	
579	壬午	
578	癸未	
577	甲申	
576	乙酉	
575	丙戌	
574	丁亥	
573	戊子	
572	己丑	
571	庚寅	
570	辛卯	
569	壬辰	
568	癸巳	
567	甲午	
566	乙未	
565	丙申	
564	丁酉	
563	戊戌	
562	己亥	
561	庚子	
560	辛丑	
559	壬寅	
558	癸卯	
557	甲辰	
556	乙巳	
555	丙午	
554	丁未	
553	戊申	
552	己酉	
551	庚戌	
550	辛亥	
549	壬子	
548	癸丑	
547	甲寅	
546	乙卯	
545	丙辰	

544	丁巳	ただし、平安時代の貴族の一員として貴族社会が生んだヤマト史の第一作目たる正史・日本紀を批判できなかった。鎌倉時代になり貴族社会の地位が地盤沈下するまで「日本紀」を「日本書紀」などという珍妙なニックネームで呼ぶ人などいなかった。書でも紀でもないと呼ぶのは「正史批判」に他ならない。だが、この正史はそれ以上でもそれ以下でもない。その取扱い方を心得ていれば、三国史記と同様に「本来の伝承」に戻しながら読める。中国正史と比べ日韓正史はローカルで癖が強い。それは当然な事だった。なぜなら、日韓共に文字文化を産み育てた長い歴史がなかったからだ。もっとも、本家本元で子孫たちが文字文化の継承を軽んじれば日中韓は、五十歩百歩になるだろう。
543	戊午	
542	己未	
541	庚申	
540	辛酉	
539	壬戌	
538	癸亥	
537	甲子	
536	乙丑	
535	丙寅	
534	丁卯	
533	戊辰	
532	己巳	
531	庚午	
530	辛未	
529	壬申	
528	癸酉	
527	甲戌	
526	乙亥	※ 現代日中韓の"歴史認識"レベルは？
525	丙子	[日本] 6世紀以降の年表しかない。
524	丁丑	だが、歴史の古い国だと主張。
523	戊寅	[中国] 現代史の捏造を次々と乱発中。
522	己卯	[韓国] ファンタジーを歴史だと主張。
521	庚辰	
520	辛巳	文献がない
519	壬午	
518	癸未	
517	甲申	
516	乙酉	
515	丙戌	
514	丁亥	
513	戊子	
512	己丑	
511	庚寅	
510	辛卯	
509	壬辰	
508	癸巳	
507	甲午	
506	乙未	

505 丙申	466 乙亥
504 丁酉	465 丙子
503 戊戌	464 丁丑
502 己亥	463 戊寅
501 庚子	462 己卯
500 辛丑	461 庚辰
499 壬寅	460 辛巳
498 癸卯	459 壬午
497 甲辰	458 癸未
496 乙巳	457 甲申
495 丙午	456 乙酉
494 丁未	455 丙戌
493 戊申	454 丁亥
492 己酉　文献がない	453 戊子
491 庚戌	452 己丑
490 辛亥	451 庚寅
489 壬子	450 辛卯
488 癸丑	449 壬辰
487 甲寅	448 癸巳
486 乙卯	447 甲午
485 丙辰	446 乙未
484 丁巳	445 丙申
483 戊午	444 丁酉
482 己未	443 戊戌
481 庚申	442 己亥
480 辛酉	441 庚子
479 壬戌	440 辛丑
478 癸亥	439 壬寅
477 甲子	438 癸卯
476 乙丑	437 甲辰
475 丙寅	436 乙巳
474 丁卯	435 丙午
473 戊辰	434 丁未
472 己巳	433 戊申
471 庚午	432 己酉
470 辛未	431 庚戌
469 壬申	430 辛亥
468 癸酉	429 壬子
467 甲戌	428 癸丑

427 甲寅		388 癸巳	
426 乙卯		387 甲午	
425 丙辰		386 乙未	
424 丁巳		385 丙申	
423 戊午		384 丁酉	
422 己未		383 戊戌	
421 庚申		382 己亥	
420 辛酉		381 庚子	
419 壬戌		380 辛丑	
418 癸亥		379 壬寅	
417 甲子		378 癸卯	
416 乙丑		377 甲辰	
415 丙寅		376 乙巳	
414 丁卯	文献がない	375 丙午	
413 戊辰		374 丁未	
412 己巳		373 戊申	
411 庚午		372 己酉	
410 辛未		371 庚戌	
409 壬申		370 辛亥	
408 癸酉		369 壬子	
407 甲戌		368 癸丑	
406 乙亥		367 甲寅	
405 丙子		366 乙卯	
404 丁丑		365 丙辰	
403 戊寅		364 丁巳	
402 己卯		363 戊午	
401 庚辰		362 己未	
400 辛巳		361 庚申	
399 壬午		360 辛酉	
398 癸未		359 壬戌	
397 甲申		358 癸亥	
396 乙酉		357 甲子	
395 丙戌		356 乙丑	
394 丁亥		355 丙寅	
393 戊子		354 丁卯	
392 己丑		353 戊辰	
391 庚寅		352 己巳	
390 辛卯		351 庚午	
389 壬辰		350 辛未	

349 壬申		310 辛亥
348 癸酉		309 壬子
347 甲戌		308 癸丑
346 乙亥		307 甲寅
345 丙子		306 乙卯
344 丁丑		305 丙辰
343 戊寅		304 丁巳
342 己卯		303 戊午
341 庚辰		302 己未
340 辛巳		301 庚申
339 壬午		300 辛酉
338 癸未		299 壬戌
337 甲申		298 癸亥
336 乙酉	文献がない	297 甲子
335 丙戌		296 乙丑
334 丁亥		295 丙寅
333 戊子		294 丁卯
332 己丑		293 戊辰
331 庚寅		292 己巳
330 辛卯		291 庚午
329 壬辰		290 辛未
328 癸巳		289 壬申
327 甲午		288 癸酉
326 乙未		287 甲戌
325 丙申		286 乙亥
324 丁酉		285 丙子
323 戊戌		284 丁丑
322 己亥		283 戊寅
321 庚子		282 己卯
320 辛丑		281 庚辰
319 壬寅		280 辛巳
318 癸卯		279 壬午
317 甲辰		278 癸未
316 乙巳		277 甲申
315 丙午		276 乙酉
314 丁未		275 丙戌
313 戊申		274 丁亥
312 己酉		273 戊子
311 庚戌		272 己丑

271 庚寅		232 己巳
270 辛卯		231 庚午
269 壬辰		230 辛未
268 癸巳		229 壬申
267 甲午		228 癸酉
266 乙未		227 甲戌
265 丙申		226 乙亥
264 丁酉		225 丙子
263 戊戌		224 丁丑
262 己亥		223 戊寅
261 庚子		222 己卯
260 辛丑		221 庚辰
259 壬寅		220 辛巳
258 癸卯	文献がない	219 壬午
257 甲辰		218 癸未
256 乙巳		217 甲申
255 丙午		216 乙酉
254 丁巳		215 丙戌
253 戊申		214 丁亥
252 己酉		213 戊子
251 庚戌		212 己丑
250 辛亥		211 庚寅
249 壬子		210 辛卯
248 癸丑		209 壬辰
247 甲寅		208 癸巳
246 乙卯		207 甲午
245 丙辰		206 乙未
244 丁巳		205 丙申
243 戊午		204 丁酉
242 己未		203 戊戌　　　〜中国「正史」に日本が登場！〜
241 庚申		202 己亥　【前漢】紀元前202年〜紀元8年
240 辛酉		201 庚子　　「前漢書」は後漢の章帝(77〜85年)の
239 壬戌		200 辛丑　　時代に班固が編さんした中国正史である。
238 癸亥		199 壬寅　　その「地理志」中の「燕地の条」に
237 甲子		198 癸卯　　『楽浪の海中倭人あり、分れて百余国
236 乙丑		197 甲辰　　となる。歳時を以て来り献見すという』
235 丙寅		196 乙巳　　と記された。紀元前1、2世紀頃の日本
234 丁卯		195 丙午　　の記録らしい。縄文時代から大陸と交易
233 戊辰		194 丁未　　していた倭人が列島の様子を語った？

193 戊申	154 丁亥
192 己酉	153 戊子
191 庚戌	152 己丑
190 辛亥	151 庚寅
189 壬子	150 辛卯
188 癸丑	149 壬辰
187 甲寅	148 癸巳
186 乙卯	147 甲午
185 丙辰	146 乙未
184 丁巳	145 丙申
183 戊午	144 丁酉
182 己未	143 戊戌
181 庚申	142 己亥
180 辛酉	141 庚子
179 壬戌	140 辛丑
178 癸亥	139 壬寅
177 甲子	138 癸卯
176 乙丑	137 甲辰
175 丙寅	136 乙巳
174 丁卯	135 丙午
173 戊辰	134 丁未
172 己巳	133 戊申
171 庚午	132 己酉
170 辛未	131 庚戌
169 壬申	130 辛亥
168 癸酉	129 壬子
167 甲戌	128 癸丑
166 乙亥	127 甲寅
165 丙子	126 乙卯
164 丁丑	125 丙辰
163 戊寅	124 丁巳
162 己卯	123 戊午
161 庚辰	122 己未
160 辛巳	121 庚申
159 壬午	120 辛酉
158 癸未	119 壬戌
157 甲申	118 癸亥
156 乙酉	117 甲子
155 丙戌	116 乙丑

115 丙寅	76 乙巳	
114 丁卯	75 丙午	
113 戊辰	74 丁未	
112 己巳	73 戊申	
111 庚午	72 己酉	
110 辛未	71 庚戌	
109 壬申	70 辛亥	
108 癸酉	69 壬子	
107 甲戌	68 癸丑	
106 乙亥	67 甲寅	
105 丙子	66 乙卯	
104 丁丑	65 丙辰	
103 戊寅	64 丁巳	
102 己卯	63 戊午	列島縄文人は、日本近海をはるかに越
101 庚辰	62 己未	えて交易をしていたが、その裏側では
100 辛巳	61 庚申	海賊行為もやっていたという黒い噂は
99 壬午	60 辛酉	出なかった。ところが、極少数の半島
98 癸未	59 壬戌	弥生人が列島に移住し"水田"稲作が
97 甲申	58 癸亥	普及すると"富と人口"のビックバン
96 乙酉	57 甲子	で、弱肉強食の超格差社会が生まれた。
95 丙戌	56 乙丑	そして北九州から各地へと広がった。
94 丁亥	55 丙寅	
93 戊子	54 丁卯	
92 己丑	53 戊辰	
91 庚寅	52 己巳	～韓国正史にも日本が登場～
90 辛卯	51 庚午	・印は、三国史記や好太王碑文の記録。
89 壬辰	**50 辛未**	・倭人が兵を率いて新羅辺境を侵そうとした
88 癸巳	49 壬申	
87 甲午	48 癸酉	弥生時代中期～後期及び古墳時代に、
86 乙未	47 甲戌	北九州地方で発生した"倭国大乱"を
85 丙申	46 乙亥	瀬戸内～近畿、山陰～北陸に出現した
84 丁酉	45 丙子	"高地性集落"に重ねると北九州の海
83 戊戌	44 丁丑	人達が本州～四国の海岸を食糧調達の
82 己亥	43 戊寅	ため荒らしたとなる。なお、半島も海
81 庚子	42 己卯	の向こうにある。東は高台に避難場所
80 辛丑	41 庚辰	を築き"強い海人"を傭兵に迎えた。
79 壬寅	40 辛巳	だから、吉備にイワレ、奈良にニギハ
78 癸卯	39 壬午	ヤヒ、新羅に倭人瓠公や脱解が登場
77 甲辰	38 癸未	した。彼らは船で海を越えた海人だ。

37 甲申		
36 乙酉		
35 丙戌		
34 丁亥		
33 戊子		
32 己丑		
31 庚寅		
30 辛卯		
29 壬辰		
28 癸巳		
27 甲午		
26 乙未		
25 丙申		
24 丁		
23 戊戌		
22 己亥		
21 庚子		
20 辛丑		・新羅は、馬韓王のもとへ使者を派遣した
19 壬寅		馬韓の東で中国難民が辰韓人と雑居
18 癸卯		し、その数が多くなり栄えた。馬韓王
17 甲辰		はこれを危険視して辰韓を問責した。
16 乙巳		（このときの大使が倭人の重臣瓠公）
15 丙午		
14 丁未		中国難民は、半島南端で縄文人とも出
13 戊申		合う。そして水田稲作と養蚕の弥生文
12 己酉		化が列島に伝播した。（神話のモデル）
11 庚戌		
10 辛亥		
9 壬子		
8 癸丑		
7 甲寅		
6 乙卯		
5 丙辰		
4 丁巳		
3 戊午		
2 己未		
1 庚申	B.C （紀元前1年）	

| 1 辛酉 | A.D （紀元1年） | |

2 壬戌		
3 癸亥		
4 甲子		
5 乙丑		
6 丙寅		
7 丁卯		
8 戊辰	【新】8～23年	
9 己巳		
10 庚午		
11 辛未		
12 壬申		
13 癸酉		
14 甲戌	・倭人が兵船百余艘で新羅の海岸地方を略奪	
15 乙亥		
16 丙子		
17 丁丑		
18 戊寅		
19 己卯		
20 庚辰		
21 辛巳		
22 壬午		
23 癸未		
24 甲申	～「後漢書」の日本記録に作為あり！～	
25 乙酉	【後漢】25～220年	
26 丙戌	滅亡から200年も後に編さんされた	
27 丁亥	「後漢書」が「正史」に選ばれた？	
28 戊子	『桓・霊の間(147～188年)、"倭国"	
29 己丑	は大いに乱れ互いに攻伐し合ったが、	
30 庚寅	卑弥呼を女王に共立した。女王国から	
31 辛卯	東へ海を渡り千余里で拘奴国に至る。	
32 壬辰	女王に属さない。女王国から南四千里で	
33 癸巳	侏儒(こびと)国に至る』等と記録した。	
34 甲午	なお、魏志倭人伝が『238年(後漢の	
35 乙未	滅亡から18年後)に卑弥呼が魏の皇帝	
36 丙申	に朝見した』と記したから、まるで後	
37 丁酉	漢書を魏志が引継ぐ形になる。しかし、	
38 戊戌	後漢と邪馬台国の国交など存在しない。	
39 己亥	邪馬台国の記事を魏志からバクリ他書	
40 庚子	の持ちネタの"元祖"は自分だという。	

41 辛丑		80 庚辰	
42 壬寅		81 辛巳	
43 癸卯		82 壬午	
44 甲辰		83 癸未	
45 乙巳		84 甲申	
46 丙午		85 乙酉	
47 丁未		86 丙戌	
48 戊申		87 丁亥	
49 己酉		88 戊子	
50 庚戌		89 己丑	
51 辛亥		90 庚寅	
52 壬		91 辛卯	
53 癸丑		92 壬辰	
54 甲寅		93 癸巳	
55 乙卯		94 甲午	
56 丙辰		95 乙未	
57 丁巳	倭の奴国が後漢に朝賀し金印を賜る	96 丙申	
58 戊午	この金印は存在が確認された。	97 丁酉	
59 己未	・新羅は倭国と「国交」を結び、使者を	98 戊戌	
60 庚申	相互に交換（この時の新羅王が脱解）	99 己亥	
61 辛酉		100 庚子	
62 壬戌		101 辛丑	
63 癸亥		102 壬寅	
64 甲子		103 癸卯	
65 乙丑		104 甲辰	
66 丙寅		105 乙巳	
67 丁卯		106 丙午	
68 戊辰		107 丁未	倭国王？帥升らが生口を献上した
69 己巳		108 戊申	当時の列島に、倭国と呼べる国が存在
70 庚午	西暦７０年頃？ニニギが半島南端から	109 己酉	したように記した。後漢書の編さん者
71 辛未	九州へ移住（父方天神系、母方倭人系）	110 庚戌	はこの記録に続け、邪馬台国と卑弥呼
72 壬申		111 辛亥	や狗奴国さらに徐福まで論じた。だが、
73 癸酉	・倭人が木出島に侵入した	112 壬子	それらの多くは他書の内容の引用で、
74 甲戌		113 癸丑	後漢の外交記録ではない。しかも、魏
75 乙亥		114 甲寅	志倭人伝の邪馬壹国を邪馬臺国と誤写
76 丙子		115 乙卯	した。後世、日本人は"国定教科書で
77 丁丑		116 丙辰	邪馬台国と教わる"羽目になり、この
78 戊寅		117 丁巳	ことも現代日本史になった。古代の人
79 己卯		118 戊午	が聞けば「呆れた話」である。

119 己未		
120 庚申		
121 辛酉	・倭人が新羅の東部辺境に侵入した	
122 壬戌		
123 癸亥	・新羅は「倭国」と講和した	
124 甲子	（このころ倭国と呼べる国があった？）	
125 乙丑	新羅本紀は、倭国が列島のどこにあり	
126 丙寅	どんな国か全く説明しない。	
127 丁卯		
128 戊辰		
129 己巳	※ 日本書紀を在位5倍説で紀年復元す	
130 庚午	ると、西暦１８２年のヤマト建国が	
131 辛未	見えてくる。年齢2倍説から神武天	
132 壬申	皇の生誕年のおよそも見えてくる。	
133 癸酉		
134 甲戌	神武天皇生誕 （年齢復元の誤差は1年）	
135 乙亥	一書にいう。狭野（サヌ）というのは年若く	
136 丙子	いられた時の名である。[巻第二]	
137 丁丑		
138 戊寅	**8世紀編さんの日本書紀が、2世紀**	
139 己卯	**の古代日本と21世紀の現代日本を**	
140 庚辰	**直線上で繋ぐ。この正史がなければ**	
141 辛巳	**日本国の始まりと今は、繋がらない。**	
142 壬午	～日本書紀の真価～	
143 癸未	狭野１０歳	
144 甲申		
145 乙酉		
146 丙戌		
147 丁亥		
148 戊子		
149 己丑		
150 庚寅		
151 辛卯		
152 壬辰		
153 癸巳	狭野２０歳	
154 甲午		
155 乙未		
156 丙申		
157 丁酉		

158 戊戌		
159 己亥		
160 庚子		
161 辛丑		
162 壬寅	綏靖天皇生誕 ※ 次男は岐須（キス）[古事記]	
163 癸卯	狭野３０歳	
164 甲辰	※ サノとキス父子の年齢差は２８歳。	
165 乙巳		
166 丙午		
167 丁未		
168 戊申		
169 己酉		
170 庚戌		
171 辛亥	岐須１０歳	
172 壬子		
173 癸丑	狭野４０歳	・卑弥乎の使者が新羅訪問
174 甲寅		
175 乙卯	10/5 東征の旅へ船出（父42、次男14）	
176 丙辰	※ 長子手研（タギシ）の年齢はなぜか不詳？	
177 丁巳		
178 戊午		
179 己未	2/11 東征軍出陣～12/4 奈良北部も帰順	
180 庚申	奈良平定を宣言し「宮殿造営」に着手	
181 辛酉	9/24 正妃選定（奈良最大の実力者の娘）	
182 壬戌	神武1年　ヤマト建国（小さな国ヤマト）	
183 癸亥		
184 甲子	平定後、東征軍将兵が土着て妻帯すれ	
185 乙丑	ば「戦後ベビーブーム」が起き、横一線	
186 丙寅	に並び成長する団塊の世代が登場する。	
187 丁卯	だから、年齢の近い戦後世代の王たちが	
188 戊辰	競って即位した。	
189 己巳	内州（うちつくに）（小さな国ヤマト）を巡幸した。	
190 庚午		
191 辛未	岐須３０歳	
192 壬申		
193 癸酉	父王６０歳、手研を太子に立てた。	
194 甲戌	老いた父王は、手研を世継ぎと定めて	
195 乙亥	「世子」として朝政を経験させた。	
196 丙子	神武15年 3/11 崩御。 11/ 手研暗殺	

197 丁丑	綏靖1年	1/8即位 9/12陵に父王埋葬	**237** 丁巳	孝安1年	
198 戊寅		2代目の王も外来者であり、しかも	238 戊午	朝献した卑弥呼を倭王となし金印を授与	
199 己卯		実兄弟で血を流した。8世紀ヤマト	239 己未	(詔書・金印・賜物を使者に託した)	
200 庚辰		王権の人々にとっては歓迎されない	240 庚申	太守弓遵は梯儁を難升米らに同行させた	
201 辛巳		記録だった。	241 辛酉	(女王に詔書、金印等を授けさせた)	
202 壬午			242 壬戌		
203 癸未	綏靖7年 崩御(162〜203年・42歳)		243 癸亥	倭王は、再び遣使・朝献した	
204 甲申	安寧1年		244 甲子		
205 乙酉		第3代からヤマト出身の王が立ち、	245 乙丑	郡を介し難升米に黄幢(旗)を授けた	
206 丙戌		第6代まで団塊世代の王が続いた。	246 丙寅		
207 丁亥		③安寧−④懿徳−⑤孝昭−⑥孝安	247 丁卯	卑弥呼が「狗奴国との交戦」を郡へ報告	
208 戊子		次世代の王たちは、母から在来の血	248 戊辰	(張政派遣〜卑弥呼死亡〜男王〜壹与共立	
209 己丑		を受け継ぎ祖父は地元有力者である。	249 己巳		
210 庚寅		イワレ・タギシ・キス時代は去った。	250 庚午	※ 魏志倭人伝は、張政の倭国(北九州)	
211 辛卯		安寧8年 崩御(184〜211年・28歳)	251 辛未	現地報告を引用後、238〜247年の日中	
212 壬辰	懿徳1年		252 壬申	国交10年史を末尾に箇条書きにした。	
213 癸巳		復元年齢から、3代〜6代の間に親子	253 癸酉	〜ヤマトの記録にない10年〜	
214 甲午		関係は認められない。古事記が記し	254 甲戌		
215 乙未		た懿徳天皇の次子多芸志比古の名は	255 乙亥		
216 丙申		日本書紀から消えた。4代目になり	**256** 丙子	孝安20年崩御 (189〜256年・68歳)	
217 丁酉		手研系が復活し、争いが再燃した。	**257** 丁丑	孝霊1年	
218 戊戌	懿徳7年 崩御(181〜218年・38歳)		258 戊寅	※ 三国志は、魏の滅亡から約30年後	
219 己亥	空位 懿徳天皇の後継者争いによる？		259 己卯	に完成した。また魏の歴史は45年に	
220 庚子	孝昭1年	【魏】220〜265年	260 庚辰	過ぎない。だから、この中国正史の内	
221 辛丑		外来イワレ父子3人は、各自ヤマトで	261 辛巳	容はより正確でより詳しい。	
222 壬寅		妻帯し御三家が生まれ王位を争う。	262 壬午	※ 編さん者の陳寿は297年に死亡し、	
223 癸卯			263 癸未	娘が代わって後を仕上げたともいう。	
224 甲辰			264 甲申	すると巻末の韓伝、倭人伝の編者か？	
226 丙午			265 乙酉	【西晋】265〜316年 (洛陽〜長安)	
227 丁未			**266** 丙戌	"倭人"が建国した晋に入貢した	
228 戊申			267 丁亥	〜この後、日中国交は途絶した〜	
229 己酉			268 戊子	※ 西晋の建国に合わせ入貢した事情通	
230 庚戌			269 己丑	は32歳になった壹与の使者であろう。	
231 辛亥			270 庚寅	だが、魏と違い西晋は冷淡に扱った？	
232 壬子	・倭人金城包囲後、騎兵が追撃千人捕殺		271 辛卯	孝霊15年崩御 (208〜271年・64歳)	
233 癸丑		金城を攻めきれず帰路を追撃された	**272** 壬辰	孝元1年	
234 甲寅		のは、邪馬台国軍だったのか？	273 癸巳		
235 乙卯			274 甲午		
236 丙辰	孝昭17年 崩御 (181〜236年・56歳)		275 乙未		

276 丙申	
277 丁酉	
278 戊戌	
279 己亥	
280 庚子	
281 辛丑	
282 壬寅	孝元 11 年崩御 (225〜282 年・58 歳)
283 癸卯	開化 1 年
284 甲辰	
285 乙巳	
286 丙午	
287 丁未	・倭人が一礼部を襲い千人を連れ去った
288 戊申	
289 己酉	
290 庚戌	
291 辛亥	
292 壬子	・倭兵が沙道城を攻めたが防いだ
293 癸丑	
294 甲寅	開化 12 年崩御 (240〜294 年・55 歳)
295 乙卯	崇神 1 年
296 丙辰	遠国教化の詔、四道将軍に平定の詔
297 丁巳	〜大きな国ヤマトの時代〜
298 戊午	※ 大きな国に成長したヤマトは列島
299 己未	平定という大業に着手した。
300 庚申	・新羅は倭国と「国交」を結んだ
301 辛酉	※ ヤマト王権側に国交記録がない？
302 壬戌	仲哀紀で新羅を未知の国に描いた
303 癸亥	からそれ以前の新羅との外交記録
304 甲子	を全て消した。ただし、垂仁紀の
305 乙丑	新羅の花嫁事件は、百済に変えて
306 丙寅	太悪天皇紀に場所を移し保存した。
307 丁卯	任那が朝貢した（国交記録）
308 戊辰	崇神 14 年崩御 (249〜308 年・60 歳)
309 己巳	垂仁 1 年
310 庚午	
311 辛未	
312 壬申	・新羅は求めに応じ倭国へ花嫁を送った
313 癸酉	※ 垂仁紀に花嫁記録はない。似た話
314 甲戌	が雄略紀にある。（花嫁事件）

315 乙亥	
316 丙子	
317 丁丑	【東晋】317〜420 年
318 戊寅	※ 晋が都を建康(南京)に移してから、
319 己卯	中国南朝の宋・斉・梁・陳が続いた。
320 庚辰	
321 辛巳	
322 壬午	
323 癸未	
324 甲申	
325 乙酉	
326 丙戌	
327 丁亥	
328 戊子	垂仁 20 年崩御 (259〜328 年・70 歳)
329 己丑	景行 1 年
330 庚寅	
331 辛卯	8/15「九州親征軍」がヤマトを出発
332 壬辰	9/20 大王はヤマトに帰還（1 年 1 ヶ月）
333 癸巳	
334 甲午	
335 乙未	
336 丙申	
337 丁酉	小碓皇子が東方遠征中に病死（30 歳）
338 戊戌	立太子（後の成務天皇）
339 己亥	年始の大宴会で太子と武内宿祢が警戒？
340 庚子	景行 12 年崩御 (288〜340 年・53 歳)
341 辛丑	成務 1 年
342 壬寅	
343 癸卯	
344 甲辰	・新羅は倭国の再度の求婚を拒否した
345 乙巳	・倭国が新羅に「国交断絶」を通告してきた
346 丙午	・倭兵が金城を包囲したが耐えて撃退した
347 丁未	〜成務天皇は半島戦で敗北した〜
348 戊申	
349 己酉	
350 庚戌	・新羅は歴史的大洪水で甚大な損害を負った
351 辛亥	
352 壬子	成務 12 年崩御 (300〜352 年・53 歳)
353 癸丑	空位 （新羅平定戦敗北の責任追及？）

~ 223 ~

354	甲寅	仲哀1年 （330～355年・26歳）
355	乙卯	仲哀2年 暗殺 北九州、新羅を平定
356	丙辰	神功1年 仲哀派を一掃し王権を掌握
357	丁巳	※ 神功紀に邪馬台国平定の文言なく
358	戊午	新羅本紀に白旗降伏の記録はない
359	己未	が、国交→断絶→戦争→巨大水害
360	庚申	→天皇暗殺→北九州平定→新羅征
361	辛酉	伐→王殺害→訖解王薨去の日韓双
362	壬戌	方の記録が順序良く並ぶ。
363	癸亥	
364	甲子	・新羅領を直進する倭兵を奇襲して勝利
365	乙丑	新羅を破り安羅・加羅等7か国平定。
366	丙寅	※ 日韓双方が不都合な記録は消して
367	丁卯	それ以外の記録を正史に残した。
368	戊辰	同じ立場から同じ行動をとった。
369	己巳	神功14年崩御 （320～369年・50歳）
370	庚午	応神1年
371	辛未	
372	壬申	
373	癸酉	新羅に出兵し恭順させた(弓月君事件)
374	甲戌	※ 新羅本紀に恭順の文言はない。
375	乙亥	高句麗王から無礼な国書が届く。
376	丙子	
377	丁丑	応神8年崩御 （323～377年・55歳）
378	戊寅	空位 2年もの後継者争いは、はじめ
379	己卯	空位 太子が優勢だったが逆転した。
380	庚辰	仁徳1年
381	辛巳	※ 8世紀ヤマト王権の人々にとって
382	壬午	仁徳天皇は上古の天皇と自分たち
383	癸未	を繋ぐ重要な「パイプ役」だから
384	甲申	"傍系"系図に不満で手を入れた。
385	乙酉	本人は、応神天皇の従兄⇒皇子
386	丙戌	妻は、葛城襲津彦の妹⇒娘
387	丁亥	孫の大山守は、異母兄弟になった。
388	戊子	親子関係を消した五百木入彦には
389	己丑	別格の称号を追贈し深く謝罪した。
390	庚寅	朝貢拒否の新羅に討伐軍を出発させた
391	辛卯	・この年から三韓に進駐を開始 （碑文）
392	壬辰	※ 三国史記に「臣従」の文言はない。
393	癸巳	・金城包囲後退却する倭軍を挟撃大敗させた
394	甲午	※ 新羅本紀は「大小の勝敗」を記したが
395	乙未	"歴史的敗北"は記録に残さなかった。
396	丙申	仁徳17年崩御 （314～396年・83歳）
397	丁酉	履中1年 ・百済は太子を倭へ人質に送った
398	戊戌	
399	己亥	・倭に占領され新羅は好太王に救援を願った
400	庚子	・高句麗軍が倭軍を追った 国史を設置。
401	辛丑	
402	壬寅	履中6年崩御 ・新羅は倭へ人質を送った
403	癸卯	反正1年 ～半島の倭軍勢力絶頂期～
404	甲辰	・帯方界に侵入した倭を撃破し無数に斬殺
405	乙巳	・新羅が倭に大勝 ・太子腆支が帰国し即位
406	丙午	～半島情勢は逆回転し始めた～
407	丁未	反正5年崩御
408	戊申	空位 （高句麗に敗北した責任を追及？）
409	己酉	允恭1年
410	庚戌	※ ヤマト王権が半島で押し返され始め、
411	辛亥	大王即位は外患内憂の重圧を一身に負
412	壬子	う苦役になった。
413	癸丑	倭国が東晋に入貢 （266年以来の入貢！）
414	甲寅	※ 東晋は突然の入貢にすげなく接した。
415	乙卯	・新羅は風島で倭人と戦い勝利した
416	丙辰	～ヤマトは中国皇帝にすり寄ったが、
417	丁巳	東晋は"終末期"を迎えていた～
418	戊午	・人質の未斯欣が、倭から逃げ帰った
419	己未	
420	庚申	【宋】420～479年
421	辛酉	"倭"の讃が建国した宋に入貢した
422	壬戌	※ 宋建国を祝う倭国王讃の使者だが、
423	癸亥	東晋皇帝の"倭国王親任"手続きが
424	甲子	未済のため倭王扱いされなかった？
425	乙丑	"倭王"讃が入貢した （倭国王の待遇）
426	丙寅	※ 前回の入貢時に"倭国王"親任が決定
427	丁卯	していた。だから、今回の入貢から
428	戊辰	倭王讃の使者として受け入れられた。
429	己巳	
430	庚午	"
431	辛未	

432 壬申		
433 癸酉		
434 甲戌	年代不詳 讃の死後、弟珍が入貢した	
435 乙亥	※ 義理堅い允恭天皇は亡き兄王2人	
436 丙子	に成り代わり国王名讃〜珍と称し	
437 丁丑	国際栄誉称号「倭王」を取得した。	
438 戊寅	兄2人への追贈かなってから済	
439 己卯	名を名乗った。(義理を"済"ませた)	
440 庚辰	・倭人が南部と東部の辺境を侵掠した	
441 辛巳		
442 壬午		
443 癸未	済が入貢した (弟王自身の外交名)	
444 甲申	・金城包囲後退却する倭兵を追い大敗	
445 乙酉	※ 允恭天皇も父や兄たち同様に半島	
446 丙戌	出兵を続けた。	
447 丁亥		
448 戊子	※ 長期政権の允恭外交は、開始以来	
449 己丑	讃珍済の外交名を順次使用した。	
450 庚寅	允恭42年崩御 (允恭最後の遣使出発)	
451 辛卯	安康1年 済に六国諸軍事を加えた	
452 壬辰	年代不詳 済の死後世子興が入貢した	
453 癸巳	安康3年天皇暗殺	
454 甲午	雄略1年	
455 乙未	※ 允恭天皇が崩御するや穴穂皇子が	
456 丙申	太子を打倒し王権を奪取。直ちに、	
457 丁酉	世子を称し宋へ遣使した。兄王を暗	
458 戊戌	殺された皇子は大量処刑で応じた。	
459 己亥	・倭人が兵船百艘余りで東海岸を襲撃	
460 庚子	※ 雄略天皇も半島出兵を続けた。	
461 辛丑	2月呉国へ使者を派遣 (翌年到着)	
462 壬寅	宋は世子・興に叙授 ・活開城が落城	
463 癸卯	※ 弟王は亡兄王の名で叙授を求めた。	
464 甲辰	宋は、興を安東将軍倭国王とした。	
465 乙巳	4月呉国へ使者を派遣 (到着は翌年)	
466 丙午	年代不詳 弟・武が立ち官職を自称した	
467 丁未	1月呉国使者と伎らを伴い 使者帰国。	
468 戊申	※ 武は、安東大将軍・倭国王を自称	
469 己酉	する"暴挙"に出た。中国皇帝の	
470 庚戌	威光に怯まぬ「外交姿勢」だった。	

471 辛亥	雄略天皇は、超大国に栄誉称号を求	
472 壬子	める外交から「高度な技術の獲得」	
473 癸丑	や「高官級レベルの交流」を促進す	
474 甲寅	る"積極・対等"外交に舵を切った。	
475 乙卯	遣隋使・遣唐使時代の先駆けだった。	
476 丙辰	雄略23年崩御	
477 丁巳	清寧1年 ※ 亡父王に追贈するため遣使。	
478 戊午	倭王武が宋に遣使上表した。よって叙授	
479 己未	【斉】479〜502年 斉は改めて武に叙授	
480 庚申	※ 使者は帰国せず王朝交代に立合った。	
481 辛酉	清寧5年崩御	
482 壬戌	飯豊1年	
483 癸亥	※ 8世紀に公式な形で在位は否定され、	
484 甲子	記録のかけらが「清寧紀」に残された。	
485 乙丑	だが飯豊5年なしで年表は繋がらない。	
486 丙寅	飯豊5年崩御	
487 丁卯	顕宗1年	
488 戊辰	※ 飯豊天皇の太子が"当然"即位した。	
489 己巳	異母兄を高位に迎え共存共栄を約した。	
490 庚午	仁賢1年 (弟王より親子ほども年長)	
491 辛未		
492 壬申	※ 中国南朝外交部は、ヤマトの国王が	
493 癸酉	1人で外交名を3つ使い分けたり3人	
494 甲戌	が同じ外交名を使い続けるとは考えも	
495 乙亥	しなかっただろう。だが、ヤマトは列島	
496 丙子	の慣習で家の名(姓)も国全体の国名も	
497 丁丑	なかった。場所や地形を冠するだけで	
498 戊寅	家・邑・国などを特定していた。	
499 己卯		
500 庚辰	仁賢11年崩御	
501 辛巳	武烈1年 ※ 祖父王の名を襲名し遣使。	
502 壬午	【梁】502〜557年 武を進めて叙授した	
503 癸未	※ 半島で押し返された古代の日本は、	
504 甲申	中国皇帝の威光を借りる戦略にでた。	
505 乙酉	その肩書が征東将軍まで進んだとき	
506 丙戌	その無意味を悟った。	
507 丁亥		
508 戊子	武烈8年 57歳崩御 (継体天皇と同年齢)	
509 己丑	継体1年 58歳即位	

510 庚寅	549 己巳
511 辛卯 ※　仁賢天皇の皇女手白香皇后が欽明	550 庚午
512 壬辰　　天皇を産んだとされる。しかし、仁	551 辛未
513 癸巳　　賢系図には武烈天皇の実姉と記され	552 壬申
514 甲午　　継体・武烈が同い年なら夫より年上	553 癸酉
515 乙未　　になる。すると６０歳前後で出産？	554 甲戌
516 丙申　　８世紀の直系子孫たちは武烈天皇を	555 乙亥
517 丁酉　　パスして仁賢ー手白香ー欽明系図に	556 丙子
518 戊戌　　修整した。武烈ー手白香ー欽明系図	557 丁丑
519 己亥　　だけは嫌だった。その一方で、武烈	558 戊寅
520 庚子　　天皇を聖人君子に描いたり正史から	559 己卯
521 辛丑　　消すことをしなかった。日本書紀の	560 庚辰
522 壬寅　　上古天皇を"創作"と単純に決める	561 辛巳
523 癸卯　　のは"手抜き捜査"の典型である。	562 壬午
524 甲辰　　８世紀の人々の過ちはそれ以上でも	563 癸未
525 乙巳　　それ以下でもない。人の過ちを見つ	564 甲申
526 丙午　　けその人を"全否定"するのは、	565 乙酉
527 丁未　　過ちである。勧善懲悪の痛快時代劇	566 丙戌
528 戊申　　を見て無邪気に手を叩き喝采を挙げ	567 丁亥
529 己酉　　のは良いが、日本国正史を精査もせ	568 戊子
530 庚戌　　ず頭からダメと決めつけるのはダメ	569 己丑
531 辛亥　　である。元明天皇・元正天皇・舎人	570 庚寅
532 壬子　　親王・太安万侶を正当評価してない。	571 辛卯　欽明３２年崩御
533 癸丑 継体25年82歳「譲位」	572 壬辰 敏達1年
534 甲寅 安閑1年	573 癸巳
535 乙卯 安閑2年崩御	574 甲午
536 丙辰 宣化1年 ← 父王は８５歳で崩御。	575 乙未
537 丁巳 (譲位の３年後は、計算上の継体28年)	576 丙申
538 戊午	577 丁酉
539 己未 宣化4年崩御	578 戊戌
540 庚申 欽明1年	579 己亥
541 辛酉	580 庚子
542 壬戌	581 辛丑
543 癸亥	582 壬寅
544 甲子	583 癸卯
545 乙丑	584 甲辰
546 丙寅	585 乙巳 敏達14年崩御
547 丁卯	586 丙午 用明1年
548 戊辰	587 丁未 用明2年崩御　［古事記の３年を修正］

588 戊申 崇峻1年
589 己酉 【隋】589〜618年
590 庚戌
591 辛亥
592 壬子 崇峻5年暗殺（古事記の4年を修正）
593 癸丑 推古1年
594 甲寅
595 乙卯
596 丙辰
597 丁巳
598 戊午
599 己未 推古7年 遣隋使がヤマトを出発
600 庚申 推古8年 長安に到着・朝見・滞在
601 辛酉 推古9年 ←遣隋使がヤマトに帰朝
　異次元世界の見聞がヤマト王権を覚醒させた。岩倉使節団の1年半に及ぶ「米欧視察」後に急激な近代化が始まったのと同じ現象が古代の日本でも起きた。記紀編さん当時『**推古9年は辛酉革命の年だった**』と言われれば多くの賛同を得たろう。ならば「前回の辛酉革命の年」は、神武天皇がヤマトを建国した「神武元年」でなんの反対もなかった？
628 戊子 推古36年 崩御

〜1260年の時が流れた〜

1860 庚申 推古9年から1260年目。
1861 辛酉 万延2年 **辛酉革命の年？**
　近代化した西洋列強が次々に日本へ押し寄せ太平の夢は破られた。
1867 丁卯 大政奉還
1868 戊辰 明治1年 戊辰戦争(内戦は翌年終結)
1873 乙亥 明治6年 岩倉使節団が米欧視察ら帰朝し劇的な近代化が始まった。

大王の生年比較 〜親子の可能性の有無〜

#	名	生年〜没年	(享年)	備考
1	神武	134〜196	(63)	↑
2	綏靖	162〜203	(42)	｜
3	安寧	184〜211	(28)	｜
4	懿徳	181〜218	(38)	崩 先帝より年上
5	孝昭	181〜236	(56)	御 先帝と同い年
6	孝安	189〜256	(68)	年 先帝と8歳差
7	孝霊	208〜271	(64)	齢
8	孝元	225〜282	(58)	2
9	開化	240〜294	(55)	倍 先帝と15歳差
10	崇神	249〜308	(60)	説 先帝と9歳差
11	垂仁	259〜328	(70)	で 先帝と10歳差
12	景行	288〜340	(53)	復
13	成務	300〜352	(53)	元 先帝と12歳差
14	仲哀	330〜355	(26)	｜ 暗殺
15	神功	320〜369	(50)	｜ 夫より10歳上
16	応神	323〜377	(55)	↓ 母と3歳差
17	仁徳	不詳〜396	(83)	☜古事記は 314年
18	履中	333〜402	(70)	
19	反正	不詳〜407	不詳	
20	允恭	不詳〜450	〃	
21	安康	不詳〜453	〃	暗殺
22	雄略	不詳〜476	〃	
23	清寧	不詳〜481	〃	
24	飯豊	不詳〜486	不詳	☜記紀は在位否定
25	顕宗	不詳〜489	(38)	☜古事記は 452年
26	仁賢	不詳〜500	不詳	
27	武烈	452〜508	(57)	☜継体紀で補足
28	継体	452〜536	(85)	☜先帝と同い年
29	安閑	466〜535	(70)	☜父と14歳差？
30	宣化	467〜539	(73)	☜兄と年子
31	欽明	不詳〜571	不詳	
32	敏達	不詳〜585	〃	
33	用明	不詳〜587	〃	
34	崇峻	不詳〜592	〃	暗殺
35	推古	554〜628	(75)	

生まれた年を比べられると親子関係の不存在がバレて正史のウソまでバレるから「不詳」とされた？
ならば、生年不詳はホントを隠した痕跡である。

改訂版　日本書紀の裏側

2024年12月30日　初版　第一刷発行

著者　　　諸岡 実

発行者　　谷村 勇輔

発行所　　ブイツーソリューション

　　　　　〒466-0848 名古屋市昭和区長戸町 4-40

　　　　　電話　　052-799-7391

　　　　　ＦＡＸ　052-799-7984

発売元　　星雲社（共同出版社・流通責任出版社）

　　　　　〒112-0005 東京都文京区水道 1-3-30

　　　　　電話　　03-3868-3275

　　　　　ＦＡＸ　03-3868-6588

印刷所　　モリモト印刷

万一、落丁乱丁のある場合は送料当社負担でお取替えいたします。
小社宛にお送りください。
定価はカバーに表示してあります。

©Minoru Morooka 2024 Printed in Japan　ISBN 978-4-434-34955-3